Lake of Gros Morne

Lac Saint Jean

Lake Nipissing

Bras d'Or Lake

Tibbit
2022

Allan Casey

LAND DER SEEN

Allan Casey

LAND DER SEEN

Von der Seele Kanadas

aus dem kanadischen Englisch von
Tobias Rothenbücher

KNESEBECK *Stories*

Für Marlene, Esther und Lewis

Die Übersetzung wurde gefördert vom
Canada Council for the Arts.
We acknowledge the support of the
Canada Council for the Arts.

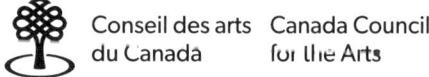

Conseil des arts du Canada   Canada Council for the Arts

Für jeden, der Angst hat, einsam oder unglücklich ist, ist es bestimmt das beste Mittel, hinauszugehen, irgendwohin, wo er ganz allein ist, allein mit dem Himmel [...] in der einfachen und schönen Natur [...].

Anne Frank, Tagebuch

INHALT

9 DAS BESONDERE KANADAS
Die nahegelegene Wildnis

29 ZUHAUSE
Emma Lake, Saskatchewan

59 DER GRAUE ZAUBERER
Ajawaan Lake, Saskatchewan

81 DAS BÜRGERSCHIFF, DAS WISSEN SCHAFFT
Lake Winnipeg, Manitoba

105 FAST DAS MEER
Bras d'Or Lake, Nova Scotia

125 AUF DER SUCHE NACH LAKELAND
Die Seen des Gros-Morne-Nationalparks,
Neufundland

145 DIE EISSTRASSE
Lake Athabasca, Alberta-Saskatchewan

179 EINEN PFIRSICH ESSEN
Lake Okanagan, British Columbia

207 BOOTSFAHRTEN MIT FRAUEN
Lake of the Woods, Ontario

233 DIE ZANDERFABRIK
Lake Nipissing, Ontario

257 LA GRANDE TRAVERSÉE
Lac Saint-Jean, Quebec

289 ZU DEN SEEN IM SCHOSS DER BERGE
Waterton-Lakes-Nationalpark, Alberta

315 EPILOG
Wieder zu Hause

327 DANK

330 QUELLEN

DAS BESONDERE KANADAS
Die nahegelegene Wildnis

Es ist schon lange her, da lag ich mit meiner hübschen Verlobten an einem schwarzen Strand der griechischen Insel Santorin. Alles war perfekt. Es war Juni. Das Mittelmeer war so klar, dass man zu fliegen glaubte, wenn man unter Wasser die Augen öffnete. Durch das leichte Leben unter der Sonne waren wir braun geworden, Marlene und ich, und den Strand bevölkerten andere sorglose Backpacker wie wir. Damals war der Urlaub auf den griechischen Inseln noch billig, und wir hatten genug Geld, um den ganzen Sommer über gut zu essen.

Aber aus unerfindlichen Gründen wollte ich nach Hause. Zurück nach Kanada. Die Seen im Norden Saskatchewans gingen mir nicht aus dem Kopf, ebenso das Laub der Espen, das jetzt seine ganze Pracht entfaltet haben musste. Ich musste an Traubenkirschen, dunkelgrünes Moos und orangefarbene Flechten denken. Ich freute mich daran, mir vorzustellen, wie es jetzt wäre, mein Kanu umzudrehen und es ins Wasser zu ziehen. Ich hatte Heimweh.

Meine zukünftige Frau fand das komisch. »Hier willst du weg?«, sagte sie und wies mit der Hand auf das weltoffene Treiben ringsumher »Und dann an dieser kalten Pfütze hocken?«

Die kalte Pfütze nannte sich Emma Lake, ein kleiner See am Rand der nördlichen Wildnis, wo meine Eltern eine Hütte besaßen. Dort hatte ich bisher jedes Jahr einen Teil des Sommers verbracht. Damals war Marlene meinen Flausen gegenüber noch nachsichti-

9

ger, und eine Woche später waren wir wieder zu Hause. Noch halb k.o. vom Jetlag stand ich auf der Veranda der Hütte am See, schlug nach den Stechmücken und sah zu, wie mein Vater auf dem Grill die Burger anbrennen ließ. Durch die Birkenzweige schimmerte uns verschmitzt das Wasser entgegen, und mich umfing ein großes Gefühl hierherzugehören.

Wie viele Kanadier fühle auch ich mich schon mein ganzes Leben lang unwiderstehlich von Seen angezogen. In meinem Heimatland, meinem Zuhause, Zugang zu klaren Seen zu haben ist ein bedeutender Teil meiner Lebensqualität. Ich mag sie alle. Die riesigen, wilden, weitverzweigten Seen mit kleinen Inseln aus Granit, zu Wirbeln geformt wie die Fingerabdrücke eines Gletschers. Seen in schwindelerregender Vielfalt, betrachtet vom Wasserflugzeug aus. Türkisfarbene Becken, eng umfangen von den Armen der Rocky Mountains. Schilfbewachsene seichte Wasserflächen, in denen Hechte jagen.

Ich liebe alles, was mit Seen zu tun hat. Die Melodie der *whitecaps*, wenn sie mit ihren kleinen Schaumkronen ans Ufer klatschen, die Düfte einer Bucht im Norden, jeder eine neue Erinnerung – nach frisch gefangenem Fisch und Fichten und dem Rauch eines weit entfernten Waldbrands. Das leuchtende Blau von Seejungfern, die über dem Wasser schweben, und das zitternde Grün der Elritzen, wenn sie in den Schatten eines Anlegers schwimmen wie schwebende Jadesteinchen. Oder die Zauberkraft des Wassers, wenn es an einem stillen Morgen die Stimmen weit entfernter Schwimmer wie per Funk überträgt.

Irgendwie mag ich auch die unangenehmen Seiten der Seen: in einem kleinen Segelboot von Gewitterwolken überrascht werden, die existenzielle Plage der Kriebel- und Stechmücken und das melancholische Licht Ende August, das in den nördlichen Breitengraden viel zu früh daran erinnert, dass es bald Winter wird.

Zuneigung ist das eine. Die anstrengende Arbeit, ein Buch zu schreiben, ist etwas anderes, und ich hätte die Geschichte des größten Seenlandes der Welt wohl auch gerne anderen Autoren überlassen. Es hatte sich bloß noch niemand die Mühe gemacht, sie zu erzählen. Oder nur sehr wenige, wie ich vor einigen Jahren herausfand. Ich stand kurz vor einer Reise zum Lake Athabasca, dem achtgrößten See Kanadas – über den Sie in einem späteren Kapitel noch mehr erfahren werden. Weil ich mich über den See informieren wollte, ging ich in die Stadtbibliothek von Saskatoon, um mir ein Buch dazu auszuleihen. Unterwegs fiel mir auf, dass ich mich nicht erinnerte, je ein Buch über irgendeinen See gelesen zu haben. Es musste einen ganzen Zweig einschlägiger Literatur über die kanadischen Seen geben, der nur darauf wartete, gesichtet zu werden, und ich freute mich schon darauf, mit einer ganzen Ladung Lesestoff nach Hause zu kommen. Wo aber eigentlich ein fruchtbares Land in der Bücherwelt des Dewey'schen Dezimal-Systems hätte sein sollen, herrschte Ödnis im Regal.

Nachdem ich in der Stadtbibliothek kein einziges Buch über die kanadischen Seen gefunden hatte, durchsuchte ich den Katalog der örtlichen Universität, dann den der Nationalbibliothek – aber offenbar klaffte in der Literatur tatsächlich eine umfassende Lücke. Es gab eine Handvoll Bücher zu einzelnen Seen, meist über deren lokale Geschichte, und ein paar lange vergriffene Monographien aus dem 19. Jahrhundert. Unter dem Oberbegriff »Limnologie« – der Wissenschaft vom Ökosystem der Seen – fanden sich viele wissenschaftliche Werke, aber keines, das sich an eine breite Leserschaft wandte. Das war so ziemlich alles.

Im krassen Gegensatz zu diesem fast vollständigen Informationsvakuum fand ich Tausende Publikationen über die Großen Seen. Sie sind natürlich ein eindrucksvolles Süßwassergebiet, ein Quell mit einer Fläche annähernd so groß wie das Vereinigte Königreich, und regelmäßig erscheinen gute Bücher über sie. Ich wusste aber, dass Kanadas Bedeutung als Seenland nicht auf der schieren Größe dieser fünf Riesen beruht, sondern auf seinen dichtgedrängten, weitverteilten drei Millionen anderen Seen. Da ich in drei kanadischen Provinzen gelebt und die übrigen bereist habe, weiß ich aus erster Hand, dass Seen in fast allen Landesteilen relativ verbreitet sind. In den Weiten vieler Inlandsregionen erreichen sie eine schwindelerregende Zahl, wie jeder bestätigen wird, der je Nordkanada überflogen hat. Aus Mrs. Lorna Zatlyns Geschichtsunterricht im achten Schuljahr wusste ich, dass sich der Pelzhandel, der für die kanadische Geschichte so bedeutend ist, nie auf diese Weise hätte entwickeln können, hätten nicht zahllose miteinander verbundene Seen den Europäern ermöglicht, von einem zum anderen bis tief ins Innerste des Landes und in die entlegensten Ecken vorzudringen. Ohne Seen wäre Kanada vielleicht eine abgeschlossene Welt geblieben, so wie es bis heute für Sibirien gilt.

Vor allem wusste ich, dass die Bewohner dieses Landes den leichten Zugang zu Seen und ihren Freizeitvergnügungen sehr zu schätzen wussten. Von allen Städten aus sind relativ unberührte Seen noch immer schnell zu erreichen, und die Erholung am See – in Ferienhütten, beim Campen, Bootfahren und Schwimmen – ist die beliebteste Freizeitgestaltung schlechthin. Ich wusste, dass unsere südlichen Nachbarn uns um unseren Überfluss an Süßwasser beneiden. Jeden Sommer strömen amerikanische Touristen über die Nordgrenze der USA, aber nicht wegen des begehrten Schinkens nach kanadischer Art oder des fünfprozentigen Biers, sondern wegen der reinen, klaren, stillen kanadischen Seen, wo die Fische beißen.

So selbstverständlich die Seen für uns auch sein mögen, so verbinden die Kanadier sie doch in ihrem kollektiven Unterbewusstsein mit glücklichen Erinnerungen. Das beweisen etwa die Werbespots für Bier. Und nicht nur das preisen die Werbeagenturen, die Priester unserer unausgesprochenen Wünsche, vor Seekulissen an, sondern auch Kaffee und Donuts, Rasentrimmer, Caprihosen,

Mückenspray und Terrassenmöbel. Dass die ganze Nation am Wochenende die Kühltasche ins Auto packt, um zum See zu fahren, gilt als kulturelle Norm.

Nach der anfänglichen Enttäuschung darüber, dass offenbar so gut wie keine Literatur die meines Erachtens prägendste landschaftliche Besonderheit Kanadas pries, wurde mir schnell klar, dass darin eine aufregende Gelegenheit lag, eine frische Spur, die nach Norden, auf unberührtes Terrain führte. In vielfältiger Hinsicht ist Kanada bis heute ein unentdecktes Land. Zwar haben wir es vom Weltraum aus längst zentimetergenau vermessen, doch beginnen wir gerade erst, die Wirklichkeit dieses Landes zu begreifen, das wir wie mit einem großen Lasso eingefangen, umgrenzt und eine Nation genannt haben. Schön, wenn man daran erinnert wird, dass man in einem noch jungen, unschuldigen Land lebt und die Aufgabe, ein Bild davon zu entwerfen, noch nicht zur Gänze erledigt ist.

Als mir das klar wurde, ging eine seit langem in mir ruhende Saat auf, meine Aufgabe, auf die ich mein Leben lang gewartet hatte. Ich zog aus zu mehreren miteinander verwobenen Reisen durch das Land der Seen, um herauszufinden, welche Rolle sie in unserem Leben spielen, und um die großen Kreisläufe der Natur zu ergründen. Ich wollte wissen, wie wir Seen nutzen, was unsere Anforderungen an sie sind und was sie womöglich von uns benötigen. Irgendwann habe ich meinem geliebten Land des Wassers den Namen »Lakeland« gegeben, denn etwas so Riesiges, Einzigartiges und Wunderbares – und dabei so Unbeachtetes – verdiente einen eigenen Namen. Ich wollte mir Seen in so vielen Teilen des Landes anschauen, wie es mir Zeit, Geld, Glück und die Geduld meiner Familie ermöglichten, ich wollte sie zu allen Jahreszeiten und aus so vielen Blickwinkeln wie möglich erleben, mit möglichst vielen unterschiedlichen Booten befahren, zusammen mit möglichst unterschiedlichen Menschen. Vor allem aber versuchte ich,

13

mich Lakeland so zu nähern wie einem ganz eigenen Land. Wohin ich gefahren bin und was ich dort gesehen habe, ist auf den folgenden Seiten zu lesen.

Die meisten dieser Seen sind recht zugänglich und liegen nicht allzu weit von den belebten Straßen Südkanadas entfernt, es sind die Seen, die Menschen nutzen. Den nördlichsten Punkt meiner Reisen erreichte ich bei etwa 59 Grad nördlicher Breite, also kurz vor den kanadischen Territorien. Dort, jenseits der Provinzen, erstreckt sich eine noch tiefere Wildnis mit Seen, zu denen keine Straße führt und an denen niemand lebt: der wahre Norden. Aber das ist eine andere Welt und eine andere Geschichte.

Jedes Kapitel wirft einen umfassenderen Blick auf die Geographie des jeweiligen Sees, nicht bloß auf das von seinen Ufern umfangene Wasser. So wie Möwen oder Rotkehlchen von der Wanderroute geprägt werden, die sie ernährt, so wie ein Fluss die Summe vieler Bäche ist, so ist jeder See der Sprössling seines Wassereinzugsgebiets. Es wäre eine rein akademische Übung, etwa den Lake Okanagan zu betrachten, ohne dabei das betörende und von Menschen belagerte Tal einzubeziehen, in dem er liegt. Man kann den Lake Winnipeg nicht ohne den Kontext seines enormen Einzugsgebiets betrachten, das sich von den Rocky Mountains fast bis zum Ufer des Lake Superior erstreckt. Der Ajawaan Lake ist zwar kaum mehr als ein Teich, lockt aber Pilger aus aller Herren Länder an.

Die Kapitel lassen sich schlicht als Reiseberichte lesen, aber auch echte Kulturarbeit findet statt. Aus Gründen der Übersichtlichkeit wird bei jedem See ein bestimmtes Thema oder ein Themenkomplex beleuchtet, etwa Fischerei, Algen, internationaler Tourismus, Dresscodes am See – aber die meisten dieser Themen betreffen alle Seen. Mein Ziel ist es ebenso sehr, die verbindenden Gemeinsamkeiten Lakelands zu finden, wie seine Vielfalt zu feiern. Das gilt auch für die Menschen, die Ihnen in diesem Buch begegnen werden. Ich hoffe, dass Sie Ihre eigenen Erfahrungen mit Seen wiedererkennen: im Spiegel anderer Lebensläufe, anderer Seen. Viele Kanadier fühlen sich mit einem bestimmten See aufs tiefste verbunden. Aber bei der Betrachtung unserer Seen und deren Bedeutung als Ganzes stehen wir wohl noch ganz am Anfang. Dazu müssen wir das Land zuerst so betrachten, wie es wirklich ist, das unmittelbar Physische, das Hier und Jetzt. Wie der US-amerikanische Rebell Edward Abbey anmerkte, liegt in der physischen Oberfläche der Dinge eine elegante Wahrheit, besonders wenn die Natur dieser Oberfläche eine komplexe Form verliehen hat. Dieser scheinbar banale Schritt, das wahrzunehmen, was wir unmittelbar vor Augen haben, bleibt oft unbeachtet, weil wir zu schnell nach einer »höheren« Erkenntnis suchen, weil wir bestrebt sind, die Welt säuberlich in ausgeklügelte Muster, in geordnete Schemata einzuteilen. Ich hoffe, dass Leserinnen und Leser durch diese Reiseschilderungen eine Reihe erhellender Einblicke gewinnen werden: in die Geschichte und die Naturgeschichte der Seen, in ihre Ökologie, in politische Fragen rund um Seen, ja sogar in die Psychologie der Seen. Als Erstes ist es bei dieser Reise jedoch notwendig, ein Bewusstsein für das Land an sich zu bekommen und die Art, wie wir es nutzen. Wenn wir uns bemühen wollen, eine ausgewogene und nachhaltige Rolle innerhalb unserer Biosphäre zu spielen, stehen all unsere Theorien auf wackligen Beinen, solange wir die Erde unter unseren Füßen nicht wahrnehmen.

GIBT ES in Kanada tatsächlich mehr als drei Millionen Seen? Diese recht plausible Anzahl stammt von einer Gruppe Limnologen an der Universität Guelph. Sie hängt jedoch davon ab, wie man »See« definiert. Manche Definitionen stützen sich auf eine willkürlich festgelegte Mindestfläche. Bei anderen ist zusätzlich eine bestimmte Tiefe erforderlich. Rechnet man jeden kleinen Toteis-See, jedes Moor und jeden von der Jahreszeit abhängigen Präriesumpf hinzu, erreicht die Zahl phantastische Höhen. Doch ganz unabhängig von der Definition bleibt die bemerkenswerte Tatsache bestehen, dass etwa 60 Prozent aller Seen der Welt in nur einem Land liegen: in Kanada. Womöglich haben wir vage im Kopf, dass viele Seen durch Gletscheraktivität entstanden sind, aber in einem Land, in dem *alles* durch das Eis geformt wurde, ist das kaum von Bedeutung. Während der letzten zweieinhalb Millionen Jahre haben sich Eismassen Dutzende Male über das Gebiet ausgebreitet, das zurzeit den Namen »Kanada« trägt. Zunächst wiederholte sich der Zyklus etwa alle 40.000 Jahre, dann verlangsamte er sich, bis etwa 100.000 Jahre zwischen den jeweils größten Ausdehnungen der Gletscher lagen. Dazwischen gab es wärmere, vergleichsweise eisfreie Perioden, wie diejenige, in der wir gerade leben. Bis vor relativ kurzer Zeit die Theorie einer menschengemachten Erderwärmung aufkam, ging man davon aus, dass die nächste Eiszeit kurz bevorstehe. Wie sehr der menschengemachte Klimawandel das bisherige Muster verändern wird – oder ganz zum Erliegen bringt –, ist heute eine übergeordnete Frage der Geowissenschaften.

Die seenreiche Landschaft Kanadas wird wieder und wieder aus dem Eis geboren. Jedes Mal wenn es erneut vorrückt, radiert es die Seen und Wasserläufe des Landes aus, wie die Hand eines Kindes, das eine Zeichnung im Sand wegwischt. Zieht sich das Eis zurück, bleibt in überall verteilten Senken eine Menge Wasser stehen, das in dieser feuchten, jungen Welt erst durch Erosion und den Lauf der Zeit den Weg zum Meer gewiesen bekommt. So entsteht, was Wissenschaftler ein chaotisches Flussnetz nennen. Das Wasser sammelt sich in Rinnen – sogenannten Felsbecken –, die das unnachgiebige Eis in den freigelegten Fels des Landes gegraben hat und die heute die vertraute Landschaft des Kanadischen Schilds prägen, der sich wie ein enormer Ring um die Hudson Bay legt. Wo das Land mit losem Geschiebelehm, Sand oder Schotter bedeckt war, entstanden beim Abschmelzen riesiger gestrandeter Gletscherstücke Bodenvertiefungen. In ihnen bildeten sich

Toteis-Seen. Felsbecken- und Toteis-Seen: Diesen beiden Typen lassen sich die allermeisten der kanadischen Seen zuordnen.

Das ausgedehnte Lakeland Nordamerikas ist eines der großen Ökosysteme der Erde und bestimmt diese Weltregion wie der Regenwald Südamerika bestimmt oder die Savanne Zentralafrika. Anders als andere typische Landschaften bilden die Seen die Quintessenz dessen, was Kanada ausmacht. Ja, die Rocky Mountains sind atemberaubend, aber, wie man zugeben muss, kaum einzigartig. Ebenso ist Kanadas Anteil an der Arktis, zu dem auch die Kultur der Inuit und die charakteristischen Meeressäuger gehören, letztlich nur ein Stück eines großen internationalen Kuchens. Die weitläufigen borealen Nadelwälder umfangen die gesamte Nordhalbkugel wie ein grüner Umhang, zusammengesteckt an der Beringstraße. Meine geliebte Prärie ist nur das Vorzimmer zu dem weiten Grasland, das sich fast bis zum Golf von Mexiko erstreckt und überall auf der Welt seinen Widerhall findet.

Nein, nichts ist so typisch für Kanada wie ein See.

Die 40 Prozent aller Seen der Welt, die nicht in Kanada liegen, sind dünn über den ganzen Globus verteilt. In Australien, Ozeanien, Südamerika, Asien und Afrika fehlen sie fast ganz. Natürlich gibt es Ausnahmen. In Afrika liegen der Victoriasee und der Tanganjikasee, die herrlichen Riesen auf den Bruchlinien des Ostafrikanischen Grabens. Und es gibt Gebirgsseen in den verschiedenen Massiven.

Unter den nördlichen Ländern mit einer von Gletschern geprägten Landschaft ähnlich der Kanadas erreicht Finnland eine ähnliche Seendichte, jedoch in einem viel kleineren Maßstab. Offenbar haben die Finnen ihre Seen genau gezählt und sind dabei auf exakt 187.888 Seen gekommen, wobei ein »See« als stehendes Gewässer mit mehr als 500 Quadratmetern Oberfläche definiert ist. Erwartungsgemäß besitzt auch Russland, das größte Land der Welt, eine Vielzahl Seen. So ist der Baikalsee in Südsibirien, auch er ein See über einer Bruchlinie, so tief, dass er ein Fünftel des weltweiten Süßwasservorkommens beherbergt. Aber an die Zahl und die Dichte, wie man sie in Kanada findet, reichen die russischen Seen nicht heran.

Seen sind nicht nur selten, sondern, global betrachtet, echte Kuriositäten, glückliche geologische Fügungen voller Magie. Es gibt Kraterseen in Vulkanen, küstennahe Aufstauungen und Sumpfgebiete, *cenotes*, Altarme von Flüssen, Seen in Meteoritenkratern. In der Antarktis haben Forscher unter Eisschichten von Tausenden Metern Stärke offenbar mehrere große Seen gefunden, deren Wasser durch geothermische Wärme flüssig bleibt.

Werfen wir auch, ganz kurz, einen Blick auf den Elefanten im Raum ... Über die Großen Seen ist bereits eine Menge gesagt worden. Diese Binnenmeere bilden eine eigene Welt, einen eigenen Kulturraum und wurden in Geschichten verewigt und in Liedern besungen, von dem Kurzfilm *Paddle-to-the-Sea* bis zu »The Wreck of the Edmund Fitzgerald« von Gordon Lightfoot. Dank ihrer besonderen Eigenschaften ähneln sie keinem der übrigen nordamerikanischen Seen. Ihre Ufer bergen Bevölkerungsmassen, riesige rauchende Städte und Schwerindustrie. Sie haben ihre eigene Wirtschaft, eigenes Wetter, ihre eigenen Konflikte und ihre eigene Diplomatie. Zwei Staaten teilen sie sich. In den USA werden sie manchmal *The Third Coast*, die »dritte Küste«, genannt, ein treffender Spitzname für ein Gebiet, das im Endeffekt eine Küstenregion ist. Tatsächlich sind die Großen Seen eine Verlängerung des Sankt-Lorenz-Stroms, der die Güter der Welt vom Meer bis ins Innerste des Kontinents befördert. Durch diese Pforte dringt eine ganze Flut Probleme. Zu den Dutzenden invasiven Arten, die das Ökosystem der Seen bereits dauerhaft verändert haben, zählen Zebramuscheln und Meerneunaugen. Am stärksten hat der Mensch die Großen Seen durch die Wasserverschmutzung geprägt, und zwar auf beiden Seiten der Grenze.

18

Über all das werden Sie in diesem Buch nichts lesen – denn es steht bereits in zahllosen anderen. Auf die Großen Seen beziehe ich mich nur zum Vergleich.

Wissenschaftler nennen sie auch die Laurentinischen Großen Seen, ein deutlicher Hinweis darauf, dass es noch andere große Seen gibt. Tatsächlich sind diese Großen Fünf nur die südliche Endstation einer ganzen Seenkette, die sich quer über die Karte erstreckt, weiter als die Entfernung zwischen Halifax und Vancouver. Die verschlungene Uferlinie des Lake of the Woods übertrifft in ihrer Länge angeblich die des Lake Superior. Lake Winnipeg ist fast so groß wie der Ontariosee und viel größer als der Eriesee. Reindeer Lake und Lake Athabasca: weitflächig, fast unbewohnt. Great Slave Lake: mit 614 Metern der tiefste See des Landes, tief genug, um den Fernsehturm von Toronto ganz zu verschlingen, mit Raum nach oben. Der größte See, der ganz auf kanadischem Territorium liegt, ist der Great Bear Lake.

Damit zurück nach Lakeland … Wir Kanadier haben so viele fabelhafte Seen, dass wir ihnen keinen bestimmten Wert zurechnen. Dieselbe Einstellung hatten wir früher einmal zu den Bisons, zu den Carolinischen Wäldern, zur Hochgrasprärie. Besitzt man etwas im Überfluss, ist es schwer, seinen Wert zu bestimmen. Anderswo wird um eine viel geringere Anzahl Seen viel mehr Wind gemacht. Die Feststellung »Ein See ist das Schönste, Ausdrucksvollste, was einer Landschaft zu eigen ist«, musste ein Amerikaner machen. Es sind die Worte von Henry David Thoreau aus seinem 1854 veröffentlichten Buch *Walden*, eine der wenigen nachhaltigen Betrachtungen über Seen in der nordamerikanischen Literatur. Der guten Ordnung halber sei erwähnt, dass das Wort *pond* in Neuengland genauso verwendet wird wie in Neufundland, Thoreaus »Walden Pond« ist also ein See. Wenn auch kein sonderlich großer.

Das Lake District lockt nun bereits seit fast zweihundert Jahren Touristen nach Nordengland und steht als Nationalpark unter

19

Schutz. Es wird gepriesen in den Werken von Samuel Taylor Coleridge, Beatrix Potter und Arthur Ransome, um nur einige zu nennen. Doch in Lakeland würden seine winzigen Teiche untergehen wie ein Zitronenscheibchen in einer Tasse Earl Grey. Im Gegensatz dazu tauchen Seen in der kanadischen Literatur kaum auf. Und wenn doch, spielen sie sich nie selbst, sondern dienen als Metaphern für Regungen des Unterbewusstseins, die meist düsterer und mörderischer Natur sind. Literarische Gewässer bilden die Kulisse für Verbrechen, Tod und Wahnsinn.

In Margaret Atwoods bissigem Streifzug durch die kanadische Literaturgeschichte mit dem Titel *Survival* (»Überleben«) erzählt sie viel über die Natur, einschließlich der Seen, und darüber, warum sie sich gut für düstere Themen eignet. Während die Natur für Wordsworth und den englischen Romantiker eine warmherzige, freundliche weibliche Gottheit war, bleckt sie draußen in der Einsamkeit des kanadischen Grenzlands ihre Zähne. Ja, aus der weiblichen Natur wird ein geschlechtsloses, rätselhaftes Schattenwesen, dem menschliche Anliegen gleichgültig sind. Bekommt die Natur dazu Gelegenheit, bringt sie einen um. Das ist, wohlgemerkt, nicht persönlich gemeint, sondern schlicht das übliche Verfahren der Wiederverwertung von Nährstoffen: fressen und gefressen werden. Laut ihrer führenden Vertreterin bezieht die kanadische Literatur ihre Energie aus dem Überleben angesichts der stetigen Bedrohung durch eine räuberische Natur.

Die beiden *natürlichen* Methoden, mit denen sich kanadische Dichter und Romanautorinnen am liebsten ihrer Figuren entledigen, sind Atwood zufolge Ertrinken und Erfrieren. Das macht die kanadischen Seen zu einer literarischen Mordwaffe für jede Jahreszeit. In Duncan Campbell Scotts Gedicht »The Forsaken« (dt. »Die Zurückgelassene«) bleibt eine alte Chippewa-Frau auf dem Eis zurück, weil sie nutzlos geworden ist »wie ein zerbrochenes Paddel«. In »Bushed« von Earle Birney wird die Hauptfigur in einer

20

Hütte an einem verwunschenen See wahnsinnig. Beide Gedichte gehören zum gewöhnlichen Lehrplan der Kinder an kanadischen Highschools.

Auch in Atwoods eigenem großartigen Kurzroman *Surfacing* (dt. *»Der lange Traum«*) wird das Thema der Natur als gleichgültiges Monster machtvoll herausdestilliert. Er erzählt von der Suche einer jungen Frau nach ihrem Vater (oder seiner Leiche, seinem Geist) an einem See im Norden Quebecs. Bis zum Höhepunkt der Geschichte sind die Figuren praktisch vom Wasser eingeschlossen, und der See ist mit unheilvoller Bedeutung aufgeladen. Die Protagonistin taucht sogar unter die undurchsichtige Oberfläche, findet unter Wasser die Bildsymbole einer indigenen Kultur und hofft, in dieser verlorenen Kunst eines besiegten Volks weitere Anhaltspunkte zu finden. Wie der See, der seine Kulisse bildet, zeichnet sich auch der Roman durch seine Tiefe, seine Kälte und seine archetypische Qualität aus – ein abweisendes Terrain des Unbewussten.

Wie Wordsworth und die Romantiker weise ich Mutter Natur zwar lieber freundliche Motive zu, muss aber zerknirscht zugeben, dass sie einem manchmal tatsächlich Angst machen kann. Und doch drängt es uns tief drinnen dazu, mit der Wildnis in Kontakt zu treten und uns in gewissem Maß dort einzurichten. Dieses Wechselspiel aus Angst und Zuneigung, Abstoßung und Anziehung plagt die Menschheit seit dem Sündenfall. Wir sehnen uns ebenso sehr danach, eng mit der Natur vertraut zu sein wie mit anderen Menschen. Diese beiden Objekte unserer Begierde sind jedoch kratzbürstig, einschüchternd kompliziert und manchmal sogar lebensbedrohlich. Daher suchen wir nach einem sicheren Zugang, einer Stelle, wo wir an den Dornen vorbei die Früchte pflücken können.

In Kanada bringt uns das zum Thema »Seen«. An ihrem Ufer zeigt sich die Natur besonders zugänglich und einladend. Das ist das große Geschenk, das uns Lakeland bietet: Seen liefern uns einen Zugang zur Interaktion mit der Natur. Eisflächen, steile Bergwände, Flüsse, die rasch nach Norden strömen, die weite Tundra, unbewohnte Küsten und riesige Waldgebiete – Kanada hat von all dem reichlich, aber dorthin zu gelangen ist nicht leicht. Das Seeufer dagegen ist eine weit offene Tür. Man kann auf der Schwelle stehen bleiben, mit Eimerchen und Schaufel. Oder hineingehen. Am Ufer entlangwandern, bis die Geräusche vom Parkplatz allmählich zurückbleiben. Um die nächste Ecke paddeln, und schon sieht man nichts mehr von der Welt.

Seen sind die Wildnis vor unserer Haustür, ein Stück ungezähmte Biosphäre, von der jeder einen Bissen abbekommen kann. Dass wir noch immer dem angeborenen Ruf folgen, dort Nahrung zu suchen, ist ein weiteres großes Paradox, das unseren Weg in die Wildnis begleitet – Hoffnung und Bedrohung zugleich. Indem wir danach streben, an der Natur teilzuhaben, werden wir zu Naturverbrauchern, denn in Wahrheit brauchen wir sie auf. Egal wohin wir gehen, immer werden wir durch unsere Anwesenheit zur ökologischen Bedrohung. Dieses Problem scheint unlösbar. Die Botschaft der Umweltschützer lautet immer häufiger, dass diese Erde ein wahres Paradies wäre, wenn es nur uns nicht gäbe. »Der Mensch ist eine Krankheit, das Geschwür dieses Planeten«, sagt ein Computerprogramm namens Agent Smith in dem Cyberpunk-Actionfilm *Matrix*.

Angenommen, wir sind tatsächlich die Krebszellen eines Superorganismus mit Namen Gaia, haben wir dann nicht trotzdem eine Existenzberechtigung? In evolutionärer Hinsicht kann Krebs eine positive Rolle spielen, so verheerend er für den einzelnen Menschen auch ist. Krebs oder nicht, ich fahre nach Lakeland, sooft ich kann. Hätten wir doch ein anderes Verkehrssystem, dann müsste ich nicht jedes Mal einen Tank voll Benzin verbrennen, um dorthin zu gelangen, denn fahren *muss* ich. Scheinbar besteht kaum Hoffnung, die große Aufgabe unserer Spezies zu lösen – nämlich einen Platz im Einklang mit der Natur für uns zu finden –, sofern wir nicht aufs engste mit ihr vertraut sind. Das Paradoxe dabei ist wieder: Um uns in die Natur zu verlieben, müssen wir sie ein bisschen zertrampeln. Wenn Sie im ersten Tageslicht eine halbe Stunde im Wald spazieren gehen, zerstören Sie das nächtliche Werk von hundert Spinnen. Ein Kind, das mit einem Kescher den seichten Rand eines Sees durchstreift, entdeckt die Wunder der Natur – und sicher auch die Elritzen im Wasser. Sollten manche von ihnen die Gefangenschaft im Eimer auf dem Steg nicht überleben, ist das dann noch ein faires Geschäft? Im Guten wie im Schlechten liegt die Entscheidung bei uns.»Ihr Menschen sollt herrschen über alle Fische und Vögel und Landtiere«, sagt Gott auf der ersten Seite des Buchs Genesis.

Wie ich noch ausführen werde, sorge ich mich um mehr als um Spinnennetze und Elritzen. Ungezügelte Bebauung, angetrieben von dem Wirtschaftsboom am Ende des vergangenen Jahrtausends, bedroht viele Naturräume vor unserer Haustür, darunter auch meine geliebte Ecke am Emma Lake. Die Gefahr besteht nicht in der völligen Zerstörung von Lakeland, auf dem Spiel steht vielmehr unsere unverkrampfte, enge Beziehung zur Natur in diesem glücklichen Land namens Kanada. Es wird immer schwieriger, sich im Land der Seen aufzuhalten – will sagen, immer teurer. Seit ich denken kann, wird die nahegelegene Wildnis offensiv aufgekauft, städtischer Überfluss breitet sich dort aus wie Rollrasen. An der Stelle bescheidener Ferienhütten mit Hochbetten für achtköpfige Familien machen sich Altersruhesitze für zwei Bewohner mit drei Badezimmern breit.

In gleichem Maß ist ein neuer Tourismus gewachsen, dessen Infrastrukturmaßnahmen einer Schwerindustrie gleichen. Wahrscheinlich werden sensible, gut erreichbare Naturgebiete dadurch nachhaltiger geschädigt als durch Abholzung und Bergbau. Motels mit kleinen, zweckmäßigen und erschwinglichen Zimmern wurden

23

abgerissen, um Platz für landschaftlich gestaltete Ferienresorts zu machen. Aus neun Golflöchern sind siebenundzwanzig geworden. Immer weniger Leute campen mit Auto und Zelt auf öffentlichen Campingplätzen, doch diese preiswerteste und umweltschonendste Weise des Urlaubs am See steht von zwei Seiten unter Beschuss: einerseits durch die Unkultur des Überflusses und andererseits durch jene, die behaupten, die »echte« Wildnis könne man in einer Sackgasse aus Zelten ohnehin nicht finden. Kein Wunder, dass die Besucherzahlen der National- und Provinzparks zurückgehen.

Eine andere Kraft, die den Wandel der nahegelegenen Wildnis prägt, ist der Wechsel von der jahreszeitlichen Nutzung hin zu einer dauerhaften Ansiedlung. Menschen, die über ausreichend Mittel, Freiheit und Freizeit verfügen, lassen sich in schönen Gegenden nieder, von denen sie wenig mehr kennen als die Aussicht. Indem sie in Dörfern ihre Paläste bauen, verändert ihr gewichtiges städtisches Kapital die ländlichen Gemeinden nachhaltig.

Wir haben den Weg in eine Zukunft eingeschlagen, wie er in der kurzen Geschichte dieses jungen, entlegenen Landes noch vor einer Generation undenkbar gewesen wäre. In dieser Zukunft ist die nahegelegene Wildnis eine geschlossene Enklave, ein teurer Oberrang, auf dem schwindelerregend hoher Überfluss und Konsumerwartungen die Norm sind. Hier hat die Natur einen Preis. Ich hoffe, dass wir Margaret Atwoods Überlebensspiel noch nicht »gewonnen« haben, dass wir die Wildnis mit unserem Kapital noch nicht völlig zurückgedrängt und hinter schmiedeeiserne Zäune gesperrt haben. Ich hoffe, dass das nächste Kapitel, das wir ins Buch dieses Landes schreiben, nicht »Das verlorene Paradies« zum Titel haben wird. Wir laufen Gefahr, dass gerade die erste Generation kanadischer Kinder heranwächst, die keine besondere Bindung zur Natur hat, weil ihre Eltern sich die Clubmitgliedschaft nicht leisten können.

Während ich diese Worte schreibe, stehen dem Land nach einer langen Glückssträhne angeblich harte Zeiten bevor. Solche Strömungen kommen und gehen – auf Hochkonjunktur folgt Abschwung; Bullen halten Winterschlaf. Wenn die Märkte jedoch ihre unvermeidliche Korrektur erfahren, erfolgen an den Seeufern keine entsprechenden Rationalisierungsmaßnahmen. Übergroße Häuser werden nicht kleiner. Fehlgeplante Wohnsiedlungen verwandeln sich nicht in Waldparzellen zurück. Nur ihre Marktpreise rutschen zeitweise ab und warten auf die nächste Konjunkturwelle. Siedlungsbau ist eine Einbahnstraße.

Gleichwohl – und hier wird es interessant – entwickelt sich so mancher wohlhabende und einflussreiche Kolonist von Lakeland zu einem seiner fähigsten Verteidiger. Unter ihnen sind Juristen, Verleger, Stadtplaner und stellvertretende Minister. Ironischerweise wandeln sie sich erst zu Fürsprechern der Wildnis, nachdem sie sich ein schönes Haus mit Aussicht auf die Natur gekauft haben. Aber immerhin wandeln sie sich. Und wenn ich »sie« sage, meine ich »wir«. Ich bin auf demselben Weg nach Lakeland gekommen. Es stellt sich die Frage, vor welcher Gefahr wir die nahegelegene Wildnis beschützen wollen. Geht es nur darum, weitere Zuwanderer fernzuhalten, jetzt da wir selbst zum begehrten Kreis gehören?

Das Gegenteil ist gefordert: Wir müssen die nahezu unberührte Natur verwalten und bewahren, für ein ganzes Volk soll sie dauerhaft zugänglich und bedeutsam bleiben. Wir müssen auf einer viel breiteren Basis zu einer nachhaltigen Nutzung finden, als es der löchrige Flickenteppich aus Nationalparks derzeit leisten kann. Die Parkverwalter haben den Schutz unserer nahezu wilden Natur ohnehin weitgehend aufgegeben, weil auch sie sich die Immobilien nicht leisten können. Wir müssen bis an die Wurzeln unseres Gewinnstrebens gehen. Das bedeutet, *nicht* zu bauen, *nicht* zu kaufen. Besuchen statt kolonisieren. Es bedeutet, neu zu überlegen, was Exklusivität bedeutet. Nicht nur die Diversität der wild lebenden

Tierarten müssen wir schützen, sondern auch die Diversität der Sichtweisen, die Diversität der Menschen in der nahegelegenen Wildnis.

Was wir am nötigsten *brauchen* ist … weniger zu *wollen*. Der springende Punkt beim Leben am See war immer ein *einfacheres* Leben. Lasst uns die nötigen Fähigkeiten an den noch immer großzügig vorhandenen Rändern der kanadischen Wildnis neu erlernen! Lasst uns dieses Wissen erwerben, wo und wann wir können. Lasst es uns mit neuen Ideen schaffen, unseren Platz als Spezies in diesem bescheidenen Maßstab neu zu ergründen. Denn am größeren Horizont der Welt ziehen bereits Wolken auf. Wenn wir verharren, bis sie uns eingeholt haben, werden die Probleme von Lakeland daneben wirken wie ein kleines Sommergewitter.

Dorwa Lake

Fairy Island   Cattle Island

Emma Lake

Murray
Point

Okema Beach

Camp
Kadesh

Guises Beach

Carwin Park

Sunnyside
Beach

Emma Lake   Beach

Clearsand
Beach

0 500 1000 1500
/·······/·······/·······/ m

Frühling
ZUHAUSE
Emma Lake, Saskatchewan

Immer mehr Ferienhäuser sprießen hier aus dem Boden
[…] es muss an der asphaltierten Straße liegen.
Margaret Atwood, *Surfacing*

ERSTER MAI. Noch recht früh im Jahr, um am Emma Lake aus dem Bett zu kriechen. Und kalt.

Aufgeweckt wurde ich von einem Geräusch, als würde jemand am anderen Seeufer eine Metallstange in den Boden hämmern. Derart aufdringlicher Zivilisationslärm wird von der dichten Morgenluft weit getragen und dringt leicht durch die zugigen Fenster einer alten Blockhütte. Aber Gott sei Dank war es nur das Ticken des Ofenrohrs, als das Feuer ausging. Wie spät es auch sein mochte, es war jedenfalls Zeit zum Aufstehen. Ich zog mich an und trat hinaus in die tiefe strahlend helle Morgenstille. Abgesehen von den beiden Krähen, die mir halfen, die neue Jahreszeit einzuläuten, hatte ich den See für mich allein.

Die anderen Vögel waren noch nicht angekommen. Am Abend zuvor, auf der Fahrt nach Norden, hatte ich Riesentafelenten gesehen, die in Gräben und eisfreien Tümpeln auf die Gelegenheit zur Fortsetzung ihrer Wanderung warteten, wie nachlässig aufs Wasser geworfene weiße Schuhe. Ich sah am Rand der Prärie einen Goldspecht in seiner schwarz-hellbraunen Weste durchs Gras schreiten, einem Engländer ähnlich, der auf einen verspäteten Zug wartet, dabei präsentierte er seine absurd bunten Schwanzfedern.

Tausende Rotkehlchen hatte ich in der Stadt zurückgelassen, weil ein Frühlingsschneesturm sie an der Weiterreise hinderte, wie am Flughafen festsitzende Urlauber. Irgendwie wussten sie alle, dass das Eis den Emma Lake noch fest in seinen weißen Pranken hielt. Mal sehen wie fest. Mit Axt und Eimer ging ich hinunter ans Ufer und sah, dass die Jahreszeit ihrem Ende zuging. An seichten Stellen hatten eingefangene Sonnenstrahlen das Eis bis auf dünnes, durchsichtiges Uhrglas abgeschmolzen. Darunter, auf Steinen am Grund, sonnten sich Dutzende Käfer wie winzige Meeressäuger. Als meine Axt durch ihr Sonnendach brach, zerstreuten sie sich träge im kalten Wasser. Eine große Ruderwanze paddelte vom Grund herauf, um nachzusehen, was hier eigentlich los war.

So also wurde das Eis des Sees besiegt: von außen her attackiert durch die hungrige Wölfin Sonne. Tatsächlich hatte ich mir früher nie ausreichend Zeit nehmen können, um von Beginn an das allmähliche Abschmelzen des Eises zu beobachten. Oder die vollständige Entfaltung des Frühlings im Land der Seen. Oder auch viele ähnlich majestätische Naturwunder. Selbst wenn man das Glück hat, eine Hütte zu besitzen, kann man all das höchstens episodenweise an den Wochenenden verfolgen. Es kann Jahre dauern, bis man die ganze Geschichte zusammengesetzt hat.

In diesem Jahr wollte ich das Frühlingsschauspiel unbedingt von Anfang bis Ende sehen, vom ersten bis zum letzten Akt.

Aus ein paar Betonsteinen baute ich mir einen einfachen Pier zu einer Stelle, wo ich in tieferem Wasser meinen Eimer füllen konnte. Bis das Eis sich zurückzog und man die Ansaugleitung der Pumpe ins Wasser legen konnte, würde ich mir mein Wasser zum Geschirrspülen aus dem See holen. Trinkwasser und Wasser zum Kochen würde ich unten im Lebensmittelladen bei »Ambrose« kaufen. Für alles andere gab es ein Klohäuschen – eine Seltenheit an dieser heute so teuren Straße. Ich stellte den vollen Eimer hinter

30

mich in den Sand, tauchte beide Hände in den See und versuchte, sie unter Wasser zu halten. Das eisige Brennen war so stark, dass ich sie nach wenigen Sekunden lachend wieder zurückzog. Würde man zu dieser Jahreszeit eine Ganzkörpertaufe wagen, man hätte nicht viel zu lachen.

Ich schaute nach Norden, in Richtung Murray Point, auf den unübersehbaren Schandfleck: Die nächste Supersize-Hütte war im Bau. Ein Hochglanz-Heim. Ein Tadsch McMall. Ein Bombastpalast. Immer neue Namen lasse ich mir für solche Bauten einfallen. Ihre Architektur aber hat immer dieselbe Botschaft: *Schau mich an.* Also schaute ich hin. Das neue blonde Pressspan-Ungetüm war riesig genug, um drei der alten Hütten zu verschlingen. Alle Zeitungen behaupteten, die Wirtschaft stehe kurz vor dem Zusammenbruch, aber Verrückte mit mehr Geld als Verstand gab es noch immer reichlich.

Einer der ersten Riesenkästen wurde vor ein paar Jahren von einem wohlhabenden Rentnerehepaar unweit unseres Hauses an den Strand gebaut. Den Bungalow aus den sechziger Jahren, der einer fünfköpfigen Familie viele schöne Jahre gute Dienste geleistet hatte, ließen sie abreißen und alle Bäume auf dem Grundstück fällen. Dann zogen sie ein Haus hoch, so groß und in einem solchen Missverhältnis zu den anderen Hütten am Strand, dass den ganzen Sommer lang die Leute ihre Boote dorthin steuerten, weil sie es für ein neues Geschäft hielten, wo man vielleicht ein Eis bekam oder Benzin. Eigentlich war es als Traumhaus für den Ruhestand gedacht gewesen, doch nach ein paar Jahren verlor das Ehepaar das Interesse und verkaufte es. Jetzt steht die kleine Hütte nebenan stets im Schatten ihres massigen Nachbarn. Das ist der Lauf des Fortschritts.

Rund um den See stellte schon bald eine große Villa nach der anderen ihre Vorgänger in den Schatten. Die Supersize-Hütten sind nicht zu übersehen, und das nicht nur, weil sie so absurd riesig sind, sondern auch, weil sie keinen Platz für Bäume lassen. Vermutlich schauen die Supersize-Besitzer ebenso gern ins Grüne wie die meisten anderen Menschen, nur sehen sie keine Verpflichtung, selbst Bäume zum Allgemeinwohl beizusteuern. Was sie mit ihrem Eigentum anfangen, geht schließlich niemanden etwas an.

Als ich mein Wasser zurück zur Hütte trug, fielen mir auf der bronzenen Rinde der Erle Sprenkel aus orangefarbenen Flechten auf. Ich kam an dem Saskatoon-Busch vorbei, der mir im Juli ein paar eng zusammenstehende frische Beeren schenken würde. Ich sah, dass entlang des Gartenwegs das Bärlappmoos dichter geworden war. Wenn man diesen Winkel der Welt mit jeder Jahreszeit neu entdeckt, spürt man das große, gemächliche Schlagen eines noch immer wilden Herzens. Ich ließ den Eimer vor der Tür stehen und setzte mich auf die Veranda in die Sonne.

Die Landgemeinde Lakeland, wie das Gebiet um den Emma Lake offiziell heißt, ist größtenteils von Zitterpappel- und Birkenwald bedeckt, eine Landschaft am Übergang zwischen Prärie und borealem Nadelwald, die Parkland genannt wird. Sobald sich die jungen Blätter entfaltet haben, verbringt man den ganzen Sommer wohlbehütet hinter einem üppigen grünen Vorhang. Wenn aber die Äste am Jahresanfang noch kahl sind, schaut man durch die Grundstücke der Nachbarn den ganzen Carwin Park Drive hinunter oder zwischen den Stämmen hindurch bis weit den Hang hinauf. Es ist, als würde man das Röntgenbild einer geliebten Person betrachten.

Eigentlich war ich zu unserer Hütte gefahren, um im hellen Licht der ersten Frühlingstage eine Art Selbstdiagnose zu versuchen. Ich wollte verstehen, welche Bindung ich zu diesem kleinen, überlaufenen See hatte. Welche Kraft zog mich bereits mein Leben lang zu ihm hin? Ich bin schon kreuz und quer auf der weiten Welt herumgereist, doch bisher habe ich es immer geschafft, wenigstens einen Teil des Sommers hier zu verbringen. Selbst im Winter pilgere ich meistens ein- oder zweimal hierher.

Umgekehrt verfolgt der Emma Lake auch mich. Wieder und wieder bildet er die Kulisse meiner nächtlichen Träume, dann wimmelt es in seinem Wasser von Totemtieren und archetypischer Symbolik à la C. G. Jung. Selbst am Tag muss ich nur die Augen schließen und kann mir jede einzelne Kurve meiner Anreise aus der Stadt vorstellen, jede Lärchen- oder Fichtengruppe, jeden Bach und jeden Sumpf, die Straßengräben voller Luzernen, Geißbart und Lilien. Allein durch meine Gedanken kann ich das Gefühl angenehmer innerer Ruhe hervorrufen, das mich bei meiner Ankunft stets erwartet. Ich schalte den Motor aus, draußen umfängt mich die vom See gekühlte Luft, durch die Bäume sehe ich das Wasser und spüre, wie mein Kreislauf sich entspannt.

Solche Erfahrungen macht man oft in meinem weiten Land mit seiner Vielzahl reiner, klarer Seen, so zahlreich, dass wir uns nicht einmal die Mühe machen, jedem einen Namen zu geben. Kanadische Seen haben Zauberkräfte. Schlägt ein bestimmter See einen in den Bann, fließt fortan sein Wasser durch seine Adern. Geschieht das in der Kindheit, wie bei mir, ist man ein Leben lang geprägt – wie eine Kanadagans, die weiß, wie sie aus Texas oder Niederkalifornien den Weg zurück zu ihrem Brutgebiet findet. Das ist weder eine Übertreibung noch ein hohler Vergleich mit tierischen Instinkten. Ich kenne einen, der schon vor Jahren nach Hawaii gezogen ist und trotzdem noch eine Hütte am Carwin Park Drive besitzt. Eine Frau aus Chicago, die mit mir zur Highschool gegangen ist, zieht Jahr für Jahr mit ihren Kindern im Sommer nach Norden. Aus weiter Ferne kehren wir hierher zurück.

Um dem Zauber zu erliegen, muss man kein Ferienhaus besitzen. Auch Camper schleppen ihren Wohnwagen Jahr für Jahr ans Ufer desselben Sees oder schlagen dort ihr Zelt auf, oft gar auf dem immer gleichen Zeltplatz. Man muss nicht einmal Kanadier sein. Ein ganzer Zweig des Angeltourismus ist auf US-Amerikaner ausgerichtet, die jedes Jahr in den Sommerferien an demselben kanadischen See fischen gehen möchten. Es sind jedoch die Ferienhausbesitzer, die dem Land der Seen am meisten abverlangen. Wir hinterlassen den langlebigsten Fußabdruck. Als ich den Emma Lake und die Gemeinde Lakeland kennenlernte, gab es hier etwa fünfzehnhundert kleine Hütten. Bereits damals herrschte allgemeine Einigkeit, dass für weitere kein Platz mehr sei. Doch obwohl die Gemeindeverwaltung über viele Jahre wieder und wieder aufgefordert wurde, einen Bebauungsstopp zu verhängen, hat sich die Anzahl seither verdoppelt, und irgendwann wird sie sich erneut verdoppelt haben. Inzwischen sind sogar Apartmenthäuser im Gespräch.

Der Emma Lake ist heute einer dieser Orte, von denen ich mich normalerweise fernhalte. Zu viel Bebauung, zu viele Straßen. Freunde mit Outdoor-Faible rümpfen manchmal die Nase, wenn ich zugebe, dass meine Familie eine Hütte am Emma Lake besitzt, denn er ist mittlerweile zum unglücklichen Sinnbild für die Zersiedlung der Landschaft geworden. Seit einigen Jahren finde ich den Anblick entmutigend und entfliehe fast jeden Tag mit dem Mountainbike in den benachbarten Prince-Albert-Nationalpark mit seinen friedlichen Wanderwegen.

Anders als die neuen Anrainer, kann ich mich noch an die Zeit erinnern, als Bären, Luchse, Reiher, Fischotter und Hirsche bis an den Strand von Carwin Park kamen, ich weiß noch, wie unantastbar das Buschland vor der Invasion der Geländefahrzeuge war und wie hier Großfamilien noch das Letzte aus ihren winzigen Hütten herausholten und einen Riesenspaß hatten. Ja, man kommt leicht in die Versuchung, den Eindringlingen vorzuwerfen, sie hätten das Paradies zerstört. Ich muss zugeben, dass ich sie manchmal verfluche, wenn ich an ihren extravaganten Anwesen vorbeikomme.

Doch sosehr sich der Emma Lake verändert hat, zu Beginn des Frühjahrs herrschte noch endlose Stille. Die riesigen Häuser hatten die geheimnisvolle Schönheit noch nicht erdrückt. Ich spürte die Wärme der Sonne auf meinen Schultern. Etwas regte sich zwischen den kahlen Ästen. Zwei Winterammern hüpften in ihren kleinen dunklen Kapuzenmänteln durch die Baumkronen. Eine setzte sich oben auf die Tür des Schuppens, den ich offen gelassen hatte. Wieder und wieder huschte sie in das dunkle Häuschen und wieder hinaus. *Komm ja nicht auf den Gedanken, da drin zu nisten, Schwester, ich muss die Tür abschließen, dass meine Gartenstühle mir nicht wegkommen.* Die Ammern und ich, wir gehörten hierher. Ob umgekehrt der Ort uns gehörte, war den Ammern gleich. Immobilienbesitz ist ein Problem des Menschen.

Wie die Ammern komme ich Jahr für Jahr zum See und nutze ihn mit all seinen Freuden, wie meine Nachbarn auch. Aber ich kann ihnen natürlich nicht missgönnen, was mir durch glückliche Fügung in den Schoß gefallen ist. Mag sein, dass die Neulinge einen größeren Hunger nach Komfort haben als ich – meiner aber überschattet den der Ammern um ein Vielfaches. Ehrlich gesagt, weiß ich, dass es meine Familie war, die sich als erste an der Straße von Carwin Park an diesem Seeufer angesiedelt hat. Damals waren *wir* die Eindringlinge. Wir haben dem, was hier geschehen ist, Tür und Tor geöffnet. Wenn jemand dafür verantwortlich ist, dann wir. *Dann ich.*

MEINE ELTERN haben 1960 hier gebaut, für 2.500 Dollar, einschließlich des Grundstücks. Kirschrot gestrichenes Baumstamm-Imitat als Außenverkleidung, rote Schindeln, weiße Zierleisten. Die kleine Ferienhütte erinnert an das Haus des Hauptmanns einer ländlichen Feuerwache. Sie gehört noch immer meiner Mutter, die aber zu alt ist, um sich alleine darum zu kümmern, und mein Vater ist bereits verstorben. Irgendwann werden meine Frau und ich sie erben. Und nach uns unsere Kinder. Nein, sie ist nicht zu verkaufen.

Heute können sich nur Wohlhabende solche Grundstücke am Wasser leisten, und selbst sie müssen mit allen Mitteln darum kämpfen. Ich kann mich glücklich schätzen, so ein begehrtes Plätzchen zu besitzen. Ja, man könnte sagen, ich bin ein verdammter Glückspilz, wie er im Buche steht.

Meine leibliche Mutter war noch ein Teenager und unverheiratet, als ich auf die Welt kam, ganz im Süden von Saskatchewan, einem Land ohne Seen, an dessen Südhängen Kakteen wuchsen. Sie war mittellos und hatte keine andere Wahl, als mich in die Obhut der Behörden zu geben. Unter der Vormundschaft des Staats lebte ich zwei Jahre lang in französischsprachigen katholischen Pflegefamilien, bis ich schließlich in einer Stadt landete, deren einziges Highlight es war, dass dort ein Riese wohnte – und selbst der riss aus, sobald sich die Gelegenheit bot, und ging zum Zirkus. Sprechen konnte ich nur Französisch, damals eine Sprache zweiter Klasse. Ich sollte in ein Waisenhaus gesteckt werden, sobald ich trocken war. Also ließ ich meiner Blase und dem Schicksal freien Lauf und hoffte, es würde sich bald zu meinen Gunsten wenden.

Eines Tages wendete vor der Tür tatsächlich ein langes grünes Auto. Ein gut aussehendes Paar stieg aus. Er war groß und dunkelhaarig und trug einen langen Kaschmirmantel und einen breitkrempigen Hut. Auch sie war groß, eine blonde Frau nordischen Typs. Die beiden verkörperten den Stil der Kennedy-Zeit, der sonst vielleicht nie dieses verschlafene Städtchen erreicht hätte. Aus einem ganzen Haus voll unerwünschter Nachkommenschaft wurde ausgerechnet ich herausgepflückt und zur Tür hinauskomplimentiert; so entging ich im Alter von zwei Jahren dem Schicksal einer Charles-Dickens-Figur.

Wir fuhren nach Norden, raus aus diesem trockenen Land. Die blonde Frau, die mit dem Schritt durch die Tür laut richterlicher Anordnung meine Mutter wurde, erzählt, ich hätte fast die ganze

Fahrt über geweint. Das war meinerseits reine Formsache, denn zu verlieren hatte ich nichts außer zwei Stofftieren aus Staatseigentum.

Meine neuen Eltern, Olive und Bob Casey, wohnten in der Kleinstadt Prince Albert, dem »Tor zum Norden« am North Saskatchewan River, wo die Prärie in den borealen Nadelwald übergeht. Sie waren schon über vierzig und damals als frischgebackene Eltern mehr als spät dran. Kurz zuvor hatten sie eine Immobilien- und Versicherungsagentur übernommen und schufteten wie die Tiere, um daraus ein erfolgreiches Geschäft zu machen. Außerdem arbeiteten sie für Wohltätigkeitsorganisationen und Gesellschaftsclubs und saßen in Krankenhausvorständen und Schulbeiräten. Sie tanzten Square Dance, spielten Bridge und gingen zu Kostümfesten. Sie gehörten zu den gesellschaftlich aktivsten Menschen, die ich je kennengelernt habe, und ein Abendessen für dreißig Personen zu geben war nichts Besonderes für sie. Fast immer war irgendjemand zu Besuch, und unser Haus war für beide Seiten der Familie der Dreh- und Angelpunkt.

Und das Allerbeste war, sie – wir – hatten ein Häuschen am See.

Bis hierher habe ich mir alles aus den Erzählungen anderer und den Koda-Chrome-Dias meiner Mutter zusammengesetzt, meine frühesten eigenen Erinnerungen aber spielen in unserer Hütte. Als Familie fuhren wir zum ersten Mal im Frühling 1964 an den Emma Lake, und es kam mir vor, als hätte mein Leben nach einem holperigen Start endlich eine klare Linie bekommen.

Die Hütte war ein einfacher rechteckiger Bau mit Giebeldach. Innen stand ein Holzofen zum Kochen und zum Heizen, der Fußboden war aus Holz, es gab kein Telefon. Alles war nur halb fertig. Die Schlafzimmer-»Wände« bestanden aus bloßen Holzgestellen mit darüber gespannten alten Bettlaken, die etwas Privatsphäre boten. Weil die geplante Veranda noch nicht gebaut war, ging es gleich vor der Eingangstür steil in die Tiefe. Aus Angst, ich könnte auf die Felsen stürzen, achtete meine Mutter peinlich genau darauf, dass der Riegel immer vorgeschoben war, und keilte die Tür zur Sicherheit mit einem alten Messer fest. Abwaschwasser schleuderte sie aber mit einem lauten Kriegsschrei durch die offene Tür, dann hielt sie mich gut fest, ihre beiden Arme vor meinem Bauch verschränkt, damit ich mich vorlehnen und hinausschauen konnte. Der Holzofen war ein wundersames Feuerwesen, das nur mein Vater zähmen konnte. Ich schlief unter nackten Glühbirnen ein, um die die Motten flatterten. Morgens tanzte das vom See gespiegelte Licht unter den Dachbohlen, und das Plätschern der Wellen war überall.

Vor der Tür verzweigten sich drei Wege. Ein paar schiefe Stufen führten hinauf zur Straße. Ein weiterer Weg führte zum Toilettenhäuschen, einem Abort aus zwei Löchern über einer Grube im felsigen Boden mit ihrem grässlichen, stets faszinierenden Inhalt. Der dritte führte hinunter zum Wasser.

Der See. Sein Antlitz weckt so viele Erinnerungen und ist so schwer zu beschreiben wie das meiner Kinder. Man spürte seine Kühle, roch seinen Duft, frisch wie Fisch, und am Zittern der Pappelblätter erkannte man, wie stark seine Brise wehte. Jede Schaumkrone spielte eine Melodie, vom rauen klatschenden Anbranden bis zum Zischen des Wassers, wenn es durch den Sand sprudelte, zurück zum See. Lag er still, spiegelte er den Augenblick: Sonne und Wolken, Motorboote, über die Oberfläche hinwegschießende Krickenten, mein sommersprossiges Gesicht an der Kante des Anlegers. Mit der einsetzenden Morgenbrise erstreckte sich ein glitzernder Pfad aus gespiegeltem Licht über das Wasser zur aufgehenden Sonne hin.

Wie viele andere Orte in Westkanada hatten auch der Emma Lake und die umgebenden Seen ihre Namen von einem Mitarbeiter beim Dominion Land Survey, der Vermessung in den 1870er Jahren, bekommen. Christopher Gravel benannte einen See nach sich selbst, einen nach seinem Bruder Oscar und einen dritten nach seiner Schwester Emma, die heute auf dem Notre Dame Cemetery in Ottawa begraben liegt. Einfache Ferienorte entstanden und boten Besuchern aus der Stadt günstigen Strandurlaub mit Zimmern, Bierkneipen, Marinas und Tanzlokalen. Zu meiner Zeit waren diese bereits von Hippies übernommen worden. Samstagabends dröhnte von MacIntosh Point »Bad Moon Rising« über das Wasser und »Magic Carpet Ride« von Sunnyside her. Eigentlich besteht der Emma Lake aus drei miteinander verbundenen Seen, die sich von hier Richtung Norden erstrecken. Wir aber fanden, dass wir die beste Stelle erwischt hatten. Vom Fenster aus schaute man stets auf eine vertraute Landschaft, die jedoch nie völlig gleich war. Einen Ausblick aufs Wasser hat man niemals satt.

Aufgrund dieser simplen Wahrheit geriet der winzige See, schon als ich ihn kennenlernte, langsam, aber sicher unter Druck. Alle Ufergrundstücke in Carwin Park waren bebaut, und auf der vom See abgewandten Straßenseite begann schon die zweite Reihe, womit es unsere Ferienhaussiedlung auf etwa neunzig Hütten brachte. Und solche Siedlungen gab es viele. Die Besitzer gaben ihren Häuschen originelle Namen wie »Skunk Hollow« (»Stinktierhöhle«), »Life begins at 40« (»Mit vierzig fängt das Leben an«) oder »La Dolce Vita« (»Das süße Leben«) – und ihre Bewohner kannten wir fast alle beim Vornamen. Wir waren Berechtigte. Wir gehörten dazu.

Wenn Leute neu an einem Ort sind, entstehen oft Schwierigkeiten, weil sie kein Gespür für dessen Geschichte haben, für die Wirklichkeit ihres neuen Umfelds. Für uns waren die Straße und Hütten schon immer da. Es gab schon immer diesen Laden, jene Tankstelle. In Wahrheit aber war der Großteil der sichtbaren Infrastruktur jüngeren Datums und erst aufgrund unserer Nachfrage entstanden. Auf die Farmerfamilien der ersten Stunde und die wenigen rauen Typen, die bereits in winzigen Blockhütten am Ufer des Sees gelebt hatten, als er praktisch noch mitten in der Wildnis lag, müssen wir wie eine Horde Eroberer gewirkt haben. Damals waren wir die Supersizer. Erst viele Jahre später sollten wir auf den Gedanken kommen, dass wir wohl selbst eine Bedrohung für diese schöne Gegend darstellten. Sie war für eine kurze Zeit seliger Unwissenheit, die zufällig mit meiner Kindheit zusammenfiel, ein unkompliziertes Paradies, nur eine gute halbe Autostunde von der Stadt entfernt. Und das nutzten wir gnadenlos aus.

Das Familienunternehmen begann, genug Gewinn abzuwerfen, dass Olive aufhören konnte zu arbeiten, ja genug für ihren eigenen Gebrauchtwagen. Zum ersten Mal in ihrem Leben hatte sie Freizeit und ein bisschen Taschengeld. Sobald die Schule vorbei war, machten wir beiden uns auf zu unserem Sommerpalast, wie zwei indische Rajas, die der Hitze und der Langeweile der Stadt entfliehen. Olive war in ihrer isländischstämmigen Familie auf einer Farm am schlammigen Ufer des Little Quill Lake im Süden Saskatchewans aufgewachsen und hatte keine Scheu, die ausgetretenen Pfade zu verlassen. Wir sprangen in ihren alten weißen Comet, der irgendwie ständig einen neuen Schalldämpfer brauchte, und nahmen uns vor, auch noch den letzten Feldweg im Umkreis von 50 Kilometern um den Emma Lake zu erkunden. Heute würde meine Frau nicht im Traum auf den Gedanken kommen, diese abgelegenen, ausgefahrenen Wege allein mit einem Jungen als Beifahrer zu erkunden. Manchmal kamen wir an Schlammlöcher, so breit wie die ganze Straße. »Schau dir mal *diesen* See an«, sagte Olive dann mit einem Pfiff und betrachtete das Hindernis, den linken sandalenbewehrten Fuß auf der Bremse. Eine halbe Minute lang ließ sie die Spannung wachsen, dann trat sie aufs Gas. Das Dröhnen des Auspuffs zerriss die Stille, und Schlamm spritzte bis ins Unterholz. Sie hatte Wikingerblut in den Adern.

Selten waren wir nur zu zweit in der Hütte am Emma Lake. Ihre Anziehungskraft erreichte viele und wirkte über große Entfernungen. Freunde aus der Stadt, deren Familien keine Hütte hatten, rissen sich darum, dorthin eingeladen zu werden. Den ganzen Sommer über kamen Cousins und Cousinen von beiden Seiten unserer Sippe im halben Dutzend aus Toronto und Los Angeles, aus England und Marokko. Bei vielen hinterließ der See einen bleibenden Eindruck. Mein Cousin Dan Casey, der etwa in meinem Alter ist und auf dessen Besuch ich mich immer besonders freute, sollte später seine Tochter Emma nach dem See benennen.

Er schien in allen stadtmüden Besuchern, die es zu uns verschlug, eine Lust auf spontane Vergnügungen zu wecken. Wir zeigten ihnen die Bisons im Nationalpark oder begleiteten sie den steilen Weg zum Feuerwachturm am Anglin Lake hinauf, dann stiegen wir gemeinsam auf den 35 Meter hohen Turm. Zum Saskatoon-Beerensammeln nahmen wir meine Großmutter und ihre Schwestern mit in den Busch – alle im Baumwoll-Hängerkleid, groß wie ein Einmannzelt, und auch ihre riesigen schwarzen Handtaschen mussten mit. Einer meiner Cousins malte ein Graffito mit dem Titel »Das Ungeheuer vom Emma Lake« auf unseren Zaun, das über Jahre ein örtliches Wahrzeichen bleiben sollte. Wir veranstalteten legendäre Federballturniere, und nachdem Bob und Olive bei einem Urlaub in Guadeloupe das Boules-Spiel kennengelernt hatten, führten sie es im Sommer auch in Carwin Park ein.

Vor allem aber gingen wir schwimmen. Erwachsene wie Kinder verbrachten den ganzen Tag in Badesachen und tunkten, bevor sie nach drinnen gingen, ihre sandigen Füße in einen von der Sonne gewärmten Eimer Wasser. Hinein ging man tagsüber höchstens zum Kochen oder Essen. Selbst wenn es regnete oder der Wind *whitecaps* aufs Wasser blies, gingen wir schwimmen. Wenn es wirklich kalt war, spielten wir bis zum Gehtnichtmehr Brettspiele oder »Finde die Muschel«, ein überraschend schwieriges Spiel, das meine Eltern erfunden hatten. Dabei wurde eine kleine Muschelschale offen zwischen all dem Krempel in der

Hütte versteckt, und wer dran war, musste sie finden, während die anderen ihm falls nötig halfen und »wärmer« oder »kälter« riefen. Geschichten und Theaterstücke wurden geschrieben, manch einer malte den See, andere vertieften sich in Bücher, die sie in der Stadt nie gelesen hätten.

Schlafen gingen wir gemeinsam. Für alles andere war die Hütte zu klein. Bei Sonnenuntergang klappten wir die Klappbetten auf oder legten Schlafsäcke auf den Boden, schon wurde das Wohnzimmer zum Schlafzimmer. Jede Nacht war ein Abenteuer begleitet von Schnarchkonzerten, und Leute auf dem Weg zum Klosett traten einem im Dunkeln auf die Gliedmaßen. Ausschlafen kam nicht in Frage.

Freitagabends traf in einem Schotterhagel mein Vater ein. Er fuhr immer wie der Teufel und brachte die ganze Aufregung und Anspannung des Stadtlebens mit. Inzwischen managte er einen ganzen Stall nervöser Immobilienhändler. Auf Rat seines Arztes fing er zur Stressverminderung das Rauchen an. Trotzdem gefielen ihm die geschäftigen Zeiten, in denen er lebte. Er trug ausladende Koteletten, breite Krawatten und grelle Polyesterbadehosen. Am Wochenende wollte er sich am See vergnügen, und das tat er, wie alles andere auch, eher exzessiv.

Er und Olive hatten viele Bekannte, und immer gab es irgendwo am See eine Party. Da ich nicht auf Geschwister aufpassen musste, kam ich meistens mit. Vor meinem zehnten Geburtstag hatte ich bereits mehr Happy Hours, Brunche, Kennenlernpartys, Absackerrunden, Fondue-Abende, Badminton-Matches und Bridgepartien, Fischgrillfeste und Umtrunke am 19. Loch erlebt, als die meisten Erwachsenen in ihrem ganzen Leben. Ich gewöhnte mich an den Umgang unter Mittvierzigern, an ihre politischen Ansichten und ihre Vorurteile, ihr lautes Gebell und ihren Alkoholkonsum. Die dickbäuchigen Geschäftsmänner in ihren schrillen Hemden, die Frauen in paisleygemusterten Kleidchen mit Lippenstift in Metallicfarben ritten auf einer Welle des wirtschaftlichen Wohlstands, den sie nicht hinterfragen wollten. Sie alle hatten den Krieg überstanden, und manche hatten noch die letzten Ausläufer der Weltwirtschaftskrise erlebt. Jetzt wollten sie nur das Leben genießen – und in Kanada war das gleichbedeutend mit einer eigenen Hütte an einem nahen See.

Den Emma Lake, oder zumindest unsere Vorstellung vom See als Erholungsgebiet, hat nicht Gott geschaffen, sondern John Diefenbaker. Der dreizehnte Ministerpräsident Kanadas stammte aus unserem Wahlbezirk Prince Albert und war mit meinen Eltern befreundet. Dief erkannte, dass Seegrundstücke im Boom der Nachkriegsjahre als politisches Kapital genutzt werden konnten. Ja, er inszenierte sich mit Vorliebe als geselliger Typ in der gesunden Natur der nordkanadischen Seen. Gern ließ er sich im traditionellen Siwash-Pullover neben einem Wasserflugzeug fotografieren, in der Hand eine frisch gefangene Forelle.

So kam es, dass Diefenbaker letztlich seine politischen Schulden bei seinen Wählern aus Prince Albert beglich, indem er am Rand des Prince-Albert-Nationalparks einen kleinen Damm am Spruce River bauen ließ. Immer wenn ich auf meinen Mountainbike-Touren dort vorbeikomme, lese ich die kleine Plakette. Der Damm regulierte den Wasserstand in den zuvor eher sumpfigen Seen Emma Lake, Anglin Lake und Christopher Lake und machte sie dadurch für Menschen wesentlich attraktiver, wenn auch weniger anziehend für Stock- und Spießenten. Voilà: ideales Land für Ferienhäuser!

Dank Diefs Unterstützung war also der Wasserstand hoch genug, dass wir Bootfahren konnten. Am Wochenende um meinen elften Geburtstag erschien Dad mit seinem üblichen Getöse, aber diesmal hing ein Anhänger am Wagen. Beladen war er mit einem neuen Aluminiumboot, das silbrig durch den Zaun schimmerte. Ich jagte die sechs Stufen hoch. Dad hatte den Kofferraum offen gelassen, und darin lagen ein 6-PS-starker »Fisherman« von Evinrude und ein Treibstofftank. Auf den ersten Blick sah ich, dass dieses hübsche kleine Boot genau die richtige Größe für mich hatte. Mir wurde schwindelig. Wenn Dad Geschenke überreichte, wurde er immer sehr förmlich, besonders wenn damit Verantwortung verbunden war. Eine Übergabe dieser Größenordnung war beispiellos, und er benahm sich, als würde er Hongkong an China zurückgeben. *Dieses Boot würde mir nur so lange gehören, wie ich damit auf eine Art und Weise umging, dass … Ich solle keine weiteren Geschenke für kleine Kinder erwarten, nur ein Stück Geburtstagskuchen … Würde er mich auch nur einmal an Bord ohne Schwimmweste antreffen, wäre das meine letzte Fahrt gewesen …*

»Ich schwör's«, flüsterte ich. Ich wollte ihn umarmen, aber wir besiegelten die Übergabe mit einem Händedruck, wie es die gesetzlichen Bestimmungen erforderten.

Das war der Beginn eines der glücklichsten Kapitel meines Lebens, ich durfte selbst bestimmen, und das auf einem Gewässer, das nur darauf wartete, erkundet zu werden. Von Sunset Bay bis zu seinem schilfigen Nordufer misst der Emma Lake knapp zehn Kilometer. Innerhalb dieser Begrenzung schipperte ich mit meinem silbernen Boot jeden Sommer Hunderte von Stunden über den See. Jedes Frühjahr wurde ein 170-Liter-Fass Benzin angeliefert, und lassen Sie sich gesagt sein: Es braucht schon Entschlossenheit, so ein Ding mit einem 6-PS-Motor leer zu fahren.

Dieses Boot zu betreiben war fast wie ein Beruf. Meine kleine aufblasbare Schwimmweste war vom vielen Tragen bald ausgebleicht und verdreckt. Mit der Anreißleine hatte ich mir einen öligen Striemen auf den linken Oberarm tätowiert. Dutzenden Jungen und Mädchen brachte ich bei, wie man ein Boot steuert. Es war immer schön, einem neuen Lehrling die Pinne zu überlassen, mich in den Bug zu setzen und zuzusehen, wie sich im Gesicht der zufriedene Ausdruck breitmachte, den nur ein kleines Boot hervorbringen kann.

Jeden Morgen, ehe der Seewind aufkam, fuhr ich auf Bergungstour. Während der nächtlichen Windstille sammelte sich in der Seemitte immer Treibgut an, all der Müll, den verantwortungslose Erwachsene einfach davontreiben ließen. In die Bilge meines kleinen Boots wanderten Bierflaschen, Paddel, verwaiste Wasserskier, Seilreste, Schiffsfender, Luftmatratzen, Spielzeugschiffchen, Fahrradschläuche, Styroporstücke. Ins Schlepptau nahm ich Bruchstücke von Anlegern, die sich vom Ufer gelöst hatten. Einige Male fand ich umhertreibende Boote und brachte sie zurück zu ihren Besitzern. Erwachsene waren irre leichtsinnig.

Kleine Zweitaktmotoren sind eine ziemliche Umweltbelastung. Wie weithin bekannt, hat die US-Umweltschutzbehörde vor einigen Jahren verkündet, dass aus den Tanks amerikanischer Rasenmäher pro Jahr mehr Benzin austritt, als bei der *Exxon-Valdez*-Katastrophe in den Golf von Alaska gelangte. Da seetaugliche Außenborder wie mein »Fisherman« oft in empfindlichen Süßwasser-Ökosystemen eingesetzt werden, gehören sie zu den schädlichsten Motorentypen und sind heute in vielen Gegenden verboten. Ihre Abgase, eine Mischung aus nicht verbranntem Treibstoff, Verbrennungsgasen und Öl, leiten sie direkt ins Wasser, das als Filter und zugleich als Schalldämpfer dient.

Aber das sollte ich erst viel später erfahren. Ich weiß noch, was für ein schöner Anblick es war, wenn sich morgens nach einem Kaltstart ein Regenbogen aus Sprit auf dem Wasser ausbreitete – wie ein Vorbote des schönen Tages, der vor mir lag.

Mein kleiner »Fisherman« stand am Anfang einer ganzen Reihe Motorboote, die wir uns während meiner Kindheit zulegten, und jeder Motor hatte mehr PS als sein Vorgänger. Überall um den See machten andere es ebenso, und am Wochenende herrschte auf dem Wasser tückisch viel Verkehr. Gemeinsam mit ein paar neuen Freunden vom Strand fing ich an, Wasserski fahren zu lernen. Irgendwann waren wir richtig gut. Wenn das Wasser morgens ruhig war, übten wir Tricks – seitlich fahren, rückwärts, auf einem Ski, während wir uns mit dem anderen Fuß am Seil festhielten –, und abends fuhren wir Slalom um die Bojen. Um sich nur wenig zu verbessern, braucht man eine Menge Benzin, und wir hätten an einem Tag die 170 Liter verheizen können, die früher für das motorisierte Vergnügen einer ganzen Saison gereicht hatten. Nur Jimmy Carters Energiekrise mit der ersten großen Benzinpreissteigerung hielt uns davon ab. Es war der erste Hinweis darauf, dass die Welt vielleicht doch nicht unbegrenzte Ressourcen bot, und im Rückblick betrachtet wurde es dafür auch höchste Zeit.

EIN NEUES JAHRZEHNT brach an, meine unschuldige Jugendzeit am See endete. Als Teenager in den siebziger Jahren konnte man zusehen, wie die Welt vom Zeitalter des Wassermanns ins Zeitalter der Ironie schlitterte. Rock 'n' Roll und Schlaghosen waren bloß zwei weitere Artikel im Sortiment von Sears. Drüben in London wurde der Punk erfunden – aber bei uns in den hintersten Wäldern bekam man nichts davon mit. Immerhin kannten wir Elton John. Die Siebziger waren wie eine neue Version der Sechziger, nur in Polyester. Sogar der strahlende Mond, die große Eroberung der toten Kennedys, hatte sich als ziemlich wertlos erwiesen – allenfalls taugte er als Aussichtsplattform, um die fragile, bedrohte Schönheit der Erde zu betrachten.

Gerade erst begann die breite Masse der Bevölkerung zu verstehen, welche Folgen es hatte, die zarte blaue Biosphäre als Müllkippe zu missbrauchen. Die Medien bündelten die unterschiedlichen Bedrohungen in einen praktischen Oberbegriff – Umweltverschmutzung – und jagten uns damit Angst ein, um ihre Zeitungen und Sendungen an den Mann zu bringen. Hilflos rangen unsere Lehrer, Elternbeiräte und Kommunalpolitiker eine Zeitlang die Hände. Quer durch das ganze Land stellten sie Mülleimer auf und ermahnten uns Schulkinder, sie auch brav zu benutzen. Die Botschaft war klar: Die Erde war ganz offiziell ein Saustall, und unsere Generation musste ihn ausmisten. Mir kam es vor, als müsste ich mein Leben lang hinter den Älteren aufräumen. Im Fernsehen sah die Zukunft düster aus. Die neue kanadische Serie *Here Come the Seventies* (»Hier kommen die Siebziger«) fasste jede Woche in einer halben Stunde meine schlimmsten Albträume zusammen. Im Vorspann lief zur Erkennungsmelodie ein Zusammenschnitt der verstörendsten Bilder ab: verendende Vögel nach einer Ölpest, Müllberge, die von einem Bulldozer ins Meer geschoben wurden, qualmende Schlote, vom Hunger angeschwollene Bäuche. Dazwischen waren Aufnahmen einer nackten jungen Frau montiert, die in ein dunkles Meer hineinwatet und schließlich wie bei einem rituellen Selbstmord untergeht. Ihr hübsches blondes Haar auf der Wasseroberfläche war ein niederschmetternder Anblick.

An einem Sonntagabend auf dem Rückweg vom See lehnte ich mich über den Fahrersitz und gestand meinem Vater meine Ängste: Offenbar war ich ja genau rechtzeitig zum Weltuntergang geboren worden. »Blödsinn«, rief er. Er versuchte gerade, mit dem Rauchen aufzuhören, und war leicht gereizt. »Jetzt ist die spannendste Zeit überhaupt.« Dad vertrat im Wesentlichen die These von Woody Allen, dass jeder es gut hatte, der nach der Erfindung des Penizillins zur Welt gekommen war. Er hatte die Weltwirtschaftskrise überlebt, den Krieg und die Bombe. Was war dagegen schon ein bisschen Smog? Wenn es ihnen in den Kram passte, glaubten Erwachsene gern, dass Luftverschmutzung ein abstraktes Problem irgendwo weit weg war, eine Großstadtkrankheit, genau wie die Kriminalität.

Tatsächlich aber gingen wir am Emma Lake durchaus mit der Zeit. Für den Kampf gegen die Stechmücken rückte mein Onkel mit seinem Sprühgerät an. Es sah aus wie ein automatisches Gewehr und sonderte einen weißlichen Nebel aus Insektenvernichtungsmittel ab. Einmal gab es im Wald eine Ringelspinner-Plage. Die Leute bekämpften die Raupen mit Malathion, mit irgendwo stibitzten Agrarpestiziden und sogar mit DDT, das noch unter eine Übergangsregelung fiel. Die Gemeindeverwaltung baten wir, auf der Straße von Carwin Park Öl auszubringen, damit es nicht so stark staubte, obwohl die Reste schließlich hinunter zum Wasser sickern würden. Wie die meisten Anrainer karrte mein Vater tonnenweise Strandsand herbei, der zur Verlandung beitrug, wenn er von hohen Wellen in den See getragen wurde. Rigoros riss er sämtlichen Uferbewuchs aus, die natürliche Barriere des Sees gegen vom Land her eindringende Schadstoffe. Eines Tages sichtete ein Freund meines Vaters die hartnäckig am Strand wuchernden Gräser und beschloss, ihnen ein für alle Mal den Garaus zu machen. Er schüttete ganze Eimer Benzin quer über den Sand und entzündete mit naivem Mut ein Streichholz. Mit einem der Nachbarskinder war ich hinausgeschwommen, um vom Wasser aus zuzuschauen. Der Feuerball schoss höher auf als unsere Hütte, und die Hitze schlug uns ins Gesicht. Dads Freund hatte sich die Augenbrauen versengt, aber die Gräser wucherten weiter.

Unschuld ist vergänglich, und irgendwann blieb ich lieber in der Stadt und ging nächtelang mit meinen Freunden aus. Wir gehörten nun zur Welt der Heranwachsenden, in der geraucht, getrunken und geistloses Chaos veranstaltet wurde. Wir fuhren Autos zu Bruch und spielten im Wald vor der Stadt Katz und Maus mit den Bullen. Abends vor einer Party gingen wir noch in *Apocalypse Now*, der gerade angelaufen war. Wir fanden den Film super. Die reinigende Feuerwand aus Napalm entsprach unserem Lebensgefühl. Es war an der Zeit abzutun, was kindisch war.

TROTZ ALLER guten Vorsätze, die Entfaltung des Frühlings in allen Einzelheiten zu verfolgen, ließ ich mich im entscheidenden Moment zurück in die Stadt locken. Es wurde wärmer, aber ich hoffte, das Eis würde durchhalten. Es hielt nicht. Bei meiner Rückkehr eine Woche später sah ich bereits durch die Bäume von Carwin Park hindurch, dass der See wiedergeboren war. Wasser. Die Vögel waren schon da. Laute Möwen auf den Wellen, ein rufender Seetaucher, drei Gänsesäger schossen vorbei wie Jets in einer Flugshow, ein Paar Büffelkopfenten. Dan, der Klempner von Danny Boy Plumbing, hatte mir die Ansaugleitung ins Wasser gelegt und die Pumpe bereit gemacht. Eimer und Axt hatten für dieses Jahr ausgedient. Auf dem Dach des Schuppens saß die Winterammer und schaute mich mit ihren Knopfaugen an: *Siehst du, was du alles verpasst hast?* Ja, sehe ich.

Es gab eine Zeit, in der ich vielleicht zehn, zwölf Jahre lang nicht so oft zum Emma Lake fuhr und fast meine Bindung zum See verlor. Ich reiste auf der ganzen Welt umher, studierte an vier verschiedenen Universitäten, heiratete meine Freundin Marlene Yuzak, die aus meinem Heimatort stammte, wurde Journalist. Inzwischen lebten wir im Süden Ontarios, wo ich eine gute Stelle bei einer Zeitung hatte. Meine Tochter kam zur Welt, und dann war ihr Bruder unterwegs. Im Eiltempo hakten wir die Meilensteine einer typischen Mittelschichtfamilie ab. Der Emma Lake war 3.000 Kilometer weit weg. Ungefähr zur selben Zeit hatten die Medien ein neues Schlagwort für eine ganze Reihe alter Probleme erfunden. Während man in den 1970er Jahren vor allem von Umweltverschmutzung sprach, redete man nun, im letzten Jahrzehnt des alten Millenniums, mehr über die weiter gefasste Konfliktzone, die Umwelt. Wie es bei solchen Medientrends immer der Fall ist, trafen auch bei der Berichterstattung über Umweltprobleme vernünftige praxisorientierte Informationen auf eine künstlich geschürte Hysterie. Eine der Stimmen, die klarer aus dem ganzen Hintergrundrauschen hervortraten, stammte von der Westküste und gehörte dem Wissenschaftler und heutigen Journalisten Dr. David Suzuki.

1990 lasen Marlene und ich in einem Interview mit ihm einen kurzen Satz, der unser zukünftiges Leben verändern sollte. Suzuki bemerkte, die größte Bedrohung für die Umwelt sei schlicht die Tatsache, dass die Menschen so häufig umzogen. Grund dafür sei die New Economy. Hatten frühere Generationen noch ihr Leben lang in demselben Beruf gearbeitet, zogen die Leute nun von jetzt auf gleich in eine andere Ecke des Landes, um im Jahr fünftausend Dollar mehr zu verdienen, um einem Personalabbau zu entkommen, um von einem Boom zu profitieren. Und dabei verloren sie die Natur aus dem Blick. Wenn wir uns an einen neuen Ort verpflanzen, können wir nicht wissen, wie es von Natur aus dort aussehen sollte, wie schnell er sich womöglich gerade wandelt oder welche Last wir ihm selbst dabei aufbürden. Um echte Fürsorge für unberührte oder wenig berührte Naturräume leisten zu können, muss man lange mit ihren natürlichen Strukturen und Rhythmen vertraut sein.

Was Suzuki beschrieb, traf auf Marlene und mich genau zu. Für die Landschaft von Ontario, in der wir uns eingenistet hatten, empfanden wir keine Anteilnahme. Unsere selige Unwissenheit war auf eine gewisse Art eine Gnade. Wir trauerten nicht um den Verlust der Carolinischen Wälder, weil wir uns nicht an sie erinnern konnten. Wir erfuhren, der Lake Huron, der Lake Erie und der Thames River seien sehr stark verschmutzt. In unseren Augen sahen sie in Ordnung aus. Aber wir kannten sie nicht aus unserer Kindheit.

Zugleich begann die uns so vertraute Landschaft zu Hause in Saskatchewan, schleichend fremder zu werden. Sobald meine Eltern zu alt sein würden, um die Hütte am Emma Lake zu nutzen, gäbe es keinen Grund, sie noch zu behalten. Der Ort, an dem ich das Gefüge der Natur so gut kannte wie nirgends sonst, würde zur Erinnerung verblassen wie eine Melodie von früher.

Und so zogen wir kurz nach der Geburt unseres Sohnes erneut quer durchs Land und kehrten zu viert zu dem Ort zurück, den Stan Rowe, der große Essayist des Westens, »the home place« genannt hat, unser Zuhause. Bei unserer langen Fahrt durch den Korridor der Nadelwälder Ontarios, dann über das Manitoba Escarpment, den Steilhang an der Grenze zum Hochland von Saskatchewan, beobachtete ich, wie die Natur vor dem Fenster nach und nach zu einer vertrauten Schönheit zurückfand.

Es war, als würde ich mich verlieben. Die Natur, die bis dahin nur eine Kulisse für schöne Abenteuer gewesen war, schien nun erfüllt von Sinn, Bedeutung und Rhythmus, vom Flügelschlag der Libellen bis zum Muster der Dünen. Anlässlich unserer Heimkehr schenkte mir mein Vater einen Bildband mit Courtney Milnes prächtigen Landschaftsbildern aus aller Welt. Als ich mein eigenes Zuhause zwischen all den Paradiesen der Erde abgebildet sah, überkam mich die unbändige Lust, alles über den Garten Eden vor meiner Haustür zu erfahren. Ich begann meine »Lehre im Fach Natur«, wie Sharon Butala es genannt hatte.

Ich beobachtete Vögel. Ich baute mir eine Blumenpresse und sammelte Pflanzen, fertigte Abgüsse von Tierspuren an, fotografierte Pilze. Ich legte mir ein Teleskop zu und studierte die Sternbilder und die Planetenbewegungen entlang der Ekliptik und erfuhr, warum der Mond von Phase zu Phase seinen bekannten Reigen tanzt. Nach Plänen aus einem Buch bauten mein Sohn und ich ein ferngesteuertes U-Boot aus einer Plastikkiste und einigen Bilge-Pumpen. Eine an Bord angebrachte Schwarz-Weiß-Kamera lieferte Videobilder vom Grund des Emma Lake, die komischerweise den Mondaufnahmen der *Apollo*-Astronauten ähnelten. Ich lernte das Segelfliegen und wie man auf den unsichtbaren Luftströmungen der unteren Atmosphäre dahinschwebt. Ich kaufte mir das erste einer ganzen Reihe kleiner Segelboote, deren einziger Zweck, wie ich einmal gelesen habe, darin besteht, das Wetter beobachten zu lernen.

Ich ging häufig Kanu fahren. Aus den Büchern und Filmen von Bill Mason eignete ich mir nicht nur Paddeltipps an, sondern auch

51

seine Art, eine Beziehung zur Natur aufzubauen, »auf den Gesang des Paddels hören«, wie er es nennt. Um diese Musik zu vernehmen, sagt Mason, müsse man sich körperlich wohlfühlen. Zu wissen, wie man sich in der Wildnis warm hält und trocken bleibt, war also nicht bloß eine praktische, sondern auch eine spirituelle Fähigkeit.

Ein Kanu eignet sich gut als Altar. An einem herrlichen Abend, etwa zur Sommersonnenwende, paddelte ich alleine auf dem Moon Lake, einem Altarm südlich von Saskatoon. Es muss fast elf Uhr gewesen sein, denn noch leuchtete der Himmel im Dämmerlicht, und die ersten Sterne blinkten auf. Gebannt betrachtete ich die Wirbel, die mein Paddel auf dem dunklen Wasser in Gang setzte, einen nach dem anderen, und direkt aus dem kollektiven Unterbewusstsein kam mir ein Gedanke – dass nämlich vor langer Zeit der Schöpfer in einem großen Kanu über den nächtlichen Himmel fuhr, und aus den Strudeln, die sein allmächtiges Paddel zum Tanzen brachte, entstanden die Galaxien. So wurde das kreisende Universum geschaffen.

Durch solche Augenblicke der Offenbarung erkannte ich, dass die Natur eine irdische Vollkommenheit ist, ein Wirklichkeit gewordener Himmel. Es mag unfair sein, dass gerade ein gottloser Schwachkopf wie ich herausgefunden hatte, wie er der Gottheit jederzeit ins Antlitz schauen konnte, aber man könnte es auch als Gnade bezeichnen. Zu meiner Freude fand ich heraus, dass nordamerikanische Kulturen vor ihrem ersten Kontakt mit Europäern kaum zwischen Himmelreich und Erde unterschieden. Das eine umfasst das andere. In seinem Buch *Sleeping Island* (»Die schlafende Insel«) über seine Kanuwanderungen durch Nordsaskatchewan im Jahr 1939 schildert der US-Amerikaner Prentice Downes eine vielsagende Unterhaltung zwischen einem Angehörigen des Volks der Dene und einem Laienbruder über das Himmelreich:

Sagt mir, Pater, ist er [euer Himmel] wie das Land der kleinen
Bäume, wenn das Eis vom See verschwunden ist? Gibt es dort
die großen Moschusochsen? Sind die Hügel von Blumen bedeckt? Werde ich dort Karibus sehen, so weit das Auge reicht?
Und sind die Seen dort blau vom Sommerhimmel? Ist jedes
Netz voller großer, fetter Weißfische? Gibt es in diesem Land
Platz für mich, wie in unserem Land ...? Kann ich mein Lager
aufschlagen, wo ich möchte, ohne dass dort bereits jemand
anderes sein Lager aufgeschlagen hat? Kann ich dort den Wind
spüren und selbst sein wie der Wind? Pater, wenn euer Himmel
nicht so ist wie all das, dann lasst mich in meinem Land, dem
Land der kleinen Bäume.

Von dieser Entdeckungsreise versuchte ich, meiner Familie so viel
wie möglich mitzugeben. Mit dem Emma Lake als unserem Stütz-
punkt legten wir gemeinsam viele glückliche Meilen zurück, und
die Kinder lernten den See genauso kennen wie ich damals. Lewis
spielte mit meinen alten Legosteinen. Esther fand Ton am Grund
des Sees und formte daraus wunderschöne zarte Schlangen und
Salamander. Wir gingen schwimmen und spielten »Finde die Muschel«, beobachteten die Bisons und kletterten auf den Feuerwachturm. Am See hatte sich der Kreis der Generationen geschlossen.
Gut, dass wir David Suzukis Rat gefolgt waren, denn erst jetzt erkannte ich endlich das wahre Wesen dieses Orts.

MEIN NEU GEWONNENES Bewusstsein für die Natur hatte den
Nebeneffekt, dass ich unseren Einfluss auf sie nun viel klarer erkannte. Die Gemeinde Lakeland trägt die Narben jahrzehntelanger
willkürlicher, schlecht durchdachter Erschließung. Trotz der enormen Größe der Ferienhäuser und ihrer schieren Anzahl – dreitausend, und es werden immer mehr – stehen wir erst am Anfang.

Da die Ufergrundstücke bereits seit vielen Jahren vergeben
sind, werden viele der neuen Gebäude auf einem Gelände errichtet, das nie als Baugrund hätte ausgewiesen werden dürfen. Damit

die Bewohner zu den Häusern gelangen können, nehmen Zufahrten einen großen Teil der Grundstücke ein. Selbst wenn diese Wege gut angelegt sind, verwandeln sie sich bei starkem Regen in wahre Wasserrutschen, die Schlamm in den See spülen und sein Wasser trüben. Die besonders schlecht angelegten sind so steil, dass sie die Häuser unbewohnbar machen, sodass dort, wo früher Bäume wuchsen, heute leere Gebäude stehen, die von einem naiven Käufer an den nächsten veräußert werden. Viele Eigentümer lassen das gesamte Grundstück ausschachten oder umgraben. Wenn die dünne Schicht Mutterboden weg ist, können die heimischen Pflanzen dort jahrzehntelang nicht wachsen, und invasiven Arten sind Tür und Tor geöffnet. Ich tue mich schwer damit zu verstehen, warum jemand Grundeigentum mit Baumbestand willentlich in einen Tagebau verwandelt und dann in die Mitte der Einöde ein Haus setzt.

Ganze neue Baugebiete sind bis auf den nackten Boden heruntergerodet worden. So baut man in Städten eine neue Siedlung, denn für den Bauunternehmer ist es das Billigste, alles zu planieren. Kaum ist ein neues Haus gebaut, das aussieht wie die anderen, wird der Garten angelegt, im Vorstadtstil mit Rasen und Sträuchern, und der arme Eigentümer ist lebenslang zum Rasenmähen und Unkrautjäten verdammt. Ein bestimmtes Baugebiet in Lakeland, gleich am Golfplatz, wirkt so perfekt, dass es ebenso gut in einem Vorort von Edmonton, Saskatoon oder Mississauga liegen könnte.

Die Seen sind in einem Straßennetz gefangen, das sich stets von selbst vergrößert und überall, wo es weiterwuchert, die Naturräume einengt. Vor kurzem ist die Straße am Südufer des Emma Lake verbreitert und als schnelle Durchgangsstrecke neu asphaltiert worden. Die alte Landstraße gehörte vor allem den Kindern, die barfuß mit ihrem Eis vom Laden kamen oder auf ihrem wackligen Fahrrad zum See fuhren. Eng und voller Schlaglöcher bremste sie die Autofahrer aus. Wer es eilig hatte, konnte ebenso gut den

Highway nehmen, der in nur dreihundert Metern Entfernung parallel verläuft. Aber wenn es um eine asphaltierte Straße geht, die rasch ins Nirgendwo führt, vertraut der Steuerzahler dem Projekt stets blind.

Eigentlich aber geht der Druck zum Ausbau der Straßen von Lakeland auf die donnernden doppelachsigen Jauchelaster zurück, die überall umhermarodieren. Vernünftigerweise wurden vor einer Generation für alle Häuser Abwassertanks vorgeschrieben. Niemand aber hat vorausgesehen, wie viel Tanklasterverkehr die Entsorgung der Abwässer von Zehn-Zimmer-Anwesen mit mehreren Badezimmern, mit Geschirrspülern und Waschmaschinen nach sich ziehen würde.

Ein weiteres, illegales Straßennetz haben Geländewagenfahrer in die Landschaft gegraben. Die unaufhaltsame Plage dieser PS-starken Fahrzeuge hat aus Wildwechselpfaden schlammige Hohlwege gemacht und die Wildnis in winzige Parzellen zerschnitten, die sich als Habitate für die Tierwelt nicht mehr eignen.

Tausende Feuerwerkskörper werden Jahr für Jahr verkauft und stören an den Wochenenden jeden Abend den Frieden. Unregulierte Lichtverschmutzung beeinträchtigt mehr und mehr die Sicht auf den Sternenhimmel. Große Teile der kommunalen Wälder wurden abgeholzt. Trotz der schwindenden Nachfrage im Golfsport steigt die Zahl der Löcher weiter.

Zur Ehrenrettung der Gemeindeverwaltung muss gesagt sein, dass sie versucht hat, die Bebauung mit einem neuen Flächennutzungsplan zu begrenzen. Die Baufirmen schlugen mit Klagen zurück, weil sie genau wussten, dass die lokale Verwaltung weder genug Zeit noch genug Geld für eine gerichtliche Auseinandersetzung hat. Letzten Sommer traf ich mich mit dem Gemeindevorsteher von Lakeland auf einen Kaffee im Yellow Fender Café, drüben in Christopher Lake. Er ist ein umgänglicher Mensch, der zu seinen Terminen in Hosenträgern und Karohemd erscheint.

Aber er klang etwas gequält. »So viele wollen uns heute verklagen, dass ich schon sage, sie sollen sich doch bitte hinten anstellen.« Im Gemeinderat zu sitzen ist eine so undankbare Aufgabe, und man steht dabei so unter Druck, dass die guten Leute nicht kandidieren wollen und Sitze unbesetzt bleiben. Er wusste noch nicht, ob er erneut kandidieren würde.

Selbst wenn der Rat es schaffen würde, jeglichen weiteren Ausbau zu stoppen, wurden doch in der Nachbargemeinde Paddockwood neue Baugebiete in erschreckendem Tempo genehmigt, ohne Rücksicht darauf zu nehmen, welchen Druck das für Lakeland bedeutete.

So siegt also Kapital über Gemeinsinn. Drüben am Christopher Lake steht eine Reihe Anwesen, die »die Straße der Millionäre« genannt wird. Aber das ist natürlich nur sprichwörtlich gemeint – um dort dazuzugehören, braucht man viel mehr als eine Million.

Sich einer Sache bewusst zu sein bedeutet nichts, wenn keine Taten folgen, um es mit Che Guevara zu sagen. Aber von meinem bequemen Schreibtischstuhl aus war es schwer zu beurteilen, wie ich am besten meinen Teil zur Verbesserung der Lage beitragen konnte. Sollte ich aufstehen und mich als Kandidat für einen der verwaisten Gemeinderatssitze aufstellen lassen? Ich konnte auch den großen Hammer aus dem Schuppen holen, Bohle um Bohle unsere Hütte niederreißen und alles wieder verwildern lassen. *Wie fändest du das, meine hübsche Winterammer?*

Ganz gleich was geschehen würde, mir war bewusst, dass mir die Fürsorge für etwas Schönes und Wertvolles, für dieses kleine kostbare Stück Land auf die winzige Dauer meiner Lebenszeit anvertraut war. Ich konnte mir kaum vorstellen, dass der See später, wenn meine Kinder einmal selbst Kinder haben würden, noch etwas zu geben hätte. Aber man kann schwerlich einen einzigen See isoliert betrachten. Mir fehlten feste Bezugspunkte und ein Vergleichsrahmen. Vielleicht war das, was mir wie eine lokale Katastrophe vorkam, im landesweiten Vergleich nur guter Durchschnitt.

Mit dem Emma Lake als Maßstab im Kopf beschloss ich, dass es an der Zeit war, das Land der Länge, Breite und Höhe nach zu durchmessen, See für See, um herauszufinden, ob dreitausend Ferienhütten wenige sind oder viele, zu beobachten, wie andere Teile des Landes der Seen genutzt wurden, wie das halb wilde Land für die Menschen sorgte und wie sie sich darum kümmerten. Gerade begann die geeignete Jahreszeit. Warmes Wetter kündigte sich an, was in der kanadischen Wildnis immer herrliche Aussichten sind. Wie ein gut gefülltes Konto. Mein erstes Ziel lag gerade außerhalb des Nationalparks. Jeden Sommer bin ich meilenweit auf seinen abgelegenen Pfaden unterwegs. Dieses Jahr sollte mich einer von ihnen zum See des grauen Zauberers führen.

Owls Hütte ●

*Ajawaan
Lake*

0   100 200 300
|········|········|········|/m

Sommer

DER GRAUE ZAUBERER

Ajawaan Lake, Saskatchewan

*Dieser Wall, der in Wirklichkeit ein Damm war, schien den See festzuhalten,
und so war es auch, denn ohne ihn wäre hier kein See gewesen,
nur ein dahinfließender Bach.*

Grey Owl, *Sajo and the Beaver People*

BEI EINER Gruppe alter Birken am Ende der Steigung stand meine Frau im warmen Nachmittagslicht, den Blick nach Norden gerichtet, und wartete auf mich. Hinter ihr glitzerte silbern der Kingsmere Lake. Normalerweise ist Marlene nicht gern mit dem Rucksack unterwegs. Sie hat nichts dafür übrig, sich Lasten auf den Rücken zu packen, sich Gefahren auszusetzen, ins Schwitzen zu kommen und Langeweile zu riskieren – all das, was eine Wanderung durch die Wildnis unweigerlich mit sich bringt. Wenn ich also zu derartigen Abenteuern aufbreche, habe ich meistens jemand anderen zur Gesellschaft. Bei einer Reise für die Seele allerdings hält sie viel bereitwilliger durch als die meisten, und die kleine Hütte namens Beaver Lodge, zu der wir unterwegs waren, erschien ihr vielversprechend.

Die Blockhütte lag am Ufer des Ajawaan Lake nahe der Nordgrenze des Prince-Albert-Nationalparks. In den 1930er Jahren hatte

59

dort für kurze Zeit ein eigenartig glamouröses Paar gelebt. Er war der englische Schriftsteller, Naturschützer und Heiratsschwindler Archie Belaney, der sich als indigener Kanadier mit Namen Grey Owl ausgab. Seine Frau Anahareo war tatsächlich Irokesin und machte aus ihm ein Markenprodukt, das sich im ganzen britischen Empire hervorragend verkaufte.

Die 1931 erbaute Beaver Lodge diente nicht nur Grey Owl und Anahareo als Wohnung, sondern auch den beiden adoptierten Biberjungen Jelly Roll und Rawhide. Die Ansiedlung dieses fotogenen Quartetts war ein geschickt eingefädeltes Werbemanöver, um Interesse an den damals noch jungen kanadischen Nationalparks zu wecken. Wie es dazu kam, erzählt Grey Owl in seinem Meisterwerk *Die Biberburg*, einem von drei internationalen Bestsellern, die er in seiner kleinen Hütte verfasste.

Der weltweit so berühmte Grey Owl – ich möchte hier bei seinem Pseudonym bleiben – war zu Hause als starker Alkoholiker und Stammkunde der örtlichen Schwarzbrenner bekannt. Die Einheimischen kauften ihm seine angebliche Stammeszugehörigkeit nicht ab. Zwar waren sie dankbar für sein Engagement als Naturschützer, ihn jedoch besinnungslos in Prince Albert oder Waskesiu auf der Straße liegen zu sehen brachte ihm in seinem näheren Umfeld nicht gerade besonderes Renommee ein. Mein Großvater Allan kannte Archie Grey Owl aus seinen früheren Tagen im Norden Ontarios und hatte kein gutes Wort für ihn übrig: Er sei bloß ein Säufer, ein Hochstapler und ein Bigamist gewesen, nichts weiter. Dennoch waren Großvater und manche meiner Großonkel sich nicht zu fein, in den Mondscheinkneipen unten in East Flat mit einem berühmten Schriftsteller einen zu trinken und Karten zu spielen.

Selbst seine Berühmtheit war keine sichere Bank. Als die Zeitung *North Bay Nugget* nach seinem Tod enthüllte, dass er Engländer war und sich nur als indigen ausgegeben hatte, ging der Ruf

60

des Namens Grey Owl baden wie eine tote Bisamratte. Grund für die Empörung waren, glaube ich, nicht so sehr der ganze Lug und Trug, sondern die Rolle, die er gespielt hatte. In Grey Owls Tagen und noch lange danach war Westkanada in Wahrheit eine Art Apartheidsgesellschaft, und vorzugeben, einem indigenen Volk anzugehören, war in an einem von Rassismus geprägten Ort ein Affront gegen das Establishment.

Mit den Ausschweifungen heutiger Berühmtheiten sind Grey Owls kleine Macken kaum zu vergleichen. Heute würde er in eine Entzugsklinik gehen und dann zurück an den Schreibtisch. Sein Faible für die indigene Kultur würde in der heutigen Zeit, in der man sich frei bei anderen Kulturen bedient, als modische Vorliebe durchgehen. In Deutschland gibt es Vereine, deren Mitglieder sich am Wochenende Hirschlederklamotten anziehen und in Tipis wohnen.

Wenngleich Grey Owls chaotische Lebensgeschichte den Wandel der Zeiten überdauert, hat er doch eine bis heute wertvolle Botschaft hinterlassen. Er schrieb *liebevoll* über die Wildnis. Die Natur war weder ein furchterregender, launischer Feind noch ein Terrain, das es zu erobern galt. Vielmehr schenkte sie einem ein einfaches Leben und beruhigte den Geist. Sie war der Himmel auf Erden, eine Gottheit zum Anfassen. Hier hob sich jemand von dem literarischen Motiv des Überlebens ab, wie Atwood es beschreibt, jemand, der über die Natur als eine Verbündete schrieb, der man vertrauen konnte.

In seinen besten Zeiten inspirierte Grey Owl eine ganze Generation dazu, mit neu geöffneten Augen in die wilde Natur aufzubrechen und dort etwas zu finden, das einem das Maschinenzeitalter nicht bieten konnte. Er begründete den Ansatz, die nahegelegene Wildnis unter Erholungsaspekten zu betrachten, der bis heute fortwirkt, und die neu begründeten Nationalparks waren eine Spielwiese, um diesen Ansatz auszuleben. Jeden Sommer fuhr eine unternehmungslustige Schar Grey-Owl-Leser zum Prince-Albert-Nationalpark und absolvierte den 40 Kilometer langen Marsch zur Hütte des Schriftstellers am Seeufer. Noch heute gehen jedes Jahr Hunderte auf Pilgerfahrt zum Ajawaan Lake. Pilgerfahrten neigen zur Wiederholung, und auch ich hatte die Wanderung bereits ein paarmal unternommen. Für Marlene war es das erste Mal, und ich wusste mir ihren Eifer nicht recht zu erklären. Warum von allen Wanderwegen auf der Welt ausgerechnet bei *diesem*, warum bei *dieser* Hütte? Warum bei *diesem* Kerl? Nun, sie hat da einen gewissen Instinkt.

Da standen wir also am Beginn unserer Wanderung, zwei Pilger in der Wildnis. Um zu Grey Owls Hütte am winzigen Ajawaan Lake zu gelangen, muss man, bergauf, bergab, das ganze Ostufer des riesigen Kingsmere Lake entlangstapfen. Man kann auch mit dem Motorboot fahren, wenn man bereit ist, es per Schienenwagen über Land bis zum Südüfer des Sees zu schieben und den Krach und den Gestank zu ertragen. Ist gutes Wetter vorhergesagt, kann man den Kingsmere Lake auch im Kanu überqueren. Aber bei einer Fahrt über den offenen See ist man ganz den vorherrschenden Nordwestwinden ausgesetzt, und so kann es passieren, dass man durch den Wind stunden-, ja tagelang am Ufer festsitzt.

Da wir uns für das verlässliche – und verlässlich anstrengende – Wandern entschieden hatten, luden wir uns die Rucksäcke auf und traten unter das Blätterdach des Waldes, auf ein Bett aus Torfmoos, saftig grün dank des feuchten Sommers. Die weißen Blüten des Hartriegels leuchteten im warmen Schatten. In diesen Breiten ist der boreale Nadelwald noch von Spuren der Prärie durchsetzt, auf grasbewachsenen Südhängen wachsen Lilien. Die Hufe von Wapitis, von Hirschen, hatten sich in den Boden gedrückt. In Bachtälern und Vertiefungen war der Weg überschwemmt. Über einige dieser nassen Stellen führten tote Baumstämme, und wir nahmen uns einen Stock und balancierten hinüber. Zweimal mussten wir unsere Wanderschuhe ausziehen und hindurchwaten. Der Weg traf auf das Ufer des Kingsmere Lake, und als wir an den Strand hinaustraten, schreckten unsere Stimmen einen Weißkopfseeadler von einer Schwarz-Fichte auf. Er schrie uns einmal an, dann trug ihn sein Flügelschlag nach Norden, in die Richtung von Grey Owls Hütte.

Froh über die seltene Gesellschaft Marlenes hatte ich zuvorkommend angeboten, den größten Teil der Ausrüstung zu tragen, damit ihr Rucksack angenehm leicht bliebe. Während sie also tagträumerisch über Stock und Stein sprang, stapfte ich mit gesenktem Kopf den buckligen Pfad entlang, und schon bald taten mir die Füße weh. Meine alten Wanderschuhe waren nicht mehr so bequem wie früher. Oft machten wir halt – untersuchten Maserknollen an Baumstämmen und pflückten Erdbeeren, bestaunten die Streifen aus violettem Sand, der sich immer da ansammelt, wo am Ufer die Wellen brechen, tranken etwas und aßen einen Happen, bis die zirpenden Eichhörnchen uns vertrieben. Es war ein schöner Sommernachmittag – gut zum Laufen und kühl unter dem bedeckten Himmel –, und wir hatten den Weg ganz für uns allein.

Direkt am Ajawaan Lake ist das Campen nicht gestattet. Wir wollten unsere Rucksäcke nach 13 Kilometern auf einem Campingplatz zurücklassen und dann einen Sprung zum Gipfel unternehmen, wie die Bergsteiger sagen. Zwar wären wir dann unsere Last los, aber das bedeutete auch, dass wir wieder zurück zum Camp mussten – 27 Kilometer an einem Tag. Durch die Anfahrt aus der Stadt waren wir erst sehr spät losgegangen und wussten nicht, ob das Tageslicht ausreichen würde. Auf dem Campingplatz angekommen, baute ich das kleine Zelt auf und packte die meisten unserer Sachen hinein. Mit der herausgekramten Taschenlampe setzten wir unseren Weg fort.

Grey Owls Lebensgeschichte ist vielen gut bekannt, und es gibt keinen Grund, sich mit seinen zahlreichen Biographen zu messen.

Doch falls jemand eine Kurzfassung braucht … : 1888 im englischen Hastings als ungewolltes Stadtkind in ein trostloses Leben hineingeboren, begeisterte sich der junge Archibald Stansfeld Belaney bereits für Kanada, seine Wildtiere und die Kultur der Indigenen. Noch bevor er ganz erwachsen war, führten ihn diese Träume über den Atlantik. Bereits kurz nachdem er 1906 Kanada betreten hatte, nahm er seine neue Identität an, und schon bald kannte man ihn unter dem Namen Archie Grey Owl. Er konnte gut Klavier spielen und lebhaft Geschichten erzählen, und er war ein äußerst geschickter Messerwerfer.

Zwar variierte seine Geschichte im Lauf der Jahre leicht, im Wesentlichen aber behauptete er, aus einer Métis-Familie zu stammen (der Vater Schotte, die Mutter Apachin), im mexikanischen Hermosillo geboren zu sein und sich dem Volk der Ojibway angeschlossen zu haben. Zumindest der letzte Teil stimmte. Seine erste Frau und die einzige, mit der er rechtmäßig verheiratet war, war eine Anishinabe aus der Gegend des Lake Nipissing, und durch deren Familie hatte er gelernt, sich in der Wildnis zurechtzufinden. Zwei Jahrzehnte lang lebte er in Ontario das ruhige Leben eines Fallenstellers und Führers, unterbrochen nur durch seinen Militärdienst als Infanteriesoldat im Ersten Weltkrieg.

Belaney war wohl kaum der Einzige, der sich bei der Ankunft in der Neuen Welt neu erfand – dafür ist ihm kein Vorwurf zu machen. Unter seinen Lügen zu leiden hatten vielmehr seine zahlreichen verlassenen Frauen und Kinder.

Ohne seine dritte Frau, der er den Namen Anahareo gab, wäre er womöglich nie bekannt geworden. Ihr wirklicher Name war Gertrude Bernard, aber sie wurde auch Pony genannt und stammte aus Mattawa, gelegen am Zusammenfluss des Mattawa und des Ottawa River. Wäre er ein Schauspieler gewesen, man hätte sie seine Agentin genannt. Angesichts seines Erzähltalents ermunterte sie ihn, für den englischen Zeitschriftenmarkt über die kanadische

Wildnis zu schreiben. Außerdem bewegte sie ihn dazu, das Fallenstellen aufzugeben, und von ihr stammten die Gedanken zum Naturschutz, die ihn später berühmt machen sollten. Ohnehin lieferten die Fallen nur mehr einen mageren Lebensunterhalt. Belaney pflegte einen ausgezeichneten Prosastil – auch das gehört zur Wahrheit –, und schon bald hatte er einen Verlagsvertrag in der Tasche. 1931 erschien *Pfade in der Wildnis*, der Startschuss zu Grey Owls strahlendem, aber kurzem Ruhmespfad. Er hatte noch sieben Jahre zu leben. Der Canadian Dominion Parks Service – die erste Nationalparkbehörde der Welt – wurde auf seine Bücher aufmerksam und engagierte ihn als Naturforscher. Als Erstes wurde er zum Riding-Mountain-Nationalpark abkommandiert, einem hochgelegenen Gebiet auf dem Manitoba Escarpment, doch für den Geschmack des Paares war Seewasser dort viel zu rar, und erst recht für Jelly Roll und Rawhide. Ein halbes Jahr später zog die ungewöhnliche Familie weiter nach Westen, in den 3.900 Quadratkilometer großen Prince-Albert-Nationalpark.

»Entlegen genug, um dort Einsamkeit zu finden«, schrieb Grey Owl über sein neues Blockhaus am Ajawaan Lake, »und doch erreichbar für jene, die die Wanderung aus wirklichem Interesse antreten möchten.« Als Grey Owl und Anahareo diese Wälder zum ersten Mal betraten, gab es noch keine Straße zum Kingsmere Lake. Besucher, die zu ihnen wandern wollten, mussten zuerst im Kanu den 25 Kilometer langen Waskesiu Lake durchqueren und dann dem Bachlauf folgen, der beide Seen verbindet. Allein schaffte Grey Owl den Weg zur Stadt an einem Tag – häufig getrieben von der Rage des Alkoholentzugs. Trotz der Entfernung waren Grey Owl und Anahareo *das* Paar, das im Sommer 1936 alle Welt kennenlernen wollte, und mehr als siebenhundert Menschen besuchten die Hütte, von der *Die Biberburg* erzählt.

Grey Owl und Anahareo waren bereits moderne Berühmtheiten, und die Kameras liebten sie. Er, ein schlanker, dunkelhaariger

Mann von ein Meter achtzig mit breiten Schultern, feurigem Blick und langer Mähne, war noch mit über vierzig eine schneidige, maskuline Erscheinung. Sie, in ihren gewagt enganliegenden Lederhosen und hohen Stiefeln, neunzehn Jahre jünger als er, stand den Idolen aus Hollywood an Feurigkeit in nichts nach. In Filmen, die während der »hungrigen dreißiger Jahre« weite Verbreitung fanden, spielte das Paar sich selbst und fütterte auf diese Weise eine Generation, deren einziger Reichtum ihre Phantasie war, mit Bildern eines verlorengegangenen Utopias. Die beiden erlebten ihre beste Zeit, und ihre Tochter Shirley Dawn wurde geboren.

Unterdessen erzielte der Name Grey Owl in den kanadischen Nationalparks die erwünschte werbliche Wirkung. Die Besucherzahlen stiegen in allen Bereichen – aber nicht alle kamen zu Fuß. Ironischerweise wurden die Nationalparks just mit der Verbreitung des Automobils zu einem wichtigen touristischen Reiseziel. Zwischen den beiden Weltkriegen wurden sechs neue mit dem Auto erreichbare Parks eröffnet. Ihre Verwaltung hatte den Auftrag, Parks für die Menschen bereitzustellen; der Naturschutz war zweitrangig. Die Bürger verlangten für ihre Erholung günstigen Zugang zur Wildnis, und dieses Wirtschaftsgut lieferte das neue Nationalparksystem.

So wie der Emma Lake eine Generation später, war auch der Prince-Albert-Nationalpark ein rein politisches Geschenk, eine Belohnung für die Bürger von Prince Albert, die wussten, wie man den eigenen Kandidaten als Premierminister in die Hauptstadt schickt. Als William Lyon Mackenzie King in der Parlamentswahl 1925 seinen Sitz verloren hatte, sicherte ihm der treue Wahlkreis Prince Albert per Nachwahl doch noch seinen Platz im Parlament und setzte ihn erneut in Ottawa ein. Im Gegenzug verlangte die örtliche Handelskammer einen nach der Stadt benannten Nationalpark. King lieferte. Als er im Sommer 1927 zur großen Eröffnung im Ferienort Waskesiu eintraf, wurden King als Anerkennung die Schlüssel zu einer hübschen Blockhütte überreicht. Der mollige Premierminister hielt seine Rede, sprang in einem wollenen Einteiler kurz in den See und zog sich in sein neues Häuschen zurück. Er sollte keine einzige weitere Nacht dort verbringen.

Die meisten Besucher übernachteten auf dem Zeltplatz, und Grey Owl nannte Waskesiu liebevoll »Stadt der Zelte«. Im Hochsommer drängten sich hier so viele Familien, dass man vor lauter Zelten kaum mehr durchkam. Wie bei den meisten neuen Nationalparks kamen die Leute überwiegend aus dem Umland, aus Prince Albert oder Saskatoon, denn weitere Entfernungen konnte man auf den holprigen, engen Straßen in einem Automobil mit Speichenrädern kaum bewältigen.

Die meisten Camper in Waskesiu waren Mütter mit ihren Kinderscharen. Meist blieben sie den ganzen Sommer, und die Männer kamen am Wochenende dazu. Aus diesem fröhlichen Minimatriarchat entwickelten sich verschiedene lokale Gebräuche, so wurden Zelt-Häuschen einer bestimmten Bauweise errichtet. Sie hatten ein Dach aus Leinwand, damit sie den Vorgaben des Nationalparks für ein »Zelt« entsprachen, aber einen Boden und Wände aus Holz, die mehr Komfort, Sauberkeit und Sicherheit versprachen. Diese *shack tents*, Hüttenzelte, wie sie genannt wurden, mussten sich wieder abbauen lassen, damit sie den Platzregeln entsprachen. Üblicherweise wurden sie in einer gemeinschaftlichen Aktion Ende Mai aufgebaut, an dem langen Wochenende um den Victoria Day, das meist die ersten warmen Tage versprach; wieder abgebaut und eingelagert wurden sie in wehmütiger Stimmung vor dem Labor Day im September.

Die Hüttenzelte zeugten von der uns Menschen eigenen Lust auf ein einfaches Leben in der Natur und auf gemeinschaftliches Teilen. Sie waren zwar fast alle einheitliche 21 Quadratmeter groß mit einem kleinen Herd und einem Eisschrank, zeichneten sich aber durch ihre individuellen Dekorationen aus. Richtig gekocht wurde in den Gemeinschaftsküchen des Lagers, wo den ganzen Tag über ordentliche Feuer in Gang gehalten wurden. Hier tauschten die Frauen Geschichten aus und verteilten an alle Kinder das Essen, das gemeinsam auf großen gusseisernen Herden gekocht wurde. Die Hüttenzelte dienten vor allem als Schlafbaracken und konnten trotz ihrer Winzigkeit überraschend große Familien aufnehmen und ihnen bei Nacht ein gemütliches Dach über dem Kopf bieten.

Selbst in den dunklen Zeiten der Weltwirtschaftskrise waren solche Hüttenzelte erschwinglich. Bis in die siebziger Jahren fanden sie weite Verbreitung, und viele Freunde meiner Eltern besaßen eines. Manche dieser Leute waren wohlhabend, einige besaßen wenig Geld. Im Hüttendorf von Wakesiu aber hatten alle Klassenunterschiede einen kurzen kanadischen Sommer lang Urlaub.

Einmal kam jemand, der gerade finanziell in der Tinte saß, ins Büro meines Vaters und schlug vor, als Beitragszahlung für irgendeine Versicherung sein Hüttenzelt dazulassen. Dad nahm es an, obwohl wir bereits unser Blockhaus am Emma Lake hatten. Am Nachmittag kam die Frau des Kunden mit den Kindern ins Büro, manche in Tränen aufgelöst, und flehte meinen Vater an, das Geschäft rückgängig zu machen, womit er natürlich einverstanden war.

Die dünkelhaften Parkverwalter verabscheuten die Hüttenzelte. Sie hassten die Bezeichnung »shack tent«, die für sie nach Elend und Barackensiedlungen klang. Sie argumentierten, die Hüttenzelte stellten einen Privatbesitz dar, der nicht zum Geist eines öffentlichen Geländes passe. Das war absurd, da Waskesiu, wie viele andere in Nationalparks gelegene Orte auch, durchaus Feriensiedlungen mit großen Häusern besaß, welche die Stellen mit der besten Aussicht für sich beanspruchten. Außerdem gab es teure Hotels, Bungalows, Restaurants und Läden, die alle gute Geschäfte machten. Drei Jahrzehnte lang wurde in Ottawa ein Plan nach dem anderen geschmiedet, um die beliebten »Scheußlichkeiten« abzuschaffen, doch die Besitzer der Hüttenzelte wehrten sich entschlossen. Durch eine gewitzte Strategie wurde der Nationalpark die *shack tents* schließlich doch los, denn fortan durften sie ganzjährig aufgebaut bleiben, und ein festes Dach haben. Schon bald hatte sich aus dem Zeltdorf eine weitere Siedlung mit teuren, wenn auch kleinen, festen Hütten entwickelt. Heute sind es winzige Kunstwerke, die sich nur die Reichen leisten können.

Vor einigen Jahren baute eine Gruppe Lokalhistoriker zwei der alten Hüttenzelte als Freiluftausstellung im Ortskern von Waskesiu auf. Die kleinen Häuschen erinnern uns wohltuend daran, dass wir vor gar nicht langer Zeit ein Gespür dafür besaßen, möglichst wenige Spuren in der Natur zurückzulassen, worauf wir uns heute wieder besinnen müssen. Seit einigen Jahren kann man auf Zeltplätzen in Provinz- und Nationalparks ähnlich kleine Behausungen, vor allem Jurten, mieten.

Die Rolle der Nationalparks wird gerade auf vielfältige Weise überdacht. Sie sind wichtige Schutzgebiete des gesunden Menschenverstands inmitten der übermäßig erschlossenen nahegelegenen Wildnis, doch sie allein können unsere Neigung zur Gier nicht in dem Maß ausgleichen, wie es einst möglich schien. Vielfach fördern Nationalparks eben jene Formen der Naturnutzung, denen sie offiziell entgegenwirken sollten. Ihre Attraktivität lässt die Immobilienpreise in den angrenzenden Regionen nur weiter ansteigen. Und solange die Parkaufseher bloß ein Stückchen Natur am Ende der Straße für Fuchs und Reiher schützen, kann ich mir doch ruhig meinen Garten am Seeufer gestalten lassen. Tatsächlich sind sogar die Parks selbst künstliche Landschaften. Allein der Brandschutz hat den Wald unnatürlich alt werden lassen und seinen natürlichen Kreislauf der Verjüngung unterbrochen, damit ich den schönen Anblick genießen kann, wenn ich mit dem Bike die Wanderwege entlangfahre. Die Verwalter der Parks wissen das, und

69

sie wissen auch, dass der Naturschutz in Zukunft viel komplexer werden wird, als wir es uns je ausgemalt hätten. Wir Staatsbürger müssen Sparsamkeit, Bescheidenheit und Einfachheit nicht allein innerhalb des staatlichen Einflussbereichs neu entdecken, sondern auch in unseren Familien, Haus für Haus, ein Hüttenzelt nach dem anderen.

DIE SONNE stand bereits sehr tief, als wir das Nordufer des Kingsmere Lake erreichten, und wir beschleunigten unseren Schritt, so gut es unsere müden Füße zuließen. Der Weg führte durch einen alten Fichtenmoorwald. In dem unsicheren Grund hatte der Wind viele Bäume entwurzelt, was dem Ort eine düstere Atmosphäre der Zerstörung verlieh. Als ich einige Jahre zuvor mit einem Freund, dem Musiker Gabriel Penna, durch diesen Düsterwald gekommen war, überraschte uns ein großer Rothirsch. »Rothirsch« ist die Bedeutung des Cree-Worts *waskesiu*. Im Zwielicht hielt ich Ausschau nach Wildtiersilhouetten, aber diesmal waren wir allein.

Wir erreichten einen Bach, an den ich mich nicht erinnern konnte: den Ajawaan Creek. Vielleicht war er letztes Mal ausgetrocknet gewesen. Jetzt führte er viel Wasser, und wir mussten wieder unsere Schuhe ausziehen und hindurchwaten. Auf der anderen Seite ging es aufwärts, fort vom Kingsmere Lake und tiefer in die Wildnis hinein. Wir gingen unseren Gedanken nach. Marlene hatte den ganzen Nachmittag nur wenig gesagt. Im melancholischen herbstähnlichen Zwielicht musste ich an die Einsamkeit des Künstlers denken.

Als sich am Ende des Sommers die Besucher vom Ajawaan Lake zurückzogen, folgte Anahareo ihrem Beispiel. In einer winzigen Blockhütte zu überwintern machte ihr nichts aus, aber nicht mit einem nörgelnden Alkoholiker und Schriftsteller. Monatelang wanderte sie allein durch die Wildnis und folgte einer alten Leidenschaft, der Suche nach Gold, während Freunde in Prince Albert die kleine Shirley Dawn aufzogen und Archie Bücher schrieb. Grey Owl opferte sein persönliches Glück seinen Büchern und beschwor allein in seiner Kunst eine glückliche Familie herauf. »Ich sehne mich nach ihnen allen, daher verbringe ich Zeit mit ihnen auf dem Papier.«

Bald trat er die erste seiner enorm erfolgreichen Lesereisen durch England und Nordamerika an, aber nicht mit Anahareo, sondern einer neuen Gefährtin, der er den Namen Silver Moon gab. Die bevorstehenden Auftritte machten Grey Owl schon vor Reiseantritt nervös. Wie sollte er die Menschen in der alten Heimat beeindrucken? Seine Darbietung war spektakulär, soweit man weiß. In einem kunstvollen perlenbesetzten Outfit, das er selbst genäht hatte, las er seine Texte vor einer Kulisse aus projizierten Fotografien des unberührten Waldes – eine Multimediashow, mit der er der Zeit weit voraus war.

Es war ein verwegenes Pensum. Lovat Dickinson, Grey Owls Verleger in England, berichtete, dass sein Star in 138 Tagen 88-mal aufgetreten und 7.000 Kilometer quer durch das kleine Land gereist sei. Ebenso verwegen war das Ausmaß der Täuschung. Belaney musste mit einer Höhensonne im Gepäck reisen, um seinen dunklen Teint aufzufrischen. Während er zu Hause in die Anonymität der Mondscheinkneipen von Prince Albert abtauchen konnte, durfte er hier rund um die Uhr nicht aus seiner Rolle fallen. Eine Rolle, die ihm die Engländer voll und ganz abnahmen. King George lud ihn zu einer Audienz ein, damit die jungen Prinzessinnen Margaret und Elizabeth – die spätere Queen – den edlen Wilden aus Kanada zu sehen bekamen.

Bei der folgenden Tournee durch das indianererfahrenere Nordamerika war der Empfang kühler, und Grey Owl kehrte erschöpft und krank nach Hause zurück. Er zog sich eine leichte Lungenentzündung zu und musste von der Biberburg nach Prince Albert ins Krankenhaus gebracht werden. Als langjähriger starker

Trinker sehr geschwächt, fiel er ins Koma und starb kurz darauf, am 13. April 1938, im Alter von fünfzig Jahren.

UND DOCH waren wir nun hier, siebzig Jahre später, zwei weitere Besucher, hergelockt von Worten, die die dunkle Zeit der sich anschließenden Kontroverse überdauert hatten. Auf müden Beinen schleppten wir uns in das schmale Tal des Ajawaan Lake und erspähten die Blockhütte. Der malerische Weg dorthin war mit Bohlen befestigt und führte am Westufer des Sees entlang, der so klein ist, dass er meist spiegelglatt daliegt. Wie Grey Owl ist auch seine Biberburg ein beeindruckender Anblick – mehr Bühne als Zuhause. Wie eine echte Biberburg thront sie forsch am Ufer, wo niemand, der seine sieben Sinne beisammenhat, je bauen würde. So jedoch hatten die tatsächlichen Biber-Bewohner durch ein Loch im Boden unmittelbaren Zugang zum See. Auf Bildern sieht das zwar goldig aus, doch in Wirklichkeit war die Hütte deshalb von Schädlingen befallen und feucht. Vernünftigerweise beharrte Anahareo darauf, dass eine zweite, höhergelegene Hütte gebaut wurde, die auch für Menschen geeignet war.

Endlich polterten wir auf die schmale Veranda und traten ein. Die Biberburg war noch derselbe karge Raum mit einem grob zusammengezimmerten Bett und einer in der Ecke befestigten Tischplatte. Das offizielle Gästebuch war bis zu den Seitenrändern beschrieben, und als Überlauf diente ein Ringbuch, das wohl irgendein Besucher dagelassen hatte. Die Einträge stammten von Menschen aus der ganzen Welt, aber auch von Leuten, die wir aus Prince Albert kannten. Überall standen mitgebrachte Gaben: eine kleine Trommel, etwas Tabak, eine Feder, sogar ein paar Krücken.

Drei einfache Gräber lagen unter den Weiden und Hartriegelbüschen. Grey Owl, Anahareo und ihre Tochter Shirley Dawn, in der Ewigkeit vereint, wie sie es im Reich der Lebenden selten gewesen waren.

Mich überfiel eine leichte Enttäuschung gemischt mit Müdigkeit und Durst. Hier herrschte Begräbnisstimmung. Die Sonne war bereits untergegangen, und wir hatten noch einen kilometerlangen Rückweg vor uns. Falls sich der Geist von Grey Owl hier irgendwo herumtrieb, ich spürte ihn nicht.

»Das hier ist nur eine leere Hülle«, sagte Marlene. Sie saß auf der Veranda und zog sich für den Rückweg entschlossen die Schnürsenkel fest. Denselben Begriff verwendet sie in spirituellen Fragen für den menschlichen Körper, die physische Hülle, die wir vorübergehend bewohnen. Als mein Vater gestorben war, hatte sie dasselbe gesagt, um mich zu trösten, um mich zu ermahnen, nicht am rein Äußerlichen festzuhalten. Was Grey Owl anging, war sie nicht 20 Kilometer gelaufen, um sich eine Blockhütte anzusehen, es ging vielmehr darum, den ersten entscheidenden Schritt darüber hinaus zu tun, zum Anfang zu gelangen … zum Anfang der Erkenntnis.

Wenn man die Stadt gegen die Wildnis eintauscht, braucht es Zeit, sich an ein neues Sehen zu gewöhnen. Oft wird uns das erst klar, wenn wir uns wieder auf den Heimweg machen. Wir setzen uns Ziele, um den rastlosen Geist zu beschäftigen: eine Blockhütte besuchen, Äschen aus einem bestimmten Bach fangen, einen Gipfel erobern. Ist die Aufgabe erledigt und der Geist befriedigt, kann das Herz manchmal befreit hier- und dorthin schweifen.

So ähnlich gilt es auch für Grey Owl. Wenn man hinter das Äußerliche seiner Identität, all der Betrügereien und der kulturellen Aneignung blickt, beginnt man zu verstehen, was er verkörperte. Grey Owl verstand die Natur und unser bittersüßes Verhältnis zu ihr, diese Mischung aus Sehnsucht und Furcht.

Der britische Regisseur Richard Attenborough verstand das nicht, als er seinen 1999 veröffentlichten, wenig erfolgreichen Film *Grey Owl* drehte. Noch nicht einmal Pierce Brosnan in der Hauptrolle konnte ihn retten, und in den USA kam er gar nicht erst in die Kinos. Für die in Kanada spielenden Szenen hatte Attenborough als Drehort Quebec ausgesucht, weshalb man von dem See aus, der als Ajawaan Lake gecastet wurde, die Laurentinischen Berge sieht – aber nicht deshalb lahmt der Film. Das Drama um das selbstzerstörerische Genie, um das zum Scheitern verurteilte Paar, um verschiedene Identitäten, all das war leicht zu erzählen. Aber die Natur, diese flüchtige Gottheit und die treibende Kraft, die große Motivation der Hauptfigur, vermochte Attenborough nicht einzufangen, er wusste nicht, wohin er seine Kamera richten sollte.

Zu manchen Wahrheiten kann man nur zu Fuß gelangen. Sobald wir die Hütte hinter uns gelassen hatten, heiterte sich unsere Laune auf. Obwohl die Sonne untergegangen war und Dunkelheit den Wald erfüllte, sahen wir immer mehr, fühlten mehr, hörten mehr, witterten es im Wind. Auf unserem Weg zurück zum Kingsmere Lake erhob sich eine warme Brise von Süden her und schob weiße Schaumkronen an den Strand. Als wir wieder den Hochwasser führenden Bach erreichten, scherzte Marlene, am besten würde ja einer den anderen hinübertragen, damit wenigstens ein Paar Füße trocken bliebe. Ich nahm sie huckepack, der Wind wehte ihr Haar in mein Gesicht und ihr Lachen in mein Ohr.

Schon bald war es pechschwarze Nacht, und wir mussten uns vorantasten. Die Batterien unserer Taschenlampe waren so gut wie am Ende, sodass sie nur ein dekoratives Glimmen von sich gab. Als wir die sieben Kilometer zurück zum Camp hinter uns gebracht hatten, war uns schwindelig vor Erschöpfung. Ich zündete den Kocher an, und wir gönnten uns ein Fertigcurry, aßen geräuschvoll, das Essen so schmackhaft, wie es nur schmecken kann, wenn man den ganzen Tag in der Natur auf den Beinen gewesen ist. Wir waren nicht allein. Während unserer Wanderung hatte sich eine Frau mit zwei noch recht kleinen Kindern eingefunden. Für die drei war es ein Abenteuerausflug. Aber eine allein reisende Frau

74

war hier im Schutz des Nationalparks sicherer als irgendwo auf den Straßen Saskatoons. Wir erhoben unsere Teebecher und tranken auf Grey Owl, Anahareo und unsere Nachbarn, aufeinander und auf die Nacht. Dann schlüpften wir in unser Zelt und murmelten, in drei Minuten wären wir bestimmt fest eingeschlafen. So lange dauerte es nicht einmal. Irgendwann mitten in der Nacht wachte ich auf und kroch ins Freie. Die Wolken, die zuvor alles verdunkelt hatten, waren fortgetrieben und hatten einen so sternenschweren Himmel enthüllt, dass er vor Energie und Entschlossenheit zu pulsieren schien.

ALS ANTWORT auf meine Frage, warum sie denn mitgekommen sei, erwiderte Marlene einige Zeit später, Grey Owl habe die Sicht der Menschen auf die Natur verändert, und das zu erreichen sei nicht einfach. »Er hatte seine Probleme, aber ich wusste auch, dass er ein gutes Herz hatte. Ich wusste, dass man das spüren kann, wenn man auf seinem Weg wandert.«

In seiner Zeit hatte das Vertrauen in den Fortschritt schweren Schaden genommen. Die ungeheuerlichen Zerstörungen des Ersten Weltkriegs, die moralische Verdorbenheit der wilden zwanziger Jahre, der völlige Zusammenbruch des Wirtschaftssystems, der zur Grundlage für die neue Gesellschaft der dreißiger Jahre und die Rückkehr zum Militarismus wurde – es war ein unsicheres Jahrhundert.

»Sie sind der Jahre der Zivilisation müde. Und was biete ich Ihnen? – Ein einzelnes grünes Blatt.« Das war die Kernbotschaft von Grey Owls Lesungen im Ausland. Die Menschen hatten geistigen Hunger nach einfachen, reinen Dingen, wollten verlorenes Wissen zurückgewinnen.

Grey Owl war ein sorgfältiger und geduldiger Beobachter der Natur und ihrer feingliedrigen, komplexen Schönheit. Weil er so lange in der Wildnis gelebt hatte, konnte er beschreiben, wie vielfältig die Arten untereinander und mit ihrer Umwelt verknüpft sind, was unserer reduktionistischen modernen Wissenschaft bis vor kurzem entgangen war. Er kämpfte für den Schutz des vom Aussterben bedrohten Bibers, nicht weil er so niedlich war oder weil das Fallenstellen nur noch als grausames, unnötiges Überbleibsel eines überholten Gewerbes überdauerte. Vielmehr beobachtete er wohl als Erster, dass der Wald als Ganzes ohne Biber nicht mehr richtig funktionieren würde.

Heute gilt der Biber als sogenannte Schlüsselart, eine Art, von der andere Organismen auf beiden Seiten der Nahrungskette stark abhängig sind. Grey Owl beobachtete, dass er im Begriff war zu verschwinden. Als mit dem Monopol der Hudson's Bay Company im Jahr 1670 der Pelzhandel begann, gab es vermutlich zweihundert Millionen Biber auf dem Gebiet des heutigen Kanadas. Ein Biberfell lieferte genug Filz für achtzehn der damals in Europa so begehrten Hüte. Diese Nachfrage erschloss Kanada wie keine andere Wildnis der Erde, See um See, eine Biberkolonie nach der anderen, bis die Geschichte des Landes geschrieben und der Biber so gut wie verschwunden war.

In *Die Biberburg* überlegt Grey Owl, welche Veränderungen die Ausrottung des Bibers in so weiten Teilen seines Lebensraums nach sich ziehen würden. »Sollte das nun das Ende sein? Biber […] *waren* die Wildnis. Ohne sie wäre sie leer, ohne sie wäre sie keine Wildnis mehr, sondern ein Ödland.«

Wenn man in Kanada zur Schule gegangen ist, hat man den *Castor canadensis* im Unterricht durchgenommen. Der Biber ist – wieder typisch für Kanada – der zweitgrößte Nager der Welt. Wie der Panda frisst er Schösslinge und Blätter und außerdem die Rinde von Laubbäumen. Er wird schwerer, als man glauben würde, denn große Exemplare können ein Gewicht von über 30 Kilogramm erreichen. Das vielseitige Tier ist vornehmlich ein Aquanaut. Es kleidet sich seinem Lebensraum entsprechend in Schichten aus grobem und feinem Haar, das es sorgfältig pflegt und regelmäßig ölt. Sein Fell ist wie der Trockenanzug eines Tauchers. Über jedes Auge kann der Biber eine kleine Schwimmbrille klappen und so unter Wasser sehen. Ohren und Nasenlöcher kann er abdichten und seinen Mund hinter den Schneidezähnen schließen, wodurch er unter Wasser zu nagen vermag. Der muskulöse schwarze Schwanz dient sowohl der Steuerung als auch dem Antrieb. Die Lunge des Bibers hat eine gewaltige Kapazität, was ihm ermöglicht, fünfzehn Minuten unter Wasser zu bleiben. Sollten Sie je einen Biber Atem holen hören, Sie würden schwören, ein menschlicher Schwimmer wäre in der Nähe.

In seinem Landmodus ist der Biber ein unermüdlicher Holzfäller und Tiefbauer. Jemand hat einmal ausgerechnet, dass ein Biber jedes Jahr im Durchschnitt 216 Bäume mit seinen garstigen gelben Schneidezähnen umnagt. Er bewegt tonnenweise Stöcke und Schlamm und baut daraus ausgedehnte Erdwälle. Grey Owl beschrieb die Biberdämme als »[…] dreißig Meter lang und gut einen Meter zwanzig hoch […]«, und sie sähen aus, wie von einem menschlichen Bautrupp errichtet, was eine durchaus zutreffende Schilderung ist. Es macht Spaß, mit dem Kanu mäandernde Flüsse hinunterzufahren, wie Biber sie gerne bewohnen, und dabei ihre Bautechnik zu bewundern. Wer hier und da das Kanu über einen Biberdamm zieht, macht kaum etwas kaputt, wenngleich der zornige Eigentümer schon zur Stelle ist, um sich ein Bild von den Schäden zu machen, noch ehe Sie um die nächste Biegung gepaddelt sind.

Zu ihrem Schutz legen Biber den Eingang zu ihrer Burg unter Wasser an. Dämme bauen sie nur dann, wenn das Wasser nicht tief genug ist, um ihre Haustür zu bedecken, oder wenn sie eine größere überschwemmte Fläche benötigen. Den Winter verbringen sie zumeist in der eingefrorenen Burg, die sie durch die eigene Körperwärme heizen, und sie ernähren sich von ihren Vorräten aus dem letzten Sommer, die sie nahe dem Eingang eingelagert haben.

Neben Waldbränden gehört auch der Biber zu den verjüngenden Kräften eines lebendigen borealen Nadelwaldes. Weil sie den Boden überfluten und Bäume fällen, brechen sie ein Ökosystem auf, das sich ansonsten zu einer abgeschlossenen Monokultur entwickeln würde. Seen, Teiche, Feuchtgebiete und Marschen gehören im Spektrum der Biodiversität zu den artenreichsten Lebensräumen. Hier gedeihen Wasserpflanzen, Insekten, Fische, Eisvögel und Enten, Seetaucher und Säger. Wenn die Biber ihren Damm verlassen haben, sprießen auf den trockengefallenen Flächen Gräser, die Hirsche ernähren. Biber sind nicht bloß an Seenlandschaften angepasst, sie gestalten sie vielmehr.

Bei diesen Fakten über den Biber stütze ich mich auf das ausgezeichnete Material der Fernsehserie *Hinterland Who's Who*, veröffentlicht von der Naturschutzbehörde Canadian Wildlife Service, ein Klassiker des kanadischen Fernsehens aus den sechziger und siebziger Jahren, der jüngst wiederbelebt wurde. Grey Owl war aufgrund eigener Beobachtungen mit diesen Dingen vertraut und in der Lage, die Informationen ausgeschmückt, aber mit großer Genauigkeit in seinen Büchern zu verbreiten.

Dem Canadian Wildlife Service zufolge, ist es Grey Owls Verdienst, ein Symboltier des Landes wieder ins Zentrum gerückt zu haben. Wir stehen also in der Schuld eines messerwerfenden Säufers. Mir gefällt der menschliche Aspekt dabei. Und ich muss an eine Geschichte denken, die der verstorbene spirituelle Lehrer Anthony de Mello gern erzählte. Ein Mädchen in Irland, das einmal in gewisse Schwierigkeiten geraten war, scherte sich nicht darum, den Gemeindepfarrer seiner Kirche um Rat zu fragen. Besser erschien es ihr, den gefallenen Priester aufzusuchen, der allein am Rand der Wildnis lebte und sich mit den Schattenseiten des Lebens auskannte. Braucht man wirklich mal einen Zauberer, sucht man sich besser einen, der so viel erlebt hat, dass sein Haar ergraut ist.

In der morgendlichen Helligkeit wanderten wir langsam, auf von gestern noch steifen Beinen zurück und verließen die Wildnis. Wir machten ein Spiel daraus, jedes gesichtete Tier zu zählen, verloren aber bei den Hörnchen und kleineren Vögeln die Übersicht. Ein Paar Präriehasen schaute zu uns auf, dann hüpften beide geräuschlos davon. Ein Wapiti stand ruhig in der Sonne und zeigte seine muskulöse Flanke wie ein Model auf einem Pariser Laufsteg, während ich ihn fotografierte. Als wir den Parkplatz erreichten, pickten dort Raufußhühner Magensteine auf und präsentierten ihre Schwanzfedern. Auf der Rückfahrt entlang der Kingsmere Road stand kurz vor dem Beginn der asphaltierten Straße ein schlaksiger Wolf mit grauem Fell auf breiten Pfoten und betrachtete uns, als wir uns näherten, dann sprang er fort in den vielfältigen, von Bibern gehegten Wald.

Moose Lake

Warren Landing

Grand Rapids

Easterville

Negginan

Lake Winnipeg

Berens River

Dauphin River

Jackhead

Princess Harbour

Pine Dock

Loon Straits

Gull Harbour

Wanipigow

Gimli

Hillside Beach

Winnipeg Beach

Grand Marais

0 10 20 30
/......./......./......./km

Herbst

DAS BÜRGER-SCHIFF, DAS WISSEN SCHAFFT

Lake Winnipeg, Manitoba

Ein fließender Strom entgeht nahezu, ja fast völlig, der Verunreinigung, ein abgeschlossenes Gewässer jedoch verschmutzt leicht.

Cicero, *De natura deorum*

IN DER kleinen Stadt am gänzlich flachen Seeufer war das große Schiff leicht zu finden. Der Highway durch Grand Rapids, Manitoba, führt in einer Kurve auf eine hohe Brücke über den Fluss, und von dort oben war die *MV Namao* gut zu sehen, wie sie sich gegen die Strömung stemmte. Im sanften Licht eines Nachmittags Ende September gab sie mit ihrer neuen blau-weißen Lackierung ein schönes Bild ab. Sie kam langsam zum Halt und begann zu wenden, entlang der Aufbauten war in großen Lettern »Lake Winnipeg Research Consortium« zu lesen, und hinter ihr weitete sich der graugrüne Horizont des nördlichen Seebeckens. Das Schiff steuerte auf einen winzigen Holzsteg zu, und ich verließ die Landstraße, fuhr einen Schotterweg hinunter, um zu ihm zu gelangen.

Namao ist das Cree-Wort für »Stör«, ein träger, undurchschaubarer Fisch, den man selten in Aktion sieht, und damit schien der Name gut zu passen. Den ganzen Sommer über hatte ich auf eine Begegnung mit diesem langsamen Schiff gewartet, das einzige in Kanada, das sich außerhalb der Großen Seen der Seewissenschaft widmet. Bereits im April war ich eingeladen worden, an Bord der *Namao* auf dem See zu kreuzen und aus erster Hand etwas über ihre Arbeit zu erfahren. Die einzige Bedingung war, dass ich kurzfristig bereitstehen musste, da der Zeitplan noch »vorläufig« sei. Dann aber lag die *Namao* den ganzen Sommer über zur Reparatur im Trockendock. Es kam mir komisch vor, dass die Fahrten eines 34 Meter langen Schiffs mit seiner Crew nicht schon lange im Voraus feststehen sollten oder dass die Wartungsarbeiten nicht während der langen kanadischen Nebensaison stattfinden konnten. Ich hatte schon fast aufgegeben, noch auf das Schiff zu hoffen, als der Anruf kam, ich solle in Grand Rapids dazustoßen, dort wo der Saskatchewan River sich von Norden her in den zehntgrößten See der Welt ergießt.

Der Lake Winnipeg mag riesig sein, doch er ist nur ein Überbleibsel des Gletscherstausees Lake Agassiz, der einst den größten Teil Manitobas bedeckte. Achttausend Jahre nachdem Agassiz sich in einem einzigen verheerenden Strom brüllend ins Meer ergoss, ähnelt die Provinz noch immer einer vor kurzem leergelaufenen Badewanne, eine zu Überflutungen neigende Ebene mit vielen kleinen und großen seichten Seen und dazwischen kaum nennenswerten Erhöhungen. Oder, um es mit einem alten Witz zu sagen: Manitoba besteht aus 55 Prozent Land und 45 Prozent Mückenlarven.

Kaum hatte die Deckmannschaft das Schiff festgemacht, kletterte schon ein drahtiger Mensch in orangefarbener Fleecejacke über die Reling, nahm mich ins Visier und schritt die Gangway hinauf. Mike Stainton, Chemiker beim kanadischen Fischerei- und

Meeresministerium, hatte einen unbändigen grauen Lockenkopf wie aus kardierter Wolle und eine schroffe Art. Nach drei Jahrzehnten im Ministerium gehörte er zu den Wissenschaftlern mit der langjährigsten Erfahrung im Dienst des Staats. Aber das machte ihn nicht unbedingt zu dessen treuem Diener.

»Kanada hat mehr Geld dafür ausgegeben, sich vom Malawisee in Afrika ein Bild zu machen als vom Lake Winnipeg«, sagte er und half mir, mein Gepäck über die Backbordreling zu wuchten. Das stimmte: Kanada hat Millionen investiert, um im Rahmen internationaler Unterstützung afrikanische Seen zu erforschen. Die Wissenschaft rund um die heimatlichen Seen stand offenbar auf einem anderen Blatt. Er erklärte, das Schiff sei den ganzen Sommer über lahmgelegt gewesen, weil man kein Geld für seinen Betrieb habe auftreiben können. Die Finanzierung dieser Reise sei erst vor wenigen Tagen zusammengekratzt worden. »Sicher denkt die Öffentlichkeit, dass sich jemand um den Laden kümmert, aber was wir hier auf dem Schiff auf die Beine stellen, beruht auf einem ziemlich kleinen Budget.«

Das war eine verstörende Aussage angesichts all der alarmierenden Berichte, die in den letzten Jahren über den Lake Winnipeg zu hören waren. Eine von den USA geplante Wasserumleitung in North Dakota würde wohl eine Vielzahl fremder Arten durch den Red River in den Lake Winnipeg spülen. Es hielten sich Gerüchte, bei den großen Überflutungen in Manitoba im Jahr 1997 seien Schwermetalle und Polychlorierte Biphenyle (PCB) in den See gelangt. Der Damm des Energieversorgers Manitoba Hydro am Nelson River verhinderte, dass der See sich selbst von Schadstoffen befreite.

Die größte Sorge bereitete den Menschen jedoch die zunehmende Algenblüte im Sommer. Für Strandurlauber in ganz Kanada sind die Algen während der sommerlichen Hundstage eine vertraute Plage. Doch die dicken grünen Matten auf dem Lake

Winnipeg waren sogar so groß, dass sie selbst auf Satellitenaufnahmen zu sehen waren. Berufsfischer bekamen vom Hantieren mit den durch Algen verfilzten Netzen Hautausschlag, und Badeverbote waren weitverbreitet.

Ehe ich Mike weiter ausfragen konnte, reichte er mich an eine Frau mit Klemmbrett weiter und verschwand. Zu den Aufgaben der wissenschaftlichen Koordinatorin gehörte neben einhundert anderen Pflichten auch die Einweisung der Greenhorns. Sie wies mir eine Koje zu, erklärte mir, wo das Klo war und wo die Musterstation für Notfälle, ehe sie schließlich meinen Namen auf die Liste der Menschen an Bord schrieb, mit mir insgesamt fünfzehn. Dann verschwand auch sie. Ich warf meinen Seesack in die überraschend einladende, warme und sanft beleuchtete Kabine und ging das Schiff erkunden.

Auf dem Hauptdeck der *Namao* gab es ein Dutzend Kabinen, verbunden durch einen Korridor. Niedergänge führten hinauf zur Brücke sowie hinunter zur Kombüse und zur Messe, einem kleinen Raum auf Höhe der Wasserlinie, in den durch ein offenes Bullauge die eiskalte Abendluft drang. Hier hing eine große Karte des Lake Winnipeg und ein schematischer Aufriss der *Namao*. Voll beladen verdrängte sie 380 Bruttoregistertonnen, machte elf Knoten bei voller Fahrt und war 1975 auf der Werft Riverton Boatworks gebaut worden. Sie war als Tonnenleger der Küstenwache im Einsatz gewesen, bis der Staat diese Aufgabe outsourcte. In ihrer Größe und ihrem Aufbau ähnelte die *Namao* eigenartigerweise einem anderen Umweltforschungsschiff, der *Calypso* von Kapitän Jacques-Yves Cousteau, der in den siebziger Jahren durch das Fernsehen berühmt geworden und 2004 in dem Film *Die Tiefseetaucher* liebevoll auf die Schippe genommen worden war.

Doch an Bord der *Namao* tummelten sich weder Franzosen in Pudelmütze und knappen Badehosen, noch war sonst irgendjemand zu sehen. Ich ging zur Steuerbordluke, achtern zum Heck, hinauf zur Brücke und hinunter zum Vorderdeck – niemand da. Unten am Anleger standen Leute beisammen, und ich gesellte mich zu ihnen.

»Hey, Sie haben doch einen Wagen, oder?«, sagte eine Stimme; es war einer der Deckarbeiter, sein verschmitztes Gesicht erleuchtet von den Laternen der benachbarten Fischfabrik. Crew und Wissenschaftler waren bereits seit einer Woche an Bord, seit das Schiff seinen Heimathafen Gimli im Südteil des Sees verlassen hatte, und sie legten gerade Geld zusammen, um jemanden zum Bierholen zum nächsten Hotel zu schicken. Lächelnd bot ich meine Dienste an, Hände verschwanden in Hosentaschen und Geldbeuteln, es wurde hin und her gerechnet. Die Nachwuchswissenschaftlerin an Bord, eine junge Frau aus Neufundland, nahm das Geld an sich und fuhr mit mir in den Ort. In einer finsteren Kaschemme erstanden wir für die Crew ein paar Kisten einer Billigbiermarke namens Lucky. Die jungen Wissenschaftler bevorzugten etwas Hochwertigeres in Richtung Labatt oder Molson.

Die Party, die nun an Bord der *Namao* stieg, vereinte Vertreter der umgebenden Seeufer in einem schwimmenden Mikrokosmos. Die Crew bestand aus Fischern indigener und isländischer Abstammung aus den Orten rund um den See. Der Bootsmann und seine zwei Deckarbeiter kümmerten sich um die schwere seemännische Arbeit: ankern, anlegen, festmachen. Während des Trankopfers blieb das Schiff in der Verantwortung seiner Offiziere. Der erste Offizier schaute kurz bei unserer Party herein, trank aber nichts. Der Kapitän zeigte sich zurückhaltend und blieb oben in seiner Kabine auf dem Brückendeck.

Der Leitende Ingenieur, ein schwermütiger Kerl im verschmutzten blauen Offiziershemd, ging unablässig Wache. Wie die *Namao* selbst, hatte er einst der Küstenwache angehört, und so vermisste der LI die militärische Disziplin und trug weiter seine Uniformstreifen. Offiziell war Alkohol an Bord noch immer verboten, und wenn er vorbeikam, zog er jedes Mal missbilligend die Augenbrauen hoch.

Gleichwohl war die *Namao* das letzte große Schiff auf dem Lake Winnipeg, und die gesamte Crew war stolz, Teil der alten Schifffahrtstradition auf dem See zu sein. Daneben hatten sie andere Jobs – etwa beim Hausbau oder als Fischer –, aber in dieser Rolle fühlten sie sich am wohlsten.

Die Wissenschaftler teilten sich in zwei getrennte Lager. Die erste Gruppe war jung, weiblich und marginalisiert. Wild lebende Arten, Ökosysteme, die Natur um ihrer selbst willen erforschen – das ist die prekäre Seite der Wissenschaftswelt. Wesentlich leichter erhält man Forschungsförderung für Themen, die der Wirtschaft Profite versprechen, etwa durch Herbizide, Biotechnologien oder neue Medikamente. Die wissenschaftliche Koordinatorin, nun anstelle des Klemmbretts mit einer Dose Pils in der Hand, sagte, sie habe an Bord der *Namao* genug Feldforschung für drei Masterarbeiten betrieben, bekäme aber nirgends die nötige Förderung, um ihre Daten zur Veröffentlichung aufzubereiten.

»Jedes Mal wenn ich auf diesem Schiff arbeite, verliere ich Geld«, sagte sie müde, und ihre jüngeren Kolleginnen hörten aufmerksam zu. »Wenn ich in Afrika arbeiten wollte, dann bekäme ich Fördergelder.«

Mike Stainton repräsentierte den anderen Schlag Wissenschaftler an Bord, mit anderen Worten: etablierte, finanziell abgesicherte Männer, aus einer Ära, die sich rapide dem Ende zuneigte und in der freie Forschungsmittel, die allein der Wissbegierde und dem Allgemeinwohl dienen sollten, noch reichlich geflossen waren. Er konnte sich jeder Zeit ohne Sorgen zur Ruhe setzen, bildete sich aber nichts darauf ein.

»Das ist ein echtes Problem«, sagte Stainton. »Wer kommt nach, wenn meine Generation abtritt?« Er trank Rotwein aus einem Vorrat, den er mit an Bord gebracht hatte, und neigte sein Weinglas in die Richtung der jungen Wissenschaftlerinnen gegenüber, als wollte er auf ihr Wohl trinken. »Ich wünsche ihnen viel Glück. Aber ihnen wird man nicht die gleichen Chancen geben, die ich bekommen habe. Die Wissenschaftswelt hat sich verändert.«

Schließlich forderten die weite Anfahrt aus der Prärie, der Wechsel der Zeitzone, die späte Stunde und die vielen neuen Gesichter ihren Tribut. Ich ging in meine Kabine, kroch in den warmen Kokon hinter dem Vorhang meiner Koje und schlief so schnell ein wie ein von der Wache erschöpfter Seemann.

Es KAM mir vor wie ein bloßer Wimpernschlag, da röhrten schon als mächtiges Signal des neuen Tages die Schiffsmotoren los. Ich zog mehrere Schichten an und mein Regenzeug darüber, dann ging ich nach unten, um mir ein Plunderteilchen und einen Kaffee zu holen. Weil die neonbeleuchtete Messe so klein war, frühstückte die Crew zuerst und machte dann das Schiff klar, während die Wissenschaftler aßen. Als ich hineinstolperte, waren beide Gruppen schon fertig, obwohl es draußen vor dem Bullauge noch stockfinster war.

Zurück an Deck erfuhr ich, dass erneut mein Pick-up gefragt war. Len Hendzel, ein älterer Kollege von Mike Stainton beim Fischerei- und Meeresministerium, war mit seiner Arbeit an Bord fertig. Jetzt wollte er mit seinen gesammelten Proben, die bereits in einem Dutzend Picknick-Kühltaschen am Anleger standen, zurück nach Winnipeg. Bereitwillig gab ich ihm meine Schlüssel. Ob ich den Wagen nun in Winnipeg abholte oder hier, war mir gleich, denn das Schiff sollte ohnehin nicht zurück nach Grand Rapids fahren. Ich fragte mich aber, wie der Kollege die siebenstündige Fahrt sonst bewältigt hätte, wäre diese Möglichkeit nicht gewesen. Warum gab es für die Erforschung eines Sees, der jedes Jahr durch Wasserkraft, Fischerei und Tourismus Hunderte Millionen Dollar einbringt, nur ein Minimalbudget?

Die ganze Besatzung war an Deck, die Leinen wurden gelöst, und die *Namao* fuhr das letzte Stück zur Mündung des Saskatchewan River hinunter, wo der große See bereits wartete. Wir glitten nahe am Ufer entlang, vorbei an kleinen Häuschen auf verschlafenen Grundstücken unter dem schulbusgelben Laub der Espen. Für einen Morgen im September kam es mir warm vor, denn der See gab die gespeicherte Wärme eines ganzen Sommers an die Luft ab.

Von allen auf Karten verzeichneten Gewässern, die meinen Blick an Winterabenden auf sich ziehen, ist der Lake Winnipeg das schönste Schmuckstück. Und zugleich das unzugänglichste. Ferienhausbesitzer aus Winnipeg halten sich an das kleinere, geschützter liegende Südbecken mit seinen Sandstränden und Ferienorten. Das viel größere Nordbecken, fast ein eigener See und ohne Schutz bietende Buchten und Inseln ein gefährlich offenes Gewässer, eignet sich nicht für Bootsfahrten zum Freizeitvergnügen. In den Zeiten des Pelzhandels war selbst die kurze Überfahrt entlang des Ufers zwischen der Mündung des Saskatchewan und dem Ursprung des Nelson River bei den Voyageuren gefürchtet. Im Schutz des Schanzkleids der *Namao* gelangte ich in eine Wildnis, die selbst heutige Kanadier nur selten zu Gesicht bekommen.

Der Lake Winnipeg kann sich zu hohen, steilen Wellen auftürmen. Er neigt zur Seiche, einem gezeitenähnlichen Wasseranstieg, der die Ufergebiete überschwemmt. Ich hatte mir immer vorgestellt, in einem kalten Sturm mit großen Meereswellen loszufahren. Der See aber, der sich nun vor einem nebligen Horizont im Osten auftat, während das Licht der gerade aufgegangenen Sonne den Bauch des halb verhangenen Himmels beschien, war der Inbegriff der Ruhe und der Wärme. Mike Stainton kam aufs Vorderdeck, nur um mit mir das Morgenlicht zu genießen. Es war, als würden wir hinaus aufs Meer tuckern, und schon bald war ringsum nur Wasser, leicht getrübt, ein blasses Grün, das auf viel Leben hinwies.

»Weniger als ein Prozent der Bevölkerung Manitobas hat das hier je gesehen«, sagte er leise. Durch und durch Wissenschaftler fügte er hinzu, das sei eine rein hypothetische Zahl, aber die Größenordnung sei sicher korrekt. Dann erklärte er mir die an Bord installierten Forschungsgeräte. Ein am Bug befestigter Ausleger drang wie der Rüssel eines Insekts vor dem Schiff ins Wasser des Sees und nahm Proben, ehe der Rumpf das Oberflächenwasser aufwühlte. Dieser Wasserstrom wurde durch wasserdichte Behälter mit verschiedenen Messfühlern gepumpt. Zu den für die Wissenschaftler interessanten Werten zählen Temperatur, Trübungsgrad, pH-Wert und Salzgehalt sowie der Gehalt an wichtigen organischen Stoffen wie Sauerstoff, Stickstoff und Phosphor.

Man sah den Vorrichtungen ihre Behelfsmäßigkeit an. Ein Großteil der Ausstattung stammte aus dem Baumarkt. Ich erkannte Gartenschlauchstücke, grob zusammengezimmerte Sperrholzgehäuse, sogar Fahrradschläuche. Mir kam die leckende Konstruktion in meinem Keller in den Sinn, die ich mir gebaut hatte, um mir eine Zeitlang mein eigenes Bier zu brauen.

Limnologen, wie man die Spezialisten für Seen in der Wissenschaft nennt (von griechisch *limne* für »See«), bringt Kanada ebenso reichlich hervor wie Eishockeyspieler. Das Spektrum der Fachgebiete ist groß, doch im Groben kann man Seenwissenschaftler in jene unterteilen, die die Freiwasserzone, das Pelagial, studieren, und diejenigen, die sich mit dem Schlamm am Grund beschäftigen, mit dem Benthal. Die *Namao* bot Möglichkeiten für beide Zonen. Das Litoral schließlich ist das seichte Ufergebiet des Sees, in dem man Elritzen und Egel findet sowie das »Seegras«, das einen an den Zehen kitzelt, wenn man schwimmen geht, aber diese dritte Zone erforscht man am besten in Anglerstiefeln.

Wissenschaftler stufen Seen anhand ihrer Produktivität ein, der Fähigkeit eines Ökosystems zum Erhalt von Leben. Manche Gewässer enthalten eine Menge Nährstoffe und versorgen daher ein reiches, vielfältiges Nahrungsnetz. Andere sind vergleichsweise nährstoffarm und geben nur wenigen Lebewesen Nahrung. Wie auch bei Flüssen spielt dabei die Höhe über dem Meeresspiegel eine große Rolle, denn Wasser nimmt Nährstoffe auf, wenn es über einen Untergrund strömt. So werden Seen umso wärmer, schlammiger und fruchtbarer, je tiefer sie liegen. Wenig produktive Seen nennt man oligotroph oder sogar ultraoligotroph, produktive sind eutroph.

Der Lake Winnipeg ist von Natur aus produktiv und ermöglicht kommerzielle Zanderfischerei in großem Umfang. Doch nach anerkanntem Wissensstand führten durch den Menschen verursachte Stickstoff- und Phosphateinträge zu einer unnatürlich eutrophen Situation. Wie jeder Gärtner weiß, sind Stickstoff, Phosphor und Kalium – mit den chemischen Symbolen N, P und K – die drei wichtigsten Nährstoffe für Pflanzen. Leider fallen durch menschliche Aktivitäten große Mengen N und P als Nebenprodukte ab. Und so werden diese für irdisches Leben wichtigen Elemente, ähnlich wie das Kohlendioxid in der Atmosphäre, im Übermaß zu Schadstoffen. Jauche aus der Viehhaltung, landwirtschaftliche Düngemittel und städtische Abwässer sind die wichtigsten Stickstoffquellen. Phosphate sind Bestandteile vieler Reinigungsmittel, ob für den Hausgebrauch oder in der Industrie.

»Der See spiegelt schlicht das Gebiet wider, das er entwässert«, sagte Mike und blickte über die stumme graue Weite. »Wenn man ein Molekül Düngemittel auf seiner Farm ausbringt, wenn man in Winnipeg sein Auto wäscht oder in Calgary die Klospülung betätigt, verändert man den See.«

Der Lake Winnipeg ist der Gully eines fast eine Million Quadratkilometer großen Gebiets der USA und Kanadas. Sein Einzugsgebiet reicht von der Kontinentalen Wasserscheide bis zur Laurentinischen Wasserscheide bei den Großen Seen. Es umfasst alle großen Städte Westkanadas und eine der am intensivsten bewirtschafteten Landwirtschaftsregionen der Welt. Es entwässert Teile von vier kanadischen Provinzen und dreier Staaten der USA und damit eine Region, in der 6,6 Millionen Menschen und 20 Millionen Stück Vieh leben. Gelegen am Rand einer Prärie mit kaum nennenswertem Gefälle kommt auf jeden Quadratmeter des Sees eine Einzugsgebietsfläche, die drei bis vier städtischen Grundstücken entspricht. Das Verhältnis zwischen Seeoberfläche und Einzugsgebietsfläche beträgt 40:1 und ist damit höher als bei allen anderen größeren Seen der Welt.

Durch diese Topographie ist der Lake Winnipeg extrem empfindlich gegenüber einer Nährstoffübersättigung und gilt heute als der eutrophste aller großen Seen.

Als es noch ein paar Minuten bis zu unserer ersten Probenentnahmestelle waren, stieg ich hinauf zum Brückendeck, um dem Kapitän meine Aufwartung zu machen. Mervyn Sinclair war ein großer, gelassener Mann aus Selkirk, der mir durch die Schiebetür seine riesige warme Hand zur Begrüßung entgegenstreckte und mich hineinzog. Zwei Etagen über dem Wasser wirkte die weite Oberfläche des Sees noch größer als unten an der Reling. Die Brücke war beheizt, aus den Funkgeräten drangen beruhigend ihre knisternden Meldungen, und die helle Holztäfelung trug ein Weiteres zu der gemütlichen Atmosphäre bei. Der Kapitän befehligte das Schiff aus seinem Drehstuhl hinter dem Rudergänger. Der Bootsmann drehte bedächtig am hölzernen Steuerrad und behielt den Kompass im Auge; der erste Offizier führte am Koppeltisch Berechnungen durch. Es gibt keinen schöneren Arbeitsplatz als die Brücke eines Schiffs, und diese kam mir vor wie eine gemütliche Hütte am Ende einer schmalen Insel. Man bekam Lust zu faulenzen, als machte man Urlaub in einem Blockhaus.

Aber mein Platz war unten an Deck, wo gerade ein Zwölf-Stunden-Tag im Dienst der Wissenschaft begann. Während das Schiff leichte Fahrt machte, arbeiteten alle Hand in Hand. Mit einem

Kran wurde ein großes Schleppnetz ins Wasser gelassen, um Fische an der Oberfläche zu fangen. Gleichzeitig wurde am Heck ein kleineres, feinmaschigeres Planktonnetz ausgeworfen. Beide wurden 30 Minuten durchs Wasser gezogen. Aus Behältern und Kisten nahmen die Wissenschaftler die Insignien ihres Geschäfts: Seile auf hölzernen Spulen, miteinander verbundene Spiralschläuche und Stromkabel, die mehrädrige Nabelschnüre bildeten, unzählige Probenfläschchen und -becher in allen möglichen Größen und Formen, aus Plastik und Glas, jedes Exemplar bereits säuberlich mit einem Etikett versehen.

Als das Schleppnetz an Bord gehoben wurde, kamen wir ganz zum Stehen und warfen den Anker. Jetzt gingen die Sonden über Bord. Sonden, ein Sammelbegriff für alle Arten elektrischer Messgeräte, die ins Wasser gelassen werden, entnahmen Proben aus allen Schichten der Wassersäule zwischen der Oberfläche und dem Grund. Eine zierliche wissenschaftliche Mitarbeiterin bediente das größte Exemplar, das wie eine Science-Fiction-Feuerwaffe aussah, und ich fotografierte sie damit in einer Arnold-Schwarzenegger-Pose. Es war das einzige Mal, dass ich diese entschlossen zupackende Frau lächeln sah.

Eine ihrer jungen Kolleginnen sortierte die im Netz gefangenen kleinen Fische, die in Plastikwannen mit Seewasser ihre letzte Runde schwammen, ehe sie nach Arten sortiert in kleine Plastikbeutel gepackt wurden und ihr Grab in einer der Tiefkühltruhen fanden, die in langen Reihen unter Deck standen. Manchmal war auch ein ausgewachsener Zander im Netz. Seine Innereien würden später untersucht werden, doch die Filets wurden zum Braten aufbewahrt – die einzige Sondervergütung an Bord der *Namao*. Wurde einer gefangen, rief man einen der Deckarbeiter herbei, der Berufsfischer war. Mit seinem bewährten Messer und der Geschicklichkeit eines Scharfrichters schnitt er in wenigen Sekunden zwei perfekte Filets zurecht. Ich habe schon Leuten zugesehen, die zum

Filetieren eines Fischs, umgeben von schwarzen Fliegen, eine halbe Stunde gebraucht haben.

Auch auf dem Achterdeck wurden Proben verarbeitet. Eine junge Frau, die ich nie anders als in Ölzeug und Seemannsstiefeln zu Gesicht bekam, holte mit einer kleinen greiferartigen Schaufel, die aussah wie ein antikes Blechspielzeug, Schlamm vom Grund herauf. Anschließend saß sie auf einem umgedrehten Plastikeimer und durchsiebte den Schlamm sorgfältig nach benthischen Wirbellosen. Diese Tiere sind so klein, dass sie für mich so gut wie unsichtbar waren und überdies sehr zerbrechlich. Es war eine kalte, feuchte und öde Arbeit, nach meinem Eindruck der schlimmste Job an Bord.

Schließlich wurde auch mir eine Aufgabe zugedacht. Ich holte das kleine Planktonnetz mit einer Öffnung groß wie der Ring eines Basketballkorbs ein und sammelte das gefangene Plankton heraus. Nach der halben Stunde im Wasser erschien mir das Netz leer. Doch wenn man das Geflecht sanft abspülte, sammelte sich am Boden eine grüne Masse, vielleicht eine Tasse voll Plankton. Diese im Wasser treibenden, meist einzelligen Organismen bilden ein so wunderbares wie vielfältiges Bestiarium und sind in der Regel so klein, dass sie nicht zu erkennen sind, doch durch ein einfaches Mikroskop betrachtet sind es faszinierende, unendlich komplexe Kostbarkeiten. Manche ernähren sich durch Photosynthese, manche von anderen Planktonarten, manche sind Zersetzer. Gemeinsam mit dem Plankton der Ozeane bilden sie die Grundlage des weltweiten Nahrungsnetzes.

Diese chlorophyllreiche, frisch riechende Ansammlung sah in meinen Augen fast appetitlich aus, wie Pesto oder irgendein Superfood. Als ich Mike Stainton darauf ansprach, musste ich angesichts seines erschrockenen Blicks vermuten, dass er meine Intelligenz überschätzt hatte. Er warnte mich eindringlich, dass in dem Filter wahrscheinlich genug toxische Blaugrünbakterien hingen, um mir eine tödliche Vergiftung zuzufügen.

Die Blaugrünbakterien in meinem Netz standen im Zentrum der Probleme um den Lake Winnipeg. Sie gehören zu einer Reihe anpassungsfähiger Arten, die sich nicht genau einordnen lassen. Zwar produzieren sie wie Pflanzen Energie durch Photosynthese, werden aber den Bakterien zugerechnet. Cyanobacteria, wie sie im Fachchinesisch der Taxonomen heißen, sind zumeist Wasserlebewesen, kommen aber auch in Ökosystemen an Land vor. Zum Schutz gegen Räuber produzieren sie starke Leber- und Nervengifte. Vieh, das aus einem befallenen Sumpf trinkt, kann daran sterben, wie jeder Rancher weiß. Dasselbe gilt für Hirsche und andere Wildtiere. Schwimmer oder Fischer, die ihre verklebten Netze anfassen, leiden nach dem Kontakt vielfach an Ausschlägen und Übelkeit. Bei windigem, unruhigem Wetter atmet man diese Einzeller bisweilen sogar ein.

Blaugrünbakterien sind zwar ebenso rechtmäßige Bewohner von Süßwasserökosystemen wie Seetaucher oder Barsche, aber durch Eutrophierung kann sich das Nahrungsangebot auf unnatürliche Weise zu ihren Gunsten verschieben. Die Toxizität ist nicht das einzige Problem, das die großen Algenblüten mit sich bringen. Alles, was in einem See lebt, stirbt irgendwann und sinkt auf den Grund, wo dann die Zersetzer-Arten zu Werke gehen. Der benthische Schlamm spielt dieselbe Rolle wie der Boden eines Waldes, hier werden die Nährstoffe recycelt. Doch dieser Vorgang verbraucht Sauerstoff, und wenn die Algenblüte zu stark ausfällt, können sich in den Seen sauerstoffarme Bereiche ausbreiten, die alles, was schwimmen kann, vertreiben und die übrigen Arten das Leben kosten. In den Großen Seen sind durch diese Prozesse bereits dauerhafte tote Zonen entstanden, vor allem im Lake Erie.

Nach jedem Halt wurden alle eingetüteten und in Flaschen gefüllten Proben durch eine enge Decksluke über eine Leiter hinunter ins Feldlabor im Hauptlagerraum des Schiffs geschleppt. Manche wurden zur späteren Untersuchung in Kühlschränken gelagert, aber andere mussten sofort ausgewertet werden. Das winzige Labor aus Sperrholz war eigentlich schon für zwei Personen zu eng, und jemand hatte den Umriss von Lake Winnipeg in die Tür gesägt. Dann wurde an Deck alles aufgeräumt, der Anker gelichtet, und es ging weiter zur nächsten Entnahmestelle. Bei jedem Halt hatte ein Dutzend Leute eine Stunde lang alle Hände voll zu tun, die Zeit für das Aufbereiten der Proben noch nicht eingeschlossen. Und das war nur eine von insgesamt fünfundsechzig Stellen, an denen das Lake Winnipeg Research Consortium plante, mindestens dreimal pro Jahr Proben zu nehmen – sofern genug Geld da war.

WÄHREND DER Pausen, auf unserem Weg zur nächsten Station, besuchte mich Mike Stainton an der Heckreling und erläuterte in Raten seine Ansichten über das Geschehen um den Lake Winnipeg, die Etappen seiner Karriere und das Versagen der staatlichen Forschung. Eutrophierung sei keineswegs ein neues Problem. Nährstoffübersättigung durch menschliche Quellen war weltweit allzu verbreitet, sei es in Meeres- oder Süßwasser-Ökosystemen. Die Großen Seen hatten sehr darunter zu leiden, und während meiner weiteren Reisen sollte ich noch häufiger damit konfrontiert werden.

Dahinter verbarg sich die Frage, warum der Lake Winnipeg, der quasi vor der Haustür der angesehensten limnologischen Einrichtungen des Staates Kanada lag, fast dreißig Jahre lang unerforscht geblieben war. Und warum war die dringend benötigte Umweltforschung zum Schutz dieses Sees, für manche der sechste der Großen Seen, selbst jetzt noch abhängig von einer Freiwilligenorganisation, einem Schiff aus zweiter Hand und Wissenschaftlern, die in ihrer Freizeit arbeiteten?

Als das Problem der Eutrophierung der Großen Seen in den 1960er Jahren erkannt wurde, war das die Geburtsstunde der modernen Seenwissenschaft in Nordamerika, und Mike Stainton war bereits damals mit dabei. In dem bedeutsamen Jahr 1968 zog er aus Hamilton, Ontario, gen Westen. Eine gesellschaftliche Revolution stand in voller Blüte, Forschungsgelder flossen, und auch die Wissenschaft sollte dem Zeitalter des Wassermanns den Weg bereiten. In Winnipeg richtete das Fischerei- und Meeresministerium das Freshwater Institute ein, eine der vielen staatlichen Behörden, die sich begeistert auf dieses neue Forschungsgebiet namens »Umwelt« stürzten. Die Großen Seen zu retten hatte allererste Priorität, und in der ganzen Welt wurden die besten Köpfe auf dem Gebiet der Limnologie rekrutiert. In Mikes Erinnerung wurde die staatliche Wissenschaft damals mit Unternehmergeist geführt, die angesagten Jungen Wilden wetteiferten um die nächste große Entdeckung, und wissenschaftliche Neugier bestimmte die Forschungsprogramme. An der Forschungsstation »Experimental Lakes Area« nördlich von Kenora, Ontario, einem international angesehenen Freiluft-»Labor« bestehend aus achtundfünfzig kleineren Seen, kniete sich Mike in seine Arbeit. Eine Bedrohung nach der anderen nahmen er und seine Kollegen sich vor: Nährstoffübersättigung, sauren Regen, endokrin wirksame Substanzen, den Einfluss von Aquakulturen und invasiven Arten.

Und das Freshwater Institute war nicht das einzige. In einem klassischen Fall von überflüssigen Staatsausgaben errichtete das neu gegründete Umweltministerium »Environment Canada« in Burlington, Ontario, seine eigene Forschungsstelle, das National Water Research Institute, und beauftragte den Bau der *Limnos*, eines genau auf seinen Zweck zugeschnittenen, 45 Meter langen Forschungsschiffs für die Großen Seen. Angesichts der Millionen von Wählern, die an ihren Ufern leben, waren sie ein lohnendes Ziel für kanadische Staatsausgaben – und sie sind es noch immer. Bis heute hat das Land rund elf Milliarden Dollar allein für den Lake Erie ausgegeben. Getreu den Vereinbarungen des Great

Lakes Water Quality Agreement, unterzeichnet von Richard Nixon und Pierre Trudeau im Jahr 1972, folgten die US-Behörden diesem Beispiel.

Leider vermochte die Revolution der Biowissenschaften, an der Mike Stainton Ende der sechziger Jahre beteiligt war, das Versprechen ihrer Anfangstage nicht zu halten. Als die schöne Erinnerung an die Kennedy-Jahre dem Kater der Reagan-Thatcher-Ära wich, konnte Mike förmlich zusehen, wie die staatlichen Behörden ihre Budgets beschnitten und ihren Einfluss zurückfuhren. Nicht mehr die Wissenschaftler stellten die Weichen, sondern Manager, und zwischen den beiden entstanden Lücken im administrativen System.

Eine dieser Lücken war so groß, dass der Lake Winnipeg hineinpasste.

Offiziell ist weder das Fischerei- und Meeresministerium (DFO) noch Environment Canada (EC) für den Lake Winnipeg verantwortlich. Das DFO hat allein das Mandat, die kommerzielle Fischerei zu überwachen. EC mit seinen sechstausendfünfhundert Mitarbeitern führt wiederum an, dass die Verwaltung des Sees in die Verantwortung der Provinz Manitoba falle, weil er zur Gänze auf deren Gebiet liegt. Es stimmt, dass die kanadischen Provinzen seit 1930 das Recht auf die Verwaltung ihrer »eigenen« natürlichen Ressourcen innehaben. Allerdings liegt es weiter in der Verantwortung des Staats, das erforderliche Forschungswissen zu liefern, das es den Provinzen ermöglicht, diese Ressourcen kompetent zu verwalten. Was aber »erforderlich« genau bedeutet, ist Gegenstand ständiger Debatten, und die Umweltfolgen dieser Orwell'schen Regelung sind nicht allein für die Seen katastrophal.

Darüber hinaus lässt Wasser sich nicht in eine einzige Verwaltungszuständigkeit pressen. Zuständig sind unter anderem die Ministerien und Behörden für Gesundheit, Landwirtschaft, Energie, wirtschaftliche Entwicklung, Forstwirtschaft, Verkehr,

Abwasseraufbereitung sowie Freizeit und Erholung, um nur einige zu nennen. Diese Beteiligten verteilen sich über drei Regierungsebenen. Und da der Lake Winnipeg sein Wasser aus vier kanadischen Provinzen und drei US-Staaten bezieht, nimmt die Konfusion geradezu absurde Dimensionen an.

Aus dieser Vielzahl an Behörden hat sich sehr lange keine einzige um die Erforschung des Lake Winnipeg gekümmert. Die Ausgaben des Staates Kanada für die Erforschung des Sees waren in Mikes gesamter wissenschaftlicher Laufbahn im Prinzip gleich null. Als blutjunger Forscher hatte er 1969 an der vorerst letzten Forschungsreise auf dem See teilgenommen, an Bord der *MV Bradbury*, die heute auf dem Rasen vor dem Schifffahrtsmuseum von Selkirk steht. Die nächsten neunundzwanzig Jahre sollten staatliche Wissenschaftler den See nicht mehr befahren.

Während er zum Ende seines historischen Überblicks kam, schaute Mike vom Heck aus über das Kielwasser der *Namao*, dann sagte er zu mir:»Ich frage die Leute immer: ›Wer hat Verantwortung für den See?‹ Wir alle. Deshalb haben wir dieses Konsortium gegründet.«

1999 nahmen Mike Stainton und einige Kollegen vom Fischerei- und Meeresministerium die Sache in die Hand und gründeten das Lake Winnipeg Research Consortium. Zwar hatten sie zu Anfang kaum mehr als einen Namen und einen Briefkasten, doch sie hofften, sie könnten erreichen, was ganze Ebenen der Regierungsbürokratie nicht schafften: den See wieder angemessen zu verwalten. Sie setzten ganz an der Basis an. Die Wissenschaftler gewannen die Unterstützung von Bürgern, die am Lake Winnipeg lebten und auf dem See arbeiteten: Ferienhausbesitzer, Mitglieder von Segelclubs, Berufsfischer, Schweinefarmer, Ratsmitglieder der First Nations sowie Einwohner von Winnipeg, Gimli, Selkirk und anderen Gemeinden. Obwohl die Förderung bescheiden war und die Wissenschaftler die Erforschung des Lake Winnipeg an Wochenenden und im Urlaub betrieben, herrschte allgemein guter Wille. Wenigstens unternahm *irgendjemand irgendetwas*.

Ironischerweise wollten just die staatlichen Behörden, die bisher auf die formale Verantwortung verzichtet hatten, plötzlich zumindest im Hintergrund in diese gemeinschaftliche Initiative eingebunden sein. Statt die *Namao* zu verschrotten, stiftete die Küstenwache dem Konsortium das Schiff, das als einzige Vorgabe eine andere Farbe als deren typisches Rot bekommen sollte. Das Ministerium gestattete Mike und seinen Kollegen fortan, »nach eigenem Ermessen« Zeit für die Erforschung des Lake Winnipeg aufzuwenden. Doch die Wissenschaftler hielten weiter die eigene Fahne hoch und fühlten sich niemandem verpflichtet. Sie waren Bürgerforscher, keine Regierungsleute.

Ob diese staatsbürgerliche Forschung noch rechtzeitig kam, um zu verhindern, dass sich das Debakel um die Großen Seen wiederholte, blieb abzuwarten. Kurz nach meiner Reise sollte Environment Canada ankündigen, eine Studie zu den Wasserscheiden des Lake Winnipeg mit achtzehn Millionen Dollar zu fördern, außerdem genehmigte der Staat die Finanzierung des Schiffs für jährlich drei Fahrten zur Probenentnahme, wie sie der Lake Winnipeg Research Consortium anstrebte. Verglichen mit den Summen, die die Anrainerstaaten für die Großen Seen ausgegeben hatten, waren diese finanziellen Beiträge recht bescheiden. Größeren Anlass zur Hoffnung bot da wohl die Tatsache, dass sich nun jemand nachhaltig um Umweltschutzmaßnahmen kümmerte. Solche Aufgaben einer fernen Bürokratie und unbeständigen Regierungen mit auf vier Jahre begrenzten Visionen zu überlassen, hatte nicht funktioniert, und eine Wissenschaft in staatlicher Hand hatte die Großen Seen nicht gerettet. Vielleicht taugte ja eine staatsbürgerliche Forschung zur Rettung des Lake Winnipeg.

NACHDEM ICH das tägliche Programm der *Namao* weitere zwei Tage begleitet hatte, verließ ich das Schiff an einem einsamen Anleger bei Matheson Island, wo wir bei dichtem Nebel über Nacht geankert hatten. Auf einem Schiff mit knappem Budget wollte ich nicht länger zu Gast sein, als ich erwünscht war, bedauerte es aber, den weiten grünen Wasserhorizont zurückzulassen, den Feuerball der untergehenden Sonne und den Klang der Wellen gegen den Rumpf, wenn wir abends vor Anker gingen. Auf seinem Weg ins südliche Becken sollte das Schiff angeblich besonders schöne Engstellen passieren. Aber der Lake Winnipeg ist ohnehin zu groß, um ihn in seiner Gänze kennenlernen zu können, und hätte man ein ganzes Leben dafür Zeit. Außerdem hatte Mike Stainton seinen verbeulten alten Toyota hier abgestellt, und ich konnte mich nützlich machen, indem ich ihn für seinen Besitzer in die Stadt fuhr.

Die Straße schlängelte sich die nächsten zwei Stunden an Pappeln entlang, wo wandernde Weißkopfseeadler rasteten, die ihr Jagdgebiet entlang des Ufers immer weiter nach Süden ausdehnten, denn sie folgten den großen V-Formationen der mit den Jahreszeiten ziehenden Gänse. Einzelne rustikale Häuser erschienen, die entlegensten Ferienhütten der Leute aus dem Süden. Dann öffneten sich Lichtungen im Wald, und die ersten Stacheldrahtzäune zeigten sich. Der boreale Nadelwald wich der Parkland-Prärie und einem Weideland durchsetzt mit großfruchtigen Eichen und Saskatoon-Büschen. Schließlich verwandelte sich die platte Landschaft in Getreidefelder, aus denen sich hier kleine lutherische Kirchen erhoben und dort Motels namens Valhalla.

Vor mir lag die dichter bevölkerte südliche Uferregion des Lake Winnipeg, die Republik New Iceland.

Rund 75.000 Kanadier sind isländischer Abstammung, davon lebt ein Drittel in Manitoba und hat eine Verbindung zu dem großen See. Ab etwa 1870 siedelten in einer Einwanderungswelle viele Isländer an dem Inlandsmeer des Lake Winnipeg in dem Glauben, dort könnten sie ihr vertrautes Leben führen und je nach Jahreszeit Fischfang oder Landwirtschaft betreiben. Zwar wusste außerhalb Manitobas kaum jemand davon, doch die Gesellschaft, die sie am Seeufer errichteten, war ein einzigartiges Experiment kanadischer Konföderation. Die Republik New Iceland war praktisch ein Land innerhalb eines Landes und vom kanadischen Parlament als selbstverwaltetes Territorium mit eigener Jurisdiktion rechtmäßig anerkannt. Offiziell bestand New Iceland nur ein paar Jahre, ehe es von der weiter expandierenden Provinz Manitoba verschluckt wurde, doch das Südbecken des Lake Winnipeg behielt seinen isländischen Charakter. Ich machte einen Abstecher zu der sumpfigen, wilden Halbinsel, die das nördliche vom südlichen Becken trennt und heute den Namen Hecla-Grindstone Provincial Park trägt. Das Naturschutzgebiet umfasst ein Feuchtbiotop mit großer Artenvielfalt, niedrige Kalksteinklippen entlang des Ufers und Parkland-Wälder. Hier im nördlichsten Distrikt von New Iceland lag das kleine Fischerdorf Hecla. Die Fischerei als alleinige Tätigkeit überlebte nur bis kurz nach dem Zweiten Weltkrieg, und um 1970 war Hecla so gut wie verlassen. Die Neuisländer hinterließen dieses Ufer weitgehend so, wie sie es einst vorgefunden hatten. Die scheidenden Bewohner waren so klug, als Vermächtnis ihrer hundert Jahre währenden Fürsorge für den See die Provinzregierung von Manitoba davon zu überzeugen, ein Naturschutzgebiet einzurichten und das Dorf selbst zu erhalten.

Die Straße durch den Naturpark stieg sanft aus dem Marschland zu dem niedrigen Kalksteinplateau auf, das die Nordseite der Halbinsel bildet. Die Häuser des Dorfs waren durch große Wiesen getrennt, die früher Obst- und Gemüsegärten gewesen waren, und jedes Haus trug einen alten Namen wie Birkiland oder Breida. Rechtmäßige Nachkommen der alten Pioniere dürfen die Häuser bis heute im Sommer nutzen. Alte Holzboote lagen als Ausstellungsstücke an Land, und moderne Fischerboote aus Fiberglas in der ortstypischen Bauweise waren am öffentlichen Kai vertäut. Die Grabsteine an der Nordseite der Kirche waren bedeckt von Flechten, die saubere Luft und jahrzehntelange Ruhe benötigen, um gedeihen zu können.

Heute stützt sich die regionale Wirtschaft auf die Versorgung von Besuchern aus Winnipeg, die ihre Freizeit am Südufer des Sees verbringen. Bei meiner Ankunft an einem Freitagabend wimmelte die Stadt Gimli bereits vor Großstadtbewohnern, die eines der letzten Wochenenden der Saison hier verbringen wollten. Gimli war der Heimathafen der *Namao* und hier lag auch die Zentrale des Lake Winnipeg Research Consortium. Es war noch warm, doch das Licht wirkte auf jene Art blass, die den September zugleich schön und melancholisch macht. Der weite Bogen des Strands war leer, aber auf dem Wellenbrecher gingen Leute spazieren. Ich aß in Emma's Tearoom zu Mittag. Dort gibt es isländische Küche, wie man sie sonst nur zu Hochzeiten und Beerdigungen bekommt – die *vinatarta* war fast so gut wie die meiner Mutter. Da ich mir erst noch wieder Landbeine verdienen musste, spürte ich an meinem Tisch das Phantomschwanken des Schiffs, und mein schmuddeliger Seemannslook wurde von den älteren Damen, die überall im Restaurant saßen, heimlich gemustert.

Ob es nun an dem herrlichen Essen lag, an dem warmen Herbsttag oder an meinem Heimatstolz: Für die Zukunft des Lake Winnipeg hatte ich im Licht seiner isländischen Vergangenheit zunehmend ein gutes Gefühl. Es ermutigte mich, dass die Fürsorge für diesen See endlich in den Händen der Leute lag, die tatsächlich an diesem Gewässer lebten, die ein persönliches Interesse an seiner Zukunft hatten. Gimli schien mir ein guter Ort zu sein, sich dem Kampf zu stellen.

Ich fuhr nach Süden, durch Feriendörfer, die sich glichen wie ein Ei dem anderen: rasterförmig verteilte Häuschen an Straßen, die als Sackgassen am Ufer endeten. Manche hatten einen Strand.

An anderen Stellen war die Böschung steil, und schlammige Wellen klatschten in die Büsche am Ufer. Dort standen oft wackelige spinnenbeinige Aussichtsplattformen, gebaut aus groben Stöcken, die hoch über das Wasser hinausragten. Wieder anderswo erhob sich das Ufer nur ein kleines Stück aus dem Wasser, und zum Schutz vor stürmischen Wellen und Seiches lagen Sandsäcke bereit.

Im Radio des Toyota hörte ich über Mittelwelle auf CBC eine Geschichte über die Rekordmengen an Zander, derer sich die Berufsfischer des Lake Winnipeg dieses Jahr erfreuten. Glückliche Fischer wurden interviewt. Sie konnten sich die guten Erträge nicht erklären, aber einer sagte, sie bewiesen, dass der See gesund sei. Wissenschaftler kamen nicht zu Wort, aber sie hätten wohl erklärt, was ich in den vergangenen Tagen gelernt hatte: dass eutrophe Gewässer bekanntermaßen einige Jahre lang Fische in Hülle und Fülle hervorbringen – als erstes Anzeichen eines bevorstehenden Kollapses. Doch das beeinträchtigte meinen neu gewonnenen Optimismus und meine Hoffnung in die staatsbürgerliche Gewässerpflege nicht. Der See sandte lediglich eine erste Warnung – ein Notsignal der Natur –, und es blieb noch Zeit, darauf zu reagieren.

Es war schon Spätnachmittag, als ich Winnipeg erreichte, mich im Feierabendverkehr durch die Stadt zum Fischereiministerium durchkämpfte und meinen Pick-up auf dem Parkplatz vorfand, genau dort, wo Mike Stainton es mir beschrieben hatte. Beim Portier am Eingang tauschte ich seinen Autoschlüssel gegen meinen und fand, ich hätte wenigstens für eine Woche meinen kleinen Beitrag zugunsten des großen Sees geleistet. Ich hatte noch eine achtstündige Heimfahrt durch die Prärie vor mir, aber die würde sich lohnen. Der Himmel war wolkenlos und versprach ein Sternenmeer. Die Venus stand noch am Himmel. Gegen Mitternacht würde der Mond aufgehen.

Cape Breton Island

Sydney

Whycocomagh

Christmas Island

Eskasoni

Orangedale

Big Pond

Bras d'Or
Lake

Marble Mountain

0   5   10   15
/......./......./......./ km

St. Peters

Herbst
FAST DAS MEER
Bras d'Or Lake, Nova Scotia

Der Millionär hatte sich in Baddeck einen eleganten Sommerpalast gebaut, der faszinierende Ausblicke auf den See und die wunderschöne Landschaft ringsum bot.
Neil MacNeil, *The Highland Heart of Nova Scotia*

WENN MAN sich von Süden her nähert, erblickt man den Bras d'Or Lake zum ersten Mal nahe der Abfahrt nach Iron Mines von einer Anhöhe aus. In der Aussprache der Einwohner von Nova Scotia klingt der Name wie »Bra-du-ers« – im Plural, denn der See ist so verschachtelt und zergliedert in verschiedene Arme, die in der Mitte durch eine Engstelle verbunden sind, das er einem eher wie eine Ansammlung mehrerer Seen vorkommt. Der Name ist eine französische Verballhornung des portugiesischen Worts *lavrador*. Wie die Bezeichnung der Halbinsel Labrador geht auch diejenige des Sees auf den Entdecker João Fernandes zurück, der 1498 diesen Teil der Küste kartierte und der zu Hause auf den Azoren ein Grundbesitzer, ein *lavrador*, war.

Ich bog in eine kleine Haltebucht ein, stellte den Motor aus und ging hinunter ans glitzernd blaue Wasser, das mich quer durch einen ganzen Kontinent hierhergeführt hatte. Ein Apfelbaum am Ufer ließ seine reife rote Nachkommenschaft mitten in die Wellen plumpsen. Ich bückte mich, tauchte die Hände in das klare Wasser und kostete eine Fingerspitze. Salzig.

Wenn in der Prärie die besten Herbsttage vorbei sind, erwartet einen in anderen Teilen Südkanadas häufig noch einen ganzen

Monat lang gutes Wetter. Das war Grund genug, einen Billigflieger nach Halifax zu nehmen, dann nach Norden an die Festlandküste zu fahren und zur Kap-Breton-Insel überzusetzen. Die Bäume bei mir zu Hause waren bereits kahl, doch die Hartholzwälder in diesen uralten Bergen legten gerade erst ihr Tartankleid in Herbstrot, -orange und -gold an.

Dann lag der Bras d'Or Lake vor mir. Dieser See auf einer Insel ist in vielerlei Hinsicht einzigartig in Kanada. Als Auffangbecken für den Abfluss des größten Teils der Kap-Breton-Insel ist er eine der größten Süßwasseransammlungen an der Ostküste. Gleichwohl verfügt er über schmale Verbindungen zum Meer. Das macht ihn zum Ästuar – aber nur knapp. Das kalte Meerwasser, das schubweise mit den Gezeiten hereinströmt, mischt sich nicht bereitwillig mit dem vergleichsweise warmen Süßwasser, wodurch manche Seearme wesentlich salziger sind als andere. Da er beiden Lagern zugleich angehört, beheimatet der See sowohl Salz- als auch Süßwasserarten. Durch die extremen Temperaturunterschiede leben hier subarktische und subtropische Spezies in nächster Nähe. Alles in allem ist er eines der komplexesten Gewässerökosysteme der Erde.

Auch in kultureller Hinsicht hat der Bras d'Or Lake in all den Jahren eine große Vielfalt erlebt. Die ersten Ankömmlinge auf der Kap-Breton-Insel waren die Mi'kmaq, das östlichste Volk der Algonkin-Sprachfamilie. Irgendwann in den letzten tausend Jahren kamen auch alle bedeutenden europäischen Entdecker- und Kolonialmächte hierher. So segelten wohl nordische Seeleute in diesem Gewässer. Auch Giovanni Caboto, der Namensgeber der Meerenge zwischen Nova Scotia und Neufundland, ankerte womöglich bereits 1497 im Bras d'Or Lake. Wenig später ließen sich französische Händler hier nieder. Aber es waren die im 19. Jahrhundert hier siedelnden Schotten, die auf der Insel die deutlichsten Spuren hinterließen.

Nirgends ist das schottisch-gälische Erbe dieser Region präsenter als in dem Ferienort Baddeck an der Westküste des Sees. Genau wie Jasper gehört er zu den eher zurückhaltenden Touristenfallen, die sich den Charme eines kleinen Orts bewahrt haben. Hier tickt die Uhr *langsam*. Die höchsten Gebäude sind kleine Holzkirchen. In der Hochsaison findet in einer Halle gegenüber vom Lebensmittelladen jeden Abend ein Céilí statt, und die Musik dringt mit den kommenden und gehenden Besuchern hinaus auf die Straße. Ich spazierte am Wasser entlang, hinüber zum öffentlichen Anleger. Der Spielzeughafen, der kleine Leuchtturm auf der Landspitze an der Einfahrt in die Baddeck Bay – meine Mutter besitzt einen Kühlschrankmagneten, den sie vor drei Jahrzehnten hier gekauft hat, und seitdem hat sich nichts verändert.

Ein winziges Gebäude von der Größe eines Spielzeughauses diente als Zollstation und erinnerte mich daran, dass hier Schiffe aus fremden Ländern ankommen. Ich setzte mich auf eine Bank und begutachtete die vor Anker liegende Flotte, wie sie bei südöstlicher Brise auf den Wellen schaukelte. Neben den üblichen Plastiksegelbooten lag ein robust wirkender Kutter mit blauem Rumpf namens *Atlantis*. In der Takelage drehte sich ein Windgenerator, in der Kabine brannte Licht, und an einer quer übers Deck gespannten Leine flatterte Wäsche im Wind. An der Heckreling wehte eine Flagge, die ich nicht zuordnen konnte.

»Wissen Sie, wo die herkommt?«, fragte eine Stimme hinter mir. Ein dunkelhaariger, schlaksiger Kerl um die zwanzig ließ sich neben mir auf die Bank fallen und drehte sich aus einem Päckchen Drum eine Zigarette. Michael war auf dem Weg zur Arbeit, zur Abendschicht in einer Touristenkneipe. Während des ganzen Sommers hatte er eine Reihe solcher Jobs. Doch sobald die purpurnen Oktoberblätter fielen, würde die Stadt sich nach und nach leeren. Neben dem Bergbau, einer kleinen, stets unrentablen Stahlproduktion und einigen unsicheren Arbeitsplätzen rund um die

107

Schifffahrt gab es auf Kap Breton kaum Industrie. Der größte Teil der Landwirtschaft wurde bereits vor Jahrzehnten eingestellt. Seit jeher exportiert Kap Breton seine jungen Leute, und Michael wollte nach Polen gehen und dort Englisch unterrichten.

»Ich glaub, das ist die russische Flagge«, sagte er. Das war nah dran – drei waagerechte Streifen, rot, weiß und blau. Doch das Windrad hätte ein Hinweis sein können. Wie ich schon bald herausfinden sollte, stammte die *Atlantis* aus den Niederlanden.

Ich schlenderte zur Stadtbibliothek, ein einzelner Raum mit Schiffsmodellen und Blick aufs Wasser. Baddeck war einer dieser Orte, wo man einen ganzen Winter verweilen und Bücher über das Meer lesen konnte. In dem Moment ein verführerischer Gedanke, wie mir schien. Eine Bibliothekarin mit dem Namensschildchen »Laverne« schob mir den Ordner mit der Unterschriftenliste für den Internetzugang hin, als ich an den Schalter trat. Die meisten Touristen kamen, um ihre E-Mails zu checken.

»Eigentlich würde ich gern auf einem Schiff mitfahren«, sagte ich mit einem Lächeln. Laverne war eine ruhige Gestalt mit dichtem silbergrauem Haar.

»Haben Sie den Schoner schon gesehen?«, sagte sie ganz professionell, ohne die Miene zu verziehen, und deutete zum Fenster hinaus. Weiter unten, vertäut am Pier von Baddeck und selbst für Touristen unmöglich zu übersehen, lag ein grellbuntes Segelschiff, das alle paar Stunden mit einer Ladung Touristen in Sitzreihen durch die Bucht dümpelte. Ich erklärte, dass ich auf jemanden aus dem Ort hoffte, der auf dem Wasser arbeitete, als Fischer, Forscher oder Pirat.

»Nun ja«, sagte Laverne und musterte mich, »wenn Sie Whisky mögen, könnte ich Sie zu meinem Mann rüberschicken. Vielleicht nimmt er Sie in seinem Boot mit.« Das war kryptisch, aber auf zweierlei Arten vielversprechend. Sie gab mir seine Telefonnummer sowie weitere Kontakte und diverse Informationen, dann ging ich wieder.

Ich wohnte im Inverary, einem feinen, ruhigen Hotel gleich am Seeufer. Das Telefon klingelte, als ich in mein Zimmer kam. Am anderen Ende einer schlechten Handyverbindung meldete sich jemand mit niederländischem Akzent und stellte sich als »Snaut« vor. Es war der Skipper der *Atlantis*, und er hatte von der Bibliothekarin gehört, dass ich mich für Schiffe interessiere. Bibliotheksangestellte sind wirklich überaus hilfsbereite Leute. Etwa zwanzig Minuten später machte ich in der Lounge des Hotels die Bekanntschaft zweier niederländischer Segler, die mich angrinsten, als wären sie Teenager mit Unsinn im Sinn.

»Wir sind von Holland aus hierhergesegelt«, sagte der Mann, der in Wirklichkeit Nout hieß, die Kurzform von Arnout. »Ich hoffe, wir sind nicht zu, zu …«

»Forsch?! Ja doch, und das freut mich. Im Hafen habe ich die *Atlantis* gesehen. Ein wunderschöner Kutter.« Nout strahlte vor Stolz. Er war ein Seemann wie er im Buche steht, fit, gebräunt, und seine Rolex trug die Narben des Lebens an Deck. Jolanda, blond und mit wachen Augen, hatte schöne hohe Wangenknochen und einen leichten Überbiss, der mich, zusammen mit ihrem Akzent, an eine Femme fatale aus einem Paul-Verhoeven-Thriller erinnerte. Die beiden lagen schon seit Wochen in Baddeck.

Nout hatte siebenundzwanzig Jahre lang auf dem Wasser gearbeitet, zuerst bei der niederländischen Marine, dann als Handelsschiffer und schließlich als Flusslotse. Jolanda war bei einer Reederei angestellt gewesen, als die beiden den Plan fassten, alles zu verkaufen und die dichtbevölkerten Niederlande gegen das offene Meer einzutauschen. Fünf Jahre waren sie nun schon unterwegs. Sie hatten die Route der Entdecker gewählt, südwärts, vorbei am Mittelmeer, hatten sich von den Passatwinden über den Atlantik tragen lassen, die Karibik erkundet und sich in der Hurrikan-Saison stets an die amerikanische Ostküste zurückgezogen. Manche umrunden in kürzerer Zeit den ganzen Planeten, aber diese beiden interessierten sich eher für Menschen und das Leben an der Küste als für einsame, abenteuerliche Ozeanüberfahrten.

Niederländer sind die geborenen Internationalisten, und ich hörte mir gern ihre Ansichten über diesen Küstenstreifen an. In mancherlei Hinsicht war er für sie eher vertrautes Terrain als für mich; und dazu wurde dieser Landstrich, wie mir in den kommenden Tagen noch klar werden sollte, zunehmend von Europäern besiedelt. Ehe die beiden zum Bras d'Or Lake gekommen waren, hatten sie den Sommer über vor der Westküste Neufundlands gekreuzt – genau dort, wo ich als Nächstes hinwollte.

Langsam füllte sich die Kneipe mit Einheimischen, die sich an die Bar hockten. Ein Mensch mit einer Gitarre setzte sich auf die niedrige Bühne und begann mit dem unerschöpflichen Repertoire dieser Gegend: Shantys, schottische Highland-Tänze, Moritaten und natürlich »Farewell to Nova Scotia«, das den ganzen Abend bei keinem Auftritt fehlen durfte. Viele Lieder wurden mitgesungen, und dabei schmetterten ganze trunkene Familien Texte von epischer Länge, wobei sie auch noch bemerkenswert sicher den Ton trafen. Irgendwann waren wir drei die Einzigen, den Mann an der Bar mitgerechnet, die *nicht* »Barrett's Privateers« von Stan Rogers in einer Lautstärke mitgrölten, dass die Tapete von den Wänden kam.

Die Hingabe der Leute von Kap Breton für schottisch-gälische Traditionen, die in Schottland selbst lange der Vergangenheit angehörten, fanden Nout und Jolanda, durch ihre europäische Brille betrachtet, etwas drollig. Da die beiden eine Zeitlang in Schottland gelebt hatten, durfte man wohl behaupten, dass man ihnen nichts vormachen konnte. Als sie einmal im Umland von Baddeck unterwegs gewesen waren, hatten sie einen Touristen aus Schottland getroffen, der von dem allgemeinen Schottlandfimmel ebenso verblüfft war wie sie. Jolanda konnte sich an die genauen Worte des Alten erinnern.

»Es ist so lächerlich«, sprach sie in niederländisch gefärbtem Highlands-Tonfall. »Die sind ja schottischer als wir!«

»Und was ist daran so schlimm?«, könnten die Leute von Kap Breton jetzt kühl entgegnen. Eigentlich nichts. Zu Beginn des 20. Jahrhunderts sprachen rund einhunderttausend Menschen in Nova Scotia Gälisch, und die meisten lebten auf Kap Breton. Als Anwohner des Sees konnte man diese Sprache der Dichter als Alltagssprache verwenden und den eigenen Lebensmittelbedarf aus Fischerei, Jagd und Gartenanbau decken. Neil MacNeils Erinnerungen an seine Jugend am See, erschienen in Form des Klassikers *The Highland Heart in Nova Scotia*, sind ein Abbild dieser Zeit, ehe Kap Breton dank Straßen und Geldwirtschaft Kurs auf moderne Zeiten nahm. Inzwischen war die gälische Sprache durch Assimilation und Abwanderung schon so gut wie verschwunden, doch dann begann eine Wiederbelebung, die bis heute anhält. So schrullig es auch anmuten mag: Schottische Tradition und Kap Breton gehören zusammen. Und das lockt die Touristen an.

Als der Sänger und sein Publikum wieder einmal ihrem Nova Scotia »Farewell« sagten, brachen wir auf, aber nicht ohne zu verabreden, dass ich am nächsten Abend zum Essen an Bord der *Atlantis* kommen sollte.

AM NÄCHSTEN Morgen aß ich Porridge in einem überladenen pastellfarbenen Speisesaal voller parfümierter älterer Damen, hauptsächlich amerikanische Touristinnen. Es besteht eine lange, intensive Verbindung zum US-amerikanischen Teil Neuenglands, den man in Nova Scotia auch vertraut »the Boston States« nennt, die Bostoner Staaten. Viele Familien haben Verwandte auf beiden Seiten der Grenze, was bewegliche, freundschaftliche Beziehungen entlang der Ostküste schafft, mit einer gemeinsamen Fischerei- und Seefahrtkultur, die älter ist als die Vereinigten Staaten und Kanada. Nach der großen Explosion von Halifax 1917 war es die

Stadt Boston, die als erste medizinische Unterstützung schickte, und noch am selben Tag brach ein Zug mit Hilfsgütern auf, der sich durch einen Schneesturm zu der dem Erdboden gleichgemachten Stadt durchkämpfte.

In der Hoffnung, mehr über diese grenzüberschreitenden Nachbarschaftsbeziehungen herauszufinden, war ich mit dem Mann der Bibliothekarin verabredet. Gordon MacRae war Hausbauer und arbeitete gerade an dem Sommerhaus eines amerikanischen Kunden, einem einigermaßen bekannten Industriellen. Gordon wollte an diesem Morgen raus zum Grundstück fahren und nahm mich gerne mit. Unterwegs zu unserem Treffpunkt ging mir Lavernes Andeutung, wie gern er Whisky trinke, durch den Kopf. Ich mag Whisky eigentlich auch ganz gern. Vielleicht sogar ein bisschen lieber als der Durchschnittsmensch. Aber noch stand die Sonne wohl kaum über der Rah, und da der staatliche Spirituosenladen ohnehin noch geschlossen war, ging ich mit leeren Händen.

Ich traf Gordon in einem neu gebauten Bootsschuppen am öffentlichen Anleger. Er fuhr in einem Laster vor, von dessen Rückspiegel ein Schild mit der Aufschrift »Alter Sack« baumelte, und wünschte mir entspannt und freundlich einen guten Morgen. Er trug blaue Arbeitsjeans und ein passendes Hemd mit seinem Namen auf der Brusttasche sowie eine original Achtziger-Jahre-Brille, getrübt von einem Film aus Sägemehl. Sich als alter Kauz zu präsentieren war allerdings wohl nur Maskerade, denn Gordon war nicht nur jünger, als er aussah, sondern auch einer dieser bewundernswerten Menschen, die mit ihrer Cleverness nicht hausieren gehen. Zu seinen Vorfahren zählte er alle vier Familien, die sich um 1830 am Baddeck River angesiedelt hatten. Einer seiner Großonkel war ebenfalls Baumeister gewesen und hatte einige der Kirchen im Umkreis errichtet.

Vor der Werkstatttür schwappten die Wellen im Morgenlicht, das bis in die Halle hineinleuchtete, wo aufgestapelte Hartholzbalken lagen. Da ich vor kurzem in einer nasskalten Garage selbst ein Segelboot gebaut hatte, beneidete ich ihn um seine schöne Werkstatt. Wir sprangen in Gordons Arbeitsboot aus Aluminium, das in der Nähe lag, stießen ab und steuerten zwischen den still am Kai vertäuten Schiffen hindurch, unter ihnen auch die *Atlantis*. Während meiner Unterhaltung mit Gordon ließ ich fallen, dass ich auch Bootsbauer war.

»Meins ist ein Sharpie, ein vierundzwanzig Fuß Doppelender. Ich hab ihm ein Catketch-Rigg mit Sprietsegel spendiert ...« Hier an der Ostküste konnte ich ruhig mit Bootsjargon um mich schmeißen und noch ein paar Details erklären.

»Klingt gut«, sagte Gordon höflich. »Ich brauchte was, um zur Arbeit zu kommen. Da hab ich mir das hier zusammengeschweißt.« Er meinte das Boot, das uns gerade so geschmeidig über das kabbelige Wasser des Bras d'Or Lake trug. Ich betrachtete den komplexen Aufbau des Rumpfs, die perfekten Schweißnähte im schwierigen Werkstoff Aluminium – das alles hatte er geplant und gebaut, während er zugleich viele andere Projekte in Arbeit hatte. Dann passierten wir eines der schönsten Boote, die ich je gesehen habe: die Barkasse, mit der Gordons wohlhabender Kunde zu seinem abgeschiedenen Anwesen oben am See fuhr. Sie war als Sonderanfertigung im authentischen Stil der 1930er Jahre gestaltet, ein kraweel-beplankter weißer Rumpf mit gerade dem richtigen Maß an Glanzteilen, und am Flaggenstock wehte das Sternenbanner – kurz: schwimmende Vollkommenheit, wie sie einem auf dem Cover des Magazins *Wooden Boat* begegnet. Über mein kleines Sperrholzboot verlor ich kein Wort mehr.

Es wehte ein frischer Südostwind, und Salz lag in der Luft, aber die Wellen, auf die unser Boot schlug, waren die vertrauten Wellen eines Sees, keine Meeresdünung. Es war ein geschütztes Gewässer. Das Ufer war größtenteils noch grün, der Wind warm. Unser Ziel war eine Insel, die sich bereits seit Generationen im

Privatbesitz der Familie des amerikanischen Kunden befand, die sie damals zusammen mit einer Handvoll anderer für sechs Dollar dem kanadischen Staat abgekauft hatte. Das derzeitige Familienoberhaupt – dessen Namen Gordon von sich aus nicht nannte, und ich fragte nicht nach – hatte hier als kleiner Junge schöne Sommer verlebt und wollte nun das Baddeck der 1930er Jahre, der Zeit seines Großvaters, wiederauferstehen lassen. Er hatte die bezaubernde Holzbarkasse in Auftrag gegeben. Und dann war da dieses Ferienhaus.

Vom Wasser aus schien es auf den ersten Blick wenig bemerkenswert. Doch am Ufer erkannte man die feinen Details. Es gab zwei prächtige Anleger, einen für die Familie und ihre Gäste, der andere für Arbeitsboote, beide von Gordon so solide gebaut, dass sie dank der Bleikappen auf den Pfosten eine Generation überdauern würden. Das zurückhaltend gestaltete Haus war nicht größer, als es für eine kleine Familie nötig war, es stand auf einem Sockel aus behauenem Naturstein und hatte ein Schieferdach und kupferne Regenrinnen. Unter einer der Fledermausgauben stand der Name der Insel. Elektrischer Strom gelangte durch ein eigens verlegtes, sagenhaft teures Unterwasserkabel vom Seeufer ins Haus. Die einzige Bewohnerin der Insel war derzeit die Gärtnerin, eine junge Frau im Overall, die uns zulächelte, als sie eine Schubkarre über die Wiese schob.

Das Erdgeschoss bestand aus einem großen Raum, der Wohn-, Ess- und Küchenbereich umfasste, wie es sich für eine Ferienhütte – ob gehobener oder rustikaler Art – gehört. Die Holzleisten und die Vertäfelung waren aus Pappelholz von der Insel gefertigt. Mehr als jedes andere Detail jedoch erzählten die Schiebefenster aus Mahagoni von einer Zeit des kunstfertigen Handwerks, die der Eigentümer heraufbeschwören wollte. Die am Kniestock des Dachgeschosses aufgehängten Schwarz-Weiß-Fotografien bewiesen, wie gespenstisch vorbildgetreu die Gestaltung war, denn die modernen Aufnahmen fügten sich nahtlos in die Reihe der Archivbilder ein.

Als ich am Küchentisch des unbenannten Millionärs saß, konnte ich nicht anders, als Bewunderung zu empfinden für seinen zurückhaltenden guten Geschmack und die Kunstfertigkeit des Baumeisters, der ihn Wirklichkeit werden ließ, und ich ahnte, wie die Tradition Gordon und den Amerikaner über monetären Wohlstand und Nationalität hinweg verband.

Wenngleich überschüssiges Kapital an den Seeufern Kanadas zur Plage werden kann, war diese gepflegte Insel doch so friedvoll, von solch traditionsbewusster Eleganz, dass ich sie nur ungern wieder verließ. Wir gingen zurück zum Boot und traten den Rückweg zum Ort an, den Wind im Rücken und vor uns die Berge auf der anderen Seite der Baddeck Bay.

Der berühmteste Amerikaner jedoch, den man mit dem Bras d'Or Lake in Verbindung bringt, ist kein anderer als Alexander Graham Bell, dessen Anwesen Beinn Bhreagh (schottisches Gälisch für »schöner Berg«) auf dem hohen Berghang gegenüber der Stadt liegt. Der Erfinder des Telefons stammte aus Schottland und ging dort zur Schule, arbeitete größtenteils in Kanada und wurde später Bürger der Vereinigten Staaten, weshalb drei Länder ihn als einen der Ihren beanspruchen. Doch wohnen wollte er nirgends lieber als auf diesem Hügel oberhalb von Baddeck. »Ich war [...] in den Rocky Mountains, den Anden, den Alpen und den schottischen Highlands, doch was simple Schönheit angeht, übertrifft Kap Breton sie alle«, erklärte er.

Durch seine Erfindungen war Bell längst zu Wohlstand und einem festen Platz in der Geschichte gekommen, als er und seine Frau Mabel 1885 im Urlaub den Bras d'Or Lake entdeckten. Die Eheleute bauten Beinn Bhreagh, das schon bald mehr war als nur ihr Sommerhaus. In Bells späteren Jahren diente ihm das Anwesen am See als bevorzugter Forschungspark und als Freiluftlabor.

Neben vielen anderen Projekten war er auch federführend am Flug des *Silver Dart* beteiligt, des ersten Flugzeugs, das sich auf dem Gebiet des britischen Commonwealth in die Luft erhob. Es startete auf dem Eis des Sees vor einem Publikum aus zweifelnden Baddeckern, die ihre Schlittschuhe mitgebracht hatten und aus dem Ereignis einen Tagesausflug machten.

Zum 75. Jahrestag dieses Flugs von 1909 baute Gordon den *Silver Dart* anhand von Bells Originalzeichnungen exakt nach. Die Replik steht heute im Reynolds-Alberta Museum. Er baute noch eine zweite Maschine, die bei den Dreharbeiten zu der Fernsehbiographie *The Sound and the Silence* (etwa: »Klang und Stille«) tatsächlich von einem Stuntman geflogen wurde. Sie stürzte vor der Kamera ab, allerdings ohne schlimmere Folgen.

»Das Original flog nicht so gut, und genauso flog auch meine Version«, sagte Gordon.

Beinn Bhreagh ist noch heute im Besitz von Bells Nachkommen. Dr. Mabel Grosvenor, Bells Enkelin, die 1905 in Baddeck zur Welt kam und als eine der ersten Frauen einen Abschluss in Medizin an der Johns Hopkins Universität machte, war die amtierende Matriarchin. »Sie ist wohl gerade da oben«, sagte Gordon mit einer gewissen Zuneigung, als wir zu dem Anwesen hinaufschauten. »Sie ist ziemlich gebeugt, wegen der Arthritis, aber helle wie eh und je.« Dr. Grosvenor hatte gerade ihren 110. Geburtstag gefeiert und war das letzte noch lebende Familienmitglied, das den berühmten Großvater noch gekannt hatte. Nicht lange nach meiner Bootsfahrt mit Gordon jedoch starb sie, einen Tag vor Halloween.

Vom Wasser aus konnten wir auf dem Hügel über Baddeck die Alexander Graham Bell National Historic Site sehen, ein herrliches Museum über das Leben und Werk des Erfinders. Bell war nicht nur ein Pionier des Telefons und der Fliegerei, sondern auch Vorreiter bei der Entwicklung von Tragflügelbooten und Tragflächen sowie in der Logopädie, denn er forschte führend an Kommunikationsmethoden für Hörbeeinträchtigte. Keine Familie mit einem gehörlosen Kind, die ihn um Hilfe bat, wies er ab. Zwischen den technischen Geräten sind Familienfotos der Bells ausgestellt. Bereits bei einem früheren Besuch auf Kap Breton hatte ich sie mir angesehen, und sie waren mir im Gedächtnis geblieben. Bell mit dickem Bauch und weißem Vollbart in einem kratzig aussehenden Badeanzug, wie er mit seiner Tochter in Ingonish Beach schwimmen geht; Frauen beim Bootsbau; Kinder, die den Aussichtsturm besteigen; ein vergnügter Melville Grosvenor, vier Jahre alt, wie er von einem tetraedrischen Drachen seines Großvaters in die Luft gehoben wird; Bell, wie er mit offenen Armen seiner kleinen Enkelin Gertrude entgegenläuft, die gerade im feinen Matrosenanzug mit passenden Schuhen angekommen ist, um bei ihm Ferien zu machen. In einem wenige Minuten später geschossenen Foto ist ihr zuvor säuberlich geflochtenes Haar offen, die Schuhe sind verschwunden, und sie zieht in Begleitung einer Hausziege von dannen.

Dann waren wir zurück an Gordon MacRaes Anleger in Baddeck und gingen an Land. Die Sonne schien heiß herab, es kam mir vor wie mitten im Sommer, und wir lehnten uns an die Motorhaube von Gordons Wagen und genossen es. Gordon sagte, die Ankunft der Amerikaner aus den Boston States gehöre jeden Sommer zu den schönen Ereignissen am Bras d'Or Lake. Nordeuropäer hätten in den letzten Jahren viel Grund und Boden gekauft, und man habe sie ebenso willkommen geheißen. Gordon zeigte auf die Hügel rings um den silbernen See, wo so manches hundert Jahre alte Bauernhaus leer stand und Felder, die einmal ganze Familien ernährt hatten, von Dorngestrüpp überwuchert wurden. Die Europäer hätten ihren Ferienorten am Mittelmeer über zwei Jahrhunderte lang die Treue gehalten. Dass die Billigfliegerei die Einflusssphäre der Alten Welt nun auf Nova Scotia ausweitete, war Gordon nur recht. Wenn Kap Breton nur nicht entvölkert wurde.

»All die jungen Leute sind schon weg. Alle sind sie nach Alberta, nach Fort McMurray oder sonst wohin.«

DEN REST des Tages fuhr ich mit dem Wagen am Ufer entlang, mein heimliches Laster. Die schmalen Straßen auf Kap Breton sind einladend kurvenreich, pittoresk und nahezu frei von Verkehr. Auf den ruhigeren Strecken begegnet man mehr Wanderern als Autos. Deshalb ist die Insel auch ein geschätztes Ziel für Fahrradtouristen, wenngleich die meisten den Rundweg durch die Highlands mit seinen spektakulären Ausblicken auf das Meer wählen. Noch ruhiger war es hier unten am See. Ich hielt oft an, bei gepflegten Friedhöfen und verfallenen Farmen, um durch den Wald Akadiens mit seinen Zucker-Ahornen, Buchen und Gelb-Birken, Apfelbäumen und Eschen den Hügel hinab ans Ufer zu gehen, wo mich stets das silbrige halb salzige Wasser erwartete.

Es wurde Spätnachmittag, und ich wurde an Bord der *Atlantis* zum Abendessen erwartet. Ich pflückte einen Strauß violetter Astern, die noch in den Gräben blühten, fuhr zurück nach Baddeck und kaufte eine Flasche Wein. Dann ging ich hinunter zum Pier, und noch ehe ich das Ende erreicht hatte, saß Nout auch schon in seiner Jolle und ruderte herbei, um mich abzuholen.

Die *Atlantis* war das erste echte hochseefähige Segelschiff, das ich je betreten hatte. Jolanda kam den Niedergang hinauf und begrüßte mich auf europäische Art mit Wangenküsschen, dann erklärte mir Nout die Ausrüstung und die Takelage des Kutters. Er war ein ordentliches kleines Hochseeschiff, von den Püttings bis zur Mastspitze. Wir gingen nach unten in seinen warmen Bauch, wo sich der Duft eines Hühnchengerichts mit der salzigen Luft mischte und die Lichter von Baddeck hübsch in der beginnenden Dämmerung schimmerten. Das Schiff hatte ein Ruderhaus, das einen netten Speisesaal abgab, wenn es vor Anker lag. Jolanda gefielen die Wildblumen, und sie stellte sie auf den Tisch.

Beim Essen redeten wir über Neufundland, wo ich als Nächstes hinwollte und wo die beiden Segler gerade herkamen. Den ganzen Sommer über waren sie die Westküste entlanggefahren. Jolanda holte einen berühmten Bildband hervor: *This Marvelous Terrible Place* (»Dieser herrliche schreckliche Ort«), eines der vielen Porträts von Neufundland. Es fängt die Unschuld und die Isolation ein, die Armut der Küstenbewohner Neufundlands, einer heute fast verschwundenen Fischergesellschaft.

Jedes Mal wenn die Wellen eines vorbeifahrenden Schiffs unter die *Atlantis* rollten, stellte ich mir eine echte Seefahrt auf ihr vor, wie sich die alltägliche Fortbewegung draußen auf dem Meer anfühlen würde. Die Cabotstraße zwischen Neufundland und Nova Scotia hatten Nout und Jolanda in vierzehn Stunden überquert. Nout schwärmte noch davon, wie er sein Schiff durch diese historischen Gewässer navigiert hatte. Er holte eine moderne Seekarte eines Abschnitts der Küste von Labrador hervor und zeigte mir, wo bis heute Tiefen eingetragen waren, die ein Vermessungsschiff im 17. Jahrhundert mit dem Lot bestimmt hatte. Ich muss zugeben, dass ich viele wenig subtile Andeutungen fallenließ, wie gern ich einmal mitfahren würde, aber meine Gastgeber erwiderten mein Flehen lediglich mit einem Lächeln. Es war ein winziges Heim, selbst für zwei Liebende.

Irgendwann musste ich mal aufs Klo. Ich bekam eine Anleitung, wie man die Hebel für das Seeventil betätigen musste, um das Abwasser über Bord zu pumpen. Ich fragte meine Gastgeber, ob sie bei diesem Umgang mit Abwässern denn keine Skrupel hätten. Nout gab ein niederländisches »Pah!« von sich; Jolanda sagte fröhlich, sie würden ja kein Papier abspülen, und auf den Rest würden sich Enten und Fische begierig stürzen. Aber bei dem Thema wurden sie merklich unruhig.

Wir saßen in Sichtweite des früheren Postamts von Baddeck, ein hohes Steingebäude, das heute die Gesellschaft zum Schutz der Bras-d'Or-Seen beheimatet. Sie betreibt ein Naturschutzmuseum, in dem man Näheres über die vielen Umweltbedrohungen erfährt. Zu den wichtigsten Gefahren für den See zählten die vom Ufer, aber auch von Schiffen eingeleiteten Abwässer. Im Wassereinzugsgebiet des Bras d'Or Lake leben siebzehntausend Menschen, und viele von ihnen nutzen schlecht gewartete Rieselfelder, weshalb übermäßig viele Nährstoffe in den See gelangen. Viele Freizeitboote kommen wegen der hervorragenden Bedingungen hierher: reichlich Wind, keine Dünung und gute Ankerplätze. Abwassertanks waren nicht vorgeschrieben, was ohnehin nur schwer zu kontrollieren wäre. Der Bras d'Or Lake hat eine Wassererneuerungszeit von vierzig Jahren – so lange braucht das Wasser auf seiner Reise vom Zufluss bis zum Abfluss. Für Austern, die man nur in sauberem Wasser ernten darf, weil sie wie Schadstofffilter wirken, galt bereits ein Fangverbot.

Wir wechselten das Thema und redeten weiter bis spät in die Nacht. Als es Zeit war, wieder an Land zu gehen, tauschten wir Adressen und zukünftige Reisepläne aus. Die beiden hatten vor, das Boot auf Kap Breton ins Winterlager zu geben und für diese Zeit ein Haus zu mieten. Da wir alle drei für den kommenden Sommer eine Reise zum Saguenay-Fjord planten, bestand Hoffnung, sich wiederzusehen. Mir schien, dass Jolanda traurig über unseren Abschied war. Die Freiheit, die sie genoss, hatte den Preis, dass neue Freundschaften schnell wieder endeten.

EIN PAAR Tage später wollte ich in Sydney, an der Nordküste der Insel, die Fähre nach Neufundland nehmen, und ich nutzte die Zeit, um einmal ganz um den See herum zu fahren. Alle, denen ich begegnete, wiederholten den offenbar ewigen Zwiespalt der Meeresanrainer: schwer, hier ein Auskommen zu finden, aber es ware traurig, weggehen zu müssen. Im Autoradio lief alle halbe Stunde ein Werbespot, mit dem Arbeitskräfte aus der Region zu den Ölsandvorkommen nach Alberta gelockt werden sollten. »Verdienen Sie diesen Winter gutes Geld – und im *Sommer* sind Sie wieder zu Hause!«, sagte die Stimme.

Im Highland Village Museum südlich von Iona kaufte ich dem Ehepaar, das dort einen Laden betrieb, ein paar Gläser selbstgemachte Marmelade ab. Jim und Donna MacNeil hatten ihre Zeit im fernen Alberta abgesessen und waren endgültig nach Hause zurückgekehrt. Sie machten das Obst ein, das gerade Saison hatte. Jim schälte Äpfel, die er von wilden Apfelbäumen gesammelt hatte, und Donna backte Kuchen und kochte Brotaufstrich ein.

Die beiden hatten viele Jahre in Edmonton gelebt und – wie üblich unter den Leuten von Kap Breton – die Ferien »zu Hause« verbracht. Zweimal im Jahr fuhren sie die weite Strecke mit dem Auto Tag und Nacht in einem Rutsch durch. »Eine Strecke haben wir immer in dreieinhalb Tagen geschafft«, sagte Jim stolz. »Vierzehn Tage im Jahr verbrachten wir im Auto.« In ihrem Semiruhestand trugen sie zu dem kleinen, aber wahrnehmbaren Zustrom von Rückkehrern bei.

Ich folgte dem Baddeck River bis zu einem Parkplatz und wanderte zu den Uisge Ban Falls, den Wasserfällen, über die das klare Wasser des Hochlands von Kap Breton strömt und schließlich den Bras d'Or Lake speist. Einen so reichen und vielfältigen Hartholzwald findet man im Westen nicht, und hier im Osten ist er stark bedroht. Viele der Bäume waren mir unbekannt, und diejenigen, die ich kannte, waren riesig. Kreise aus reifen Früchten lagen unter den Ästen der wilden Apfelbäume. Sie warteten nur darauf, von Hirschen gefressen zu werden, und erfüllten den Wald mit dem Duft nach Obst. Eine Art Lebermoos, aus dem einst die schottischen Pioniere ein Färbemittel für Stoffe herstellten, besiedelte den unteren Teil der Baumstämme.

Am Nordufer des Sees waren ein paar bescheidene Ferienhaussiedlungen in Reichweite der Stadt Sydney entstanden. Die Hütten gehörten zu den winzigsten Häuschen, die ich je außerhalb von Wakesiu gesehen hatte, und sie gefielen mir sehr. Gentrifizierung und übermäßige Bebauung haben hier offenbar noch keine Wurzeln geschlagen, wenngleich es schon bald so weit sein könnte. Ich kam an Hunderten Werbeschildern von Grundstücksmaklern vorbei. Das gesamte Seeufer schien zum Verkauf zu stehen, und das zu Preisen, die sogar nach den Maßstäben eines Schriftstellers attraktiv erschienen. Die Immobilien waren größtenteils Pionierfarmen, die zwar immer ihre Erträge, aber nie viel Gewinn gebracht hatten. Dazu war es zu kalt, der Boden war zu felsig und die Humusschicht zu dünn, das Licht des Nordens schien nicht lange genug, und die Märkte waren zu weit weg. Alles schien überreif, endlich von der Leserschaft der Wohndesign-Magazine übernommen zu werden. Aber wir reden hier über Kap Breton, nicht über Cape Cod. Boston war zwölf Autostunden entfernt – zu weit für ein Wochenendhaus.

Meine letzte Nacht am Bras d'Or Lake verbrachte ich in St. Peter's, einer der ältesten Siedlungen Nordamerikas, die 1630 von französischen Siedlern unter dem Namen Saint Pierre gegründet worden war, als Kap Breton noch Ile Royale hieß und Louisbourg der Sitz der Macht an der Atlantikküste war. Damals war der Bras d'Or Lake noch durch eine 800 Meter breite Landenge aus Granitfelsen vom Atlantik getrennt. Nach dem Beginn der Arbeiten im Jahr 1854 dauerte es fünfzehn Jahre, bis der Kanal gegraben war. Zu den Hochzeiten des Kohlebergbaus und der Stahlindustrie auf Kap Breton war er ein stark befahrener Güterverkehrsweg. Doch wie Louisbourg ist auch er heute nur noch eine Denkmalstätte und wird fast ausschließlich von Freizeitbooten genutzt.

In dem kleinen Haus neben dem Kanal traf ich den Schleusenwärter an, der sich wunderte, dass er jetzt, da der Sommer vorbei war, noch Gesellschaft bekam.

»Neunhundertfünfundneunzig sind diese Saison bis jetzt hier

durchgekommen, die meisten im Juli und August«, sagte er und zeigte mir sein Kanallogbuch. Er hatte Schnappschüsse der besonders ausladenden Schiffe gemacht. »Diese Typen geben gern 'ne Menge Geld aus.« Auf dem Achterdeck einer Yacht stand ein Hubschrauber. Ich fragte mich, ob sie auch einen Abwassertank besaß.

Für seine Zukunft hatte der Bras d'Or Lake alles darauf gesetzt, sich als Spielplatz zu präsentieren und jedweden Wohlstand aus der Ferne anzulocken. Die Leute jedoch, die tatsächlich hier lebten, reisten nicht viel. Eine stille Frau, die mir in einem Restaurant nahe der Schleuse mein Abendessen servierte, erzählte mir, sie sei in Neufundland geboren. Sie flüsterte verträumt, als wäre das ein weitab gelegener Ort wie ein Märchenland.

»Ich war schwanger mit meinem ersten Kind. Es war ein heißer Tag im Juli, einer der heißesten überhaupt. Die Lodden zogen in Schwärmen vorbei, wir standen bis zu den Knien im Meer, und wenn man weit rausschaute, trieben draußen die Eisberge vorüber. Das war so schön.« Sie hatte die Insel zuletzt vor vierundzwanzig Jahren gesehen.

Ich würde in vierundzwanzig Stunden dort sein. Ich musste zur Fähre.

Cow Head

St. Paul Inlet

Western Brook Pond

St. Lawrence Golf

Bakers Brook Pond

Die Seen des Gros-Morne-Nationalparks

Rocky Harbour

Bonne Bay

Norris Point

Trout River

South Arm

East Arm

Trout River Big Pond

0 1 2 3 4 5 km

Herbst
AUF DER SUCHE NACH LAKELAND
Die Seen des Gros-Morne-Nationalparks, Neufundland

Auf unserem Weg trafen wir zu beiden Seiten Teiche in großer Zahl
an und in jedem Teiche eine große Zahl Bibernester.
Aus den *Willoughby Papers*, 1612, zitiert im
Wörterbuch des neufundländischen Englisch

DER GROSSE Wagen balancierte auf seiner Deichsel, als die *MV Caribou* im windigen, trostlosen Hafen von Channel-Port aux Basques einlief. Es war winterlich an Deck, aber belebend frisch. In meiner Koje, umgeben von mächtig schnarchenden Elchjägern, hatte ich schlecht geschlafen. Im Dämmerlicht vor Sonnenaufgang wirkte der uralte, ausgewaschene Fels kalt, schwarz und erbarmungslos.

Nach Neufundland ist es eine überraschend lange Fahrt hinaus aufs Meer, wie Besucher aus Nova Scotia feststellen, wenn sie kurz mal rüberhüpfen wollen, um sich dort umzuschauen. Die Fähre von North Sydney nach Port aux Basques braucht bei schönem Sommerwetter sieben Stunden, und dann sind es noch zehn Stunden Autofahrt nach St. John's – falls man dorthin will –, das volle zehn Längengrade weiter östlich liegt als Halifax. Ich hatte nicht

125

vor, quer über die Insel zu fahren, sondern die Westküste entlang, um mir einige der Seen am Meer anzuschauen, die mit dem Bras d'Or Lake verwandt sind. Elche hatten gerade Jagdzeit, und viele Neufundländer an Bord verbanden einen Besuch in der Heimat mit der Herbstjagd. Das war kein bloßer Sport, sondern eine einst überlebenswichtige Tradition, um in einem Land, das außer Gemüsegärten keine nennenswerte Landwirtschaft besaß, die Vorratskammern zu füllen. Die Elche mussten zahlreich sein, dass sie so viele Jäger anlockten, und so nahm ich mir vor, nicht bei Nacht zu fahren. Auf einem Autoaufkleber stand ein Elch auf einer Landstraße und darunter: »Neufundländer Bremshügel«.

Endlich aus dem Metallkäfig der Fähre herauszukommen, einen trinkbaren Kaffee bei dem nationalen Koffeinversorger Kanadas zu erwerben, die Strahlen der aufgehenden Sonne, wie sie auf den Wald trafen – all das erhellte meine Stimmung nach dem Stampfen und Gieren über die kalte, teilnahmslose See. Bereits in kurzer Entfernung von der Küste ging die Wildnis in den vertrauten borealen Nadelwald über.

»Sie sind hier, um sich unsere *paaands* anzusehen?«, sagte die verblüffte Frau vom Fremdenverkehrsbüro am Stadtrand von Port aux Basques. Sie hatte es eilig, denn nach der Ankunft der Fähre war ihre Auskunftsstelle vollgestopft mit Touristen, und alle wollten nur eins wissen: »Wie weit ist es bis St. John's?« Die Seen – im örtlichen Dialekt *ponds* – würden im Alltag der Neufundländer kaum eine Rolle spielen, sagte sie, doch zugegeben, manche Leute betrieben im Inland Sportfischerei, fuhren Kanu oder besäßen Ferienhütten der ein oder anderen Art. »Fast alle leben hier *aaan* der Küste. Die ganze Mitte der Insel ist *praaaktisch* unbewohnt. In unserer Provinz schauen wir aufs Meer!«

Sie war so faszinierend abweisend, dass ich auf meinem Weg die Straße hinunter eine Weile brauchte, um ihre Art und die Landschaft miteinander in Einklang zu bringen. Wir drücken unserem Zuhause unsere Weltsicht auf, und vielleicht waren Seen ja etwas zu typisch *Kanadisches*, als dass die Frau an der Information herzliche Gefühle für sie entwickeln konnte. Erst 1949 ging Neufundland seine Zweckehe mit Kanada ein, und seither betont die neblige Insel ihre trotzige Einsamkeit, als könnte man darauf stolz sein. Noch immer betrachteten viele Neufundländer die Flagge mit dem Ahornblatt als Symbol reiner Zweckmäßigkeit und waren überzeugt, dass es die Insel in vielerlei Hinsicht als eigenständiges Hoheitsgebiet besser hätte. Neufundland verweigert sich der Einordnung unter die sogenannten Seeprovinzen Kanadas und ist fast so groß wie diese drei zusammengenommen. Man könnte die Insel als Ansammlung einsamer Gegenden betrachten, als gelapptes Blatt aus Halbinseln, die tückische Gewässer voneinander trennen und die erst seit kurzem über öde, sich weit ins Inland erstreckende Straßen miteinander verbunden sind. Selbst die Uhr, die um dreißig Minuten versetzt die Stunde schlägt, hängt scheinbar im Takt hinterher.

Gleichwohl ist Neufundland so dicht von Seen durchzogen wie das übrige Kanada. Am Ende der St. George's Bay machte ich Rast am Provinzpark Barachois Pond, um mir die Beine zu vertreten, und fand alle Insignien des Lebens am See mustergültig vertreten: Strand, Campingplätze am Ufer, Toilettenhäuschen, Anleger, umgedrehte Kanus unter einer Schicht Herbstlaub. Eine Gruppe Schulkinder war auf Exkursion, und das gekräuselte Wasser trug ihre hellen Stimmen über den See.

Und dann gibt es dort Elche, Tiere die sich mit Seenlandschaften bestens auskennen. Die riesigen Tiere, höher als ein Kaltblutpferd, wurden 1904 auf der Insel angesiedelt, und heute gibt es hier rund hunderttausend von ihnen. Wie Biber sind auch Elche gänzlich auf das Leben am See angepasst. Es macht ihnen nichts aus, den ganzen Tag durchs Wasser zu waten, und sie können fünf

Meter tief auf den Grund tauchen, um Wasserpflanzen, ihre Leibspeise, zu erreichen. Sie wandern die Seeufer entlang und können mühelos zehn Kilometer auf die andere Seite schwimmen.

Das zentrale Gebirge Neufundlands ist tatsächlich weitgehend unbewohnt – was man von dem größten Teil Festlandkanadas auch behaupten kann. Das Gletschereis hat Chancengleichheit geschaffen und in die Insel wie ins Festland zahlreiche Seen geschürft. Selbst ganz an der Küste liegen Seen, darunter viele der eindrucksvollsten des Landes, und genau diese wollte ich mir ansehen. Entlang der nördlichen Halbinsel Neufundlands erstrecken sich die Long Range Mountains, die steil zum Meer hin abfallen. Eingebettet in ihre tiefen Falten liegen die einzigartigen Fjordseen des Gros-Morne-Nationalparks. Bei Corner Brook führt der Trans-Canada-Highway ins Humber Valley, und der Deer Lake kommt in Sicht. Wie bereits auf Kap Breton zeigte sich auch in Westneufundland zunehmend der Einfluss von Europäern. So viele siedelten in den Ferienorten dieses Tals, dass sich wöchentliche Charterflüge zwischen dem Ort Deer Lake und der britischen Hauptstadt lohnten. Auf den Hügeln am See lagen die feinen Häuser dieser mobilen Migranten. Hier konnte man Golf spielen und Boot fahren, und es gab eine umfangreiche Infrastruktur für Geländefahrzeuge. Im Winter war der Marble Mountain ein ausgezeichnetes Skigebiet, und an die Stelle der Geländewagen traten Motorschlitten.

Fernflüge bringen unser Gefühl für Größenordnungen durcheinander. London lag 4.000 Kilometer von diesem Tal entfernt, etwa so weit wie Calgary. Ist das nun nah oder weit weg? Reisezeit und Preis waren die einzigen relevanten Größen. Die Charterflüge wurden subventioniert vom Träger der Ferienanlage Humber Valley Resort, die sich auf den Verkauf von Land an Europäer spezialisiert hatte. Kurz nach meinem Besuch stand die Firma unter Gläubigerschutz und die Zukunft der Flüge war unsicher.

Die Neufundländer selbst bauten Ferienhütten an Seen, die weiter ab vom Highway liegen, doch das war hier offenbar ein jüngerer Trend als auf dem Festland. Am Big Bonne Bay Pond standen Reihen von Hütten in mehreren Siedlungen, aber die Lücken wurden nicht durch Ferienhäuser einer zweiten Generation oder große Anwesen geschlossen. Es sah aus wie in Carwin Park um 1970.

Vor mir lag die Nordhalbinsel mit dem 1973 gegründeten Gros-Morne-Nationalpark, genau am Sankt-Lorenz-Golf. Archäologische Befunde sind rar an der Westküste, aber wahrscheinlich haben paläoindianische Jäger vor fünftausend Jahren von Labrador hierher übergesetzt. In modernen Zeiten waren die ersten Menschen, die an dieser Küste überwinterten, Migranten von der Halbinsel Avalon, die in dem Gebiet wilderten, das damals »French Shore« hieß. Ende des 18. Jahrhunderts besaß Frankreich in den noch fischreichen Gewässern die ausschließlichen Fischereirechte, und sich dort anzusiedeln war nicht gestattet. Die Siedler kamen trotzdem, und Frankreich verlor immer mehr seinen Einfluss in Nordamerika. Die Neuankömmlinge betrieben Lachs- und Kabeljaufischerei und zogen im Winter zum Seehundfang hinaus aufs Eis. Im Inland gingen sie auf die Jagd und stellten Fallen. Zu Beginn des 20. Jahrhunderts schwanden die Fisch- und Wildbestände, und die Holzwirtschaft übernahm das Feld. Erst als aus Neufundland und Labrador 1949 eine neue kanadische Provinz wurde, entstanden mit der Zeit Straßen zu vielen der früheren Fischersiedlungen.

Heute verschmelzen die Dörfer des Naturschutzgebiets miteinander, die farbenfrohen, dachrinnenlosen Häuser stehen kreuz und quer. Ich fuhr ab nach Norris Point an der Bonne Bay und stoppte bei einem kleinen Schild: »Terry's B&B«. Am Bürofenster hing ein weiteres Schild: »Bin im Laden.« In einem kleinen Häuschen, das fast schon im salzigen Wasser der Bonne Bay stand, fand ich Terry Parsons beim Zeitunglesen an einem warmen Holzfeuer.

Terry war ein leutseliger Herbergswirt mit angegrautem Bart, einer rosa Nase und freundlichem Lächeln. Seit nunmehr achtzehn Jahren betrieb er sein Bed and Breakfast. Er war gern unter Leuten. Er sprach mit einem wunderbar ausgeprägten Akzent, aber ich konnte ihn ohne Schwierigkeiten verstehen. Hier war es schon viel herbstlicher als auf Kap Breton, und die Feriensaison war so gut wie vorbei. Ich mietete mir eine kleine Ferienhütte gleich neben einem Friedhof. Von meinem Herd aus konnte ich durch das Küchenfenster die Namen der Verstorbenen lesen, die nur wenige Meter von meiner Hintertür entfernt ruhten, häufig geehrt mit einem Strauß Plastikblumen.

Terry meinte, ich träfe ihn jeden Abend im Laden an und könne gern vorbeikommen, mit ihm die Neuigkeiten des Tages austauschen und einen kleinen Wodka trinken. Er fuhr ein dickes Motorrad, das er bei sich im Laden abgestellt hatte. Seine Frau sei jemanden in St. John's besuchen gefahren. Er wirkte wie einer, der eine Zeitlang die ganze Farm für sich allein hatte.

Da die Fähre bei Sonnenaufgang eingelaufen war, war der Tag noch frisch, und ich machte mich sogleich auf zum Western Brook Pond, dem berühmtesten See von Gros Morne. Tatsächlich trugen hier die meisten Seen den Namen »Pond«, und die Flüsse hießen »Brooks«. Aber sicher konnte man nie sein. Auf Karten hatte ich sowohl einen »Pond Lake« als auch einen »River Brook« gesehen. Zwei der größten *ponds* im Inland hießen Grand Lake und Red Indian Lake. Zu dieser Jahreszeit war der Western Brook Pond der einzige See, auf dem noch eine Bootsfahrt möglich war, leider nur eine offiziell vom Nationalpark organisierte Touristenrundfahrt.

Der Western Brook Pond, der Trout River Pond und ähnliche Seen sind Süßwasser-»Fjorde«, die ihre Verbindung zum Meer verloren haben. Dieser ungewöhnliche Umstand ist nur eines der geologischen Wunder von Gros Morne. Wie viele Fjorde wurden diese Spalten durch Gletscher in den Fels geschnitten und liegen durch den Prozess der isostatischen Landhebung heute über dem Meeresspiegel. Die enorme Last des Eises, das sich einst kilometerdick über den größten Teil Kanadas erstreckte, drückte die Erdkruste tatsächlich wie ein überladenes Floß in den flüssigen Erdmantel. Seit das Eis fort ist, hebt sie sich wieder, ein paar Zentimeter pro Jahrzehnt. Hier hat sich ein Küstentiefland aus dem Meer geschoben und eine Schwelle gebildet, die den Fjord im Inland einschließt. Diese schmale Schwelle ist allerdings sehr flach, ein sumpfiger Streifen namens Gull Marsh. Die drei Kilometer weite Wanderung durch den Sumpf ins Inland legte ich in Begleitung der Touristen zurück, die danach gemeinsam zur Schiffsreise antraten. Träfe ein Tsunami die Küste, wäre dies ein unglücklich gewählter Aufenthaltsort. Monster- und Flutwellen haben schon viele Neufundländer das Leben gekostet. Sogar der See selbst ist gefährlich. Vor hundert Jahren stürzte ein enormer Felsabbruch ins Wasser und schob einen dreißig Meter hohen Tsunami durch das Tal nach draußen. Groß muss die Wirkung von Erderwärmung und Gletscherschmelzen nicht sein, damit der Sankt-Lorenz-Golf zurück zwischen diese Berge strömt. Das feuchte Buschland war eine karge, nördliche Landschaft, und der kalte Wind vom Meer her fühlte sich arktisch an. In der Nähe des Wegs graste ein halbes Dutzend Karibus, und die gebeugten, verkrüppelten Balsam-Tannen – im lokalen Dialekt *tuckamores* genannt – kündeten von harschen, dunklen Wintern. Moos und Flechten wuchsen in dicken Schichten.

Auf dem Schiff waren größtenteils ausländische Touristen, die meisten davon Deutsche. Der Weg ins Landesinnere hatte etwas Unwirkliches an sich, wie ein Fahrgeschäft im Disneyland: Auf einem schmalen Band aus eiskaltem Wasser ging es zwischen fast senkrechten Felswänden hindurch. Ich möchte bezweifeln, dass die ausländischen Besucher auch nur ein Wort von dem dahingeratterten Text des Führers mit seinem starken Akzent verstanden, und angesichts der Landschaft war es nicht leicht, sich auf Worte zu konzentrieren. Bei mir blieb hängen, dass in manchen Ecken der Provinz sechs Elche pro Quadratkilometer lebten, was ich als Wunschdenken der Jäger interpretierte, aber als ich die Angabe später prüfte, erwies sie sich als richtig.

Nachdem die erste Biegung uns die Sicht aufs Meer genommen hatte, verwandelte sich der Western Brook Pond in einen beklemmend schmalen Canyon, und wir gerieten ins Kreuzfeuer der kalten Gebirgswinde, die seine Wände herabstürzten. Aquamarinfarbene Wellenreihen marschierten in entgegengesetzter Richtung aneinander vorbei wie verfeindete Legionen, die sich zur Schlacht aufstellen. Trotz der geringen Breite ist der See mit 165 Metern enorm tief, und sein Grund liegt überwiegend unter dem Meeresspiegel. Selbst mit unserem großen Schiff konnten wir uns bis auf einen Steinwurf dem Ufer nähern und hatten doch stets reichlich Wasser unter dem Kiel.

Gewässer auf Meereshöhe sind für gewöhnlich schlammig und nährstoffreich. Der Western Brook Pond aber ist so extrem nährstoffarm, wie es für die höchstgelegenen Gebirgsseen typisch ist. Er gilt als ultraoligotroph und vermag daher nur ein äußerst mageres Nahrungsnetz zu versorgen. Hier schleudert Mutter Natur ihr reinstes Wasser vom Himmel fast direkt ins Meer. Fünfhundert Meter über uns erkannte man die treffend benannten Pissing Mare Falls (etwa »Pissender-Gaul-Fälle«) als zarten Wassernebel, der direkt über die Kante des Gebirgsplateaus sprühte.

Am anderen Ende des Sees legten wir an einem winzigen Steg an und setzten einen einzelnen Wanderer ab. Er wollte aus dem Tal hinaussteigen und unterwegs die berühmtesten Postkartenmotive Neufundlands bestaunen: Ansichten des Western Brook Pond von der Kante des Fjords aus. Beim Ablegen spendeten ihm die Touristen Applaus für seine Furchtlosigkeit, und der junge Kerl grinste und winkte uns zu. Ich hätte ihn gern begleitet. Aber das Land war zu groß, als dass ich mir alles hätte erwandern können, was ich sehen wollte. Morgen würde ich mit eigener Muskelkraft losziehen.

Nach der Bootstour und dem Rückmarsch vom Western Brook Pond war es Spätnachmittag, und ich fuhr nordwärts nach Cow Head, um zu schauen, wo ich etwas zu essen bekäme. In einem Hotelrestaurant, dekoriert im frankokanadischen Hinterland-Stil der siebziger Jahre, oder, anders gesagt, einer kargen grauen Schachtel von einem Raum, bekam ich einen unglaublich großen Teller Fischsuppe serviert. Durch die Fenster blickte man so unmittelbar auf den tristen Sankt-Lorenz-Golf, dass es schien, als müsste sich das graue Wasser jeden Moment in den Raum ergießen. Der Anblick löste in mir dieselben platzangstähnlichen Gefühle aus, wie sie manche Ortsfremde wohl in der Prärie empfinden.

»Oh, das ist die Shallow Bay«, sagte die freundliche Kellnerin, die in aller Ruhe die Gäste bediente, und schwenkte ihre Kanne mit ungenießbar dünnem Kaffee in Richtung der drohenden See. »Normalerweise brechen die Wellen draußen auf der Sandbank, aber wenn's *loppy* wird, können sie ein gutes Stück weiter reinlaufen.« An der Rezeption konnte man das 850-seitige Wörterbuch des neufundländischen Englisch kaufen (zweite Auflage, Vorwort von Rex Murphy). Ich warf einen Blick hinein und erfuhr das *loppy* sich auf schweren Seegang bezog. Ich schlug auch *pond* nach, was natürlich »See« bedeutet, wie überall an der Ostküste. Das Wort *lake* wiederum wurde, wie ich amüsiert feststellte, für den maritimen Kontext vereinnahmt, denn es bezeichnet eine Fläche offenes Wasser inmitten des zugefrorenen Meeres oder eine Wasseransammlung auf demselben.

Dieses Buch zu erkunden war wunderbar. Ich hatte meine Zweifel, ob eine Sammlung des westkanadischen Englisch überhaupt auf genügend Begriffe käme, dass sie sich zu heften lohnte. Es war tatsächlich eine eigene Welt, dieses Neufundland, vielfältig und seltsam.

Obwohl es nach nordamerikanischen Maßstäben bereits recht alt ist, entwickelt sich das Experiment »Neufundland« noch weiter. Vor einer Generation erreichte die Bevölkerungszahl der Insel ihren Höhepunkt, und seither nimmt sie steil ab. Einen Großteil seiner jungen Leute hat Neufundland zusammen mit seiner Kabeljaufischerei eingebüßt. Zwar werden in seinen Gewässern weiter Netze ausgeworfen, doch die Fischerei ist nicht länger die vorrangige Kultur. Oben auf dem Leuchtturm von Lobster Cove, gleich bei Rocky Harbour, fielen mir ein halbes Dutzend gewerbliche Fischfangboote auf, die malerisch über die kleine Bucht zogen. Als ich später tanken musste, fragte ich die etwa zwanzigjährige Frau an der Kasse, was das für Schiffe seien, diese kleinen Trawler. Sie murmelte etwas Unverständliches und redete dann über das Wetter. Mir war, als wüsste sie nichts über die Fischerei.

Zurück in meiner Bleibe am Friedhof, warf ich schnell ein paar Sachen ab und schlenderte mit einem Karton Bier aus einer lokalen Brauerei hinunter ans Ufer, um zu sehen, ob mein Herbergswirt da war.

Ich traf Terry Parson genau dort an, wo ich ihn zuletzt gesehen hatte, und er las dieselbe Zeitung. Wie sich herausstellte, hatte er gerade einem anderen Gast adieu gesagt, der kurz nach Mittag angekommen und vor wenigen Minuten erst randvoll nach Hause gewankt war. Ich meinte, dass sei doch womöglich schon genug Besuch für einen Tag.

»Nee, kein Stück, setz dich her!«, sagte Terry herzlich und zog mit einem Schwung einen Stuhl an seine Werkbank heran. Er war selbst noch in guter Verfassung, nur dass er ein bisschen zu betont redete und seine Sprache mit mehr Neufundländer-Vokabeln würzte als zuvor. Wenn die Einheimischen mit ihrem Inselidiom in Schwung geraten, kann man als Festländer nicht mehr folgen. Terrys Sprache aber schlug keine so hohen Wellen, dass man darin untergegangen wäre. Ein Bett hieß *bunk*. Sein Sohn in St. John's war *the young feller*. Das Wort *altogether* benutzte er zur Steigerung, so wie ich *really* oder *very* benutzen würde. Als ich Terry von dem dicken Wörterbuch mit Rex Murphy auf dem Umschlag erzählte, sagte er mit echter Zuneigung:»Ah, Rex, *he's a good old son*.« Ich hätte Terry die ganze Nacht lang zuhören können, und so ähnlich kam es dann auch. Er konnte sich noch gut an die Zeit vor der Gründung des Nationalparks erinnern, bevor die UNESCO Gros Morne zum Weltnaturerbe erklärte. Beides lockt jedes Jahr mehr Touristen an. Wie den Leuten von Kap Breton waren sie auch Terry willkommen, in einer Zeit da die Fischerei offenkundig keine große Zukunft mehr hatte und die Bevölkerung der Küstenstädte immer mehr zurückging.

»Die bringen ein bisschen Schwung in die Bude«, sagte er fröhlich.

Zu den Seen – den *ponds* – hatte Terry keine besondere Meinung. Er lebte bereits den größten Teil seines Lebens in Sichtweite der Bonne Bay und konnte einem ein Licht am Ufer gegenüber zeigen, das in dem Haus brannte, in dem er geboren war. Die privaten Ferienhäuser seien ein relativ junges Phänomen, und er persönlich habe daran keinen Bedarf, schließlich wohne er ja nur ein paar Schritte vom Wasser entfernt. Aber wenn die Engländer Spaß daran hätten, über einen Ozean zu fliegen, um das klare Wasser von Neufundland zu genießen, sei ja genug für alle da.

Einmal hatte Terry versucht, aus Neufundland wegzuziehen. Die Polizei suchte neue Rekruten, und er hatte einen Ausbildungsplatz in Regina bekommen.»Mein Vater war noch nie so stolz gewesen.« Und doch schien die schiere Ausdehnung des Landes mit jeder Meile, die er nach Westen reiste, sich gegen jede Rückkehr nach Hause auszusprechen. In einem Hotel in Winnipeg engagierte eine Bergbaugesellschaft neue Arbeitskräfte, und aus dem Bauch heraus unterschrieb Terry den Vertrag, um dem Schicksal ein Schnippchen zu schlagen. Es verschlug ihn ins Land der Seen nördlich von Thompson, Manitoba, zur Ausbildung als Arbeiter im höheren Dienste der Stromversorgung. Als er eines Tages bei der Montage einer neuen Hochspannungsleitung half, kam Terry beinahe ums Leben, weil eine Drahtseilschlaufe eine unter Spannung stehende Leitung berührte. Da hatte er genug vom Festland. »Ich rammte meine Steigeisen in den Mast, und dann nichts wie runter. Unten zog ich meine ganze Montur aus, ließ sie einfach liegen und machte mich auf nach Hause.«

Nach seiner Rückkehr wurde Terry Fährmann auf einem kleinen Schiff für vier Fahrzeuge, das zwischen Norris Point und Woody Point die Bonne Bay überquerte. Da sein Vater einst mit seinem eigenen kleinen Küstenfrachter Waren wie Geräte und Lebensmittelbestellungen zu weiter entfernten Häfen transportiert hatte, setzte er damit eine Art Familientradition fort. Einmal rechnete er sich aus, dass er hin und zurück auf der knapp drei Kilometer langen Strecke, die er jetzt in der Dämmerung vom Fenster seines Ladens aus überblicken konnte, insgesamt 100.000 Kilometer zurückgelegt hatte.

Terry bestätigte meinen Verdacht, dass die junge Frau in der Tankstelle keine Ahnung hatte, wer da in der Bucht vor ihrer Tür fischte und was gefischt wurde. Die Fischereikultur befand sich im raschen Verfall, und die Jungen wussten kaum etwas darüber. Die kleinen Schiffe betrieben Ringwadenfischerei und fingen Makrelen, indem sie kreisförmig ein Netz auslegten, an dessen Ende ein kleines Hilfsboot befestigt war, dann wurde diese Ringwade unten zusammenzogen. Anschließend wurde der Fang mithilfe von Schläuchen an Bord gesaugt. Fische, die für den Markt zu klein waren, wurden zurück ins Wasser geworfen, damit sie weiterwuchsen.

»Jedenfalls die, die das überleben«, sagte Terry.

Terry sang ein Loblied auf die Fischerei, erzählte viele lustige Geschichten über Touristen, Stunden vergingen, und irgendwann war das Bier verschwunden. Mein Trunkenheitszustand übertraf

Terrys bei weitem, denn er vertrug eine Menge. Da ich die vergangene Nacht an Bord der Fähre kaum ein Auge zugemacht hatte, war ich völlig fertig. Aber Terry bestand auf einem Schlaftrunk bei ihm zu Hause, wo er ein ekelhaft süßliches Getränk aus Wodka, Kahlúa und Milch zusammenmixte, mit dem wir unser Bier begossen. Am nächsten Morgen sollte ich es bitter bereuen.

Bei unseren Ausschweifungen kamen wir auch auf die Wikinger zu sprechen. Leif Erikson – den ich mir gern als einen isländischen Vorfahren mütterlicherseits vorstelle – ging wahrscheinlich vor mehr als tausend Jahren auf eben dieser Halbinsel an Land. Mit Sicherheit waren einige seiner Zeitgenossen hier, wie archäologische Funde beweisen, die man bei L'Anse aux Meadows (sprich: Lance O'Meadows), etwa vier Autostunden entfernt, am bitteren Ende der Halbinsel, ausgegraben hat. Die 1960 entdeckte Stätte belegt die erste bekannte Ankunft von Europäern in der Neuen Welt. Höchstwahrscheinlich bevölkerten die Wikinger hier noch viele andere Orte. Wie die isländischen Sagas berichten, gründete Erikson eine Kolonie, die er Vinland – oder Winland – nannte, doch dafür kommen ein Dutzend Stellen zwischen hier und der Insel Martha's Vineyard vor Massachussetts in Frage.

»Vinland, ja, so nannten sie es«, sagte Terry. L'Anse aux Meadows lockt einige Touristen an, und zu ihrer Erbauung wurde eine Wikingersiedlung nach historischem Vorbild dort errichtet. Nur ein einziges Mal in seinem Leben war Terry ans Ende der Halbinsel gereist.

»Es is' halt weit weg, und wenn man da ist, sieht's da auch nicht viel anders aus als hier.«

Mit flauem Magen wankte ich im Slalom den Hügel hinauf zu meiner Hütte am Friedhof, wünschte den Toten angenehme Ruhe und fiel ins Bett. Einen einzigen klaren Gedanken hatte ich für diesen Tag noch übrig: *Was zum Teufel war Vinland eigentlich für ein Name?*

137

EIN SCHÖNER Morgen dämmerte, ein unvergleichlicher Himmel lag über den alten grauen Bergen. Mich drängte ein Mordsdurst aus dem Bett, begleitet von Kopfschmerzen, als würde mir Thor persönlich seinen Hammer auf den Schädel schlagen. Ich hatte hochfliegende Pläne für eine Wanderung zu den Tablelands, aber jetzt wollte ich mich nur wieder hinlegen und nie wieder aufstehen. Mit schierer Willenskraft schleppte ich mich ins Auto und fuhr eine Stunde lang mit flauem Magen um die Südseite der Bonne Bay. Vielleicht half ja frische Luft.

Als Ausläufer der Appalachen haben die Berge dieser Halbinsel ein verwittertes altes Grau, das jedem Bewohner der Ostküste vertraut ist. Die Tablelands dagegen sind eine ganz andere Welt, die dank eines großartigen geologischen Zufalls eine andere überlagert. Man muss kein Wissenschaftler sein, um diese Eigenartigkeit sofort zu bemerken. Kommt man vom südlichen Ausläufer der Bucht her, fährt man um eine Kurve, und schon liegt vor einem ein gelb-orangefarbenes Massiv aus zerklüfteten Felsen, das eindeutig nicht hierherpasst. Es sieht aus, als wäre einer der Tafelberge aus der Wüste von Arizona vom Himmel gefallen.

Fast ebenso unwahrscheinlich mutet die tatsächliche Entstehung der Tablelands an. Der Theorie zufolge sind sie aus Teilen des Oberen Erdmantels entstanden, einer Art unterer Hautschicht der Kruste unseres Planeten, die zig Kilometer im Erdinneren beginnt. Dieser spezielle Teil des Mantels hat sich einst unter dem Grund eines Ozeans gebildet. Bei einer der vielen tektonischen Kollisionen, die diese Insel im Laufe von Jahrmilliarden Stück für Stück zusammengesetzt haben, wurde diese Platte wie ein Geschoss aus der Tiefe emporgeschleudert. Zu unterschiedlichen Zeiten kamen nicht nur Bruchstücke des Meeresbodens, sondern auch Erdkrustenteile eines urzeitlichen Schottlands, Marokkos und Chinas hinzu.

Nur selten gelangt Gestein aus dem oberen Erdmantel an die Erdoberfläche, dann trägt es den Namen Peridotit. Eine Make-up-

Schicht aus Eisen und Magnesium verleiht dem Fels seine charakteristische orangegelbe Farbe, doch wenn er zerbricht, ist er innen grünlich. Er ist arm an Elementen, die das Wachstum von Pflanzen fördern, und enthält viele Schwermetalle, die ihnen schaden. Obwohl sie an eine Wüste erinnern, sind die Tablelands von vielen Flüsschen durchzogen. Manche Ecken sind so feucht, dass man mit den Füßen kaum guten Halt findet, und dort entdeckte ich zu meiner Freude zahlreiche Rote Schlauchpflanzen, das Wahrzeichen Neufundlands, die eine eindrucksvolle Größe erreichen. Sie sehen aus wie kleine rotviolette Blasinstrumente aus einem Dr.-Seuss-Buch und fangen Insekten, aus denen sie die Nährstoffe gewinnen, die sie im Boden nicht vorfinden.

Der Aufstieg zu den Tablelands sah leicht aus, wenngleich das höchstgelegene Plateau 700 Meter über Meeresniveau liegt und damit nicht viel niedriger als der Gipfel des benachbarten Gros Morne. Laut der Karte flossen oben auf der Hochfläche viele Bäche, außerdem lag dort ein Feuchtgebiet, und ich fragte mich, ob ich nicht oben ein paar seichte *ponds* vorfinden würde.

Ich machte mich auf den Weg hinauf, doch die Entfernungen waren trügerisch, und schnell ging mir das Wasser aus. Was von unten wie ein leichter Spaziergang ausgesehen hatte, stellte sich als längere Tour über Felsgeröll heraus, die permanente Konzentration erforderte. Die großen Felsen, aus denen sich der Berghang zusammensetzte, schienen sich bei jedem Schritt lockern zu können. Ich traute dem umliegenden Meer nicht und machte mir Sorgen, dass Nebel aufziehen und mir den Abstieg erschweren könnte. Gerade als ich umkehren wollte, kam ich in ein Hängetal und traf auf eine Großfamilie.

Es waren die Robin Family Singers. Die Truppe bestand vor allem aus Mädchen im Teenageralter – alle Schwestern und Cousinen – sowie aus den beiden Erwachsenen Glen und Brenda. Sie wirkten unerklärlich fröhlich. Brenda war ein wenig übergewichtig, ihr Gesicht war schon ganz rot, und sie kletterte viel höher, als es mir klug erschien. Aber die Mädchen halfen ihr geduldig weiter, und das gesegnete Trüppchen ließ nicht einen einzigen Misston hören. Glen war ein kleiner Kerl mit den Zahnlücken eines Eishockeyspielers und einem Frotteeschweißband im Haar. Freundlich hängte er sich an mich dran, und wir wanderten zusammen durch das Tal. Die Gruppe reiste in einem rostigen Van durch ganz Kanada, von Gemeinde zu Gemeinde, besang den Glauben und lebte stets in finanzieller Unsicherheit.

»Haben Sie eine Beziehung zu Jesus?«, fragte Glen mich so frei heraus, als erkundigte sich ein Banker, ob ich schon mal über eine Festzinshypothek nachgedacht hätte. Ich erwiderte, er sei schon ein super Typ, dieser Jesus, obwohl ich wusste, dass Glen das nicht abschrecken würde. Aus seiner Hosentasche zog er ein Bibeltraktat. Er sagte, ich könne es ja später in Ruhe lesen, doch im Wesentlichen erläutere es, dass die Evolutionslehre eine Lüge des Teufels sei. Die Erde sei viertausend Jahre alt. Die Dinosaurier seien ein ebenso großer Schwindel wie eine Wrestling-Show.

Als ich Glen dabei zuhörte, wie er Darwin zu ewigem Höllenfeuer verdammte, just während wir eine Platte aus 460 Millionen Jahre altem Meeresgrund bestiegen, hatte ich Mühe, nicht loszulachen. Aber mich überfällt ein Mitgefühl für Menschen, die sich die Fürsorge für die Seelen anderer aufbürden – Glen sagte, seine Mission sei, so viele Leute mit in den Himmel zu nehmen, wie er konnte –, also hörte ich ruhig zu. Hätte er eine Flasche Wasser übrig gehabt, ich hätte mich womöglich sofort bekehrt, denn ich hatte höllischen Durst.

Während er sich von Fels zu Fels predigte, dachte ich über das Land unter unseren Füßen nach und über unser Bedürfnis, darin etwas Bestimmtes zu sehen, ob es nun der physischen Wahrheit entsprach, die die Natur Platte für Platte, Eiszeit um Eiszeit aufgeschichtet hatte, oder nicht. Wir klammerten uns an diese Vorstellungen, als wären sie eine Schale unseres Egos. Die Frau vom Fremdenverkehrsbüro glaubte, die Mitte von Neufundland sei menschenleer. Glen nahm diese Erde offenbar gar nicht wahr. Als er endlich einmal Luft schnappte, blieb ich stehen und sah ihn an. So freundlich ich konnte, erklärte ich Glen, dass mein Gott tatsächlich zu mir gesprochen habe. Durch seine Gnade (ob ich »seine« nun großschrieb oder nicht, überließ ich Glens Phantasie) sei einem Sünder wie mir die Gabe zuteilgeworden, Gott in der Natur zu erkennen. Meine Fürsorge für sie reiche hoffentlich aus, um mich am Tag des Jüngsten Gerichts noch einmal durchwursteln zu können. Während er mir zuhörte, zertrat Glen mit seinen dreckigen Turnschuhen nicht weniger als sechs der wunderbaren Roten Schlauchpflanzen. Er gab sich sichtlich geschlagen, wünschte mir alles Gute und sagte mit großem Ernst, er hoffe mich »da oben« wiederzusehen. Er meinte im Himmel, nicht auf dem Berg, denn Glen und die Robin Family Singers hatten beschlossen, wieder zurückzugehen.

Der Anstieg flachte so langsam ab, dass es einem vorkam, als würde man nie oben ankommen, und die Felsen wurden riesig. Wenn es da oben tatsächlich stehende Gewässer gab, würde ich noch viel weiter klettern müssen, um dorthin zu gelangen. Mir war schwindelig vor Durst, und so beschloss ich aufzugeben. Ich machte kehrt und ließ den weiten Ausblick auf mich wirken.

Überall im Tal glänzten Dutzende kleiner Seen wie Glimmer im Gebirgsgestein, sie glitzerten auf den tiefergelegenen Plateaus der Long Range Mountains und leuchteten in der grünen Küstenebene. Weit unten, ganz am Rand der Tablelands, lag blau ein seichter Teich. Er war nicht weit vom Weg entfernt, aber ich hatte ihn nicht sehen können. Manche Seen waren für mich unsichtbar, obwohl ich wusste, dass sie da waren. Irgendwo am Fuß der Südhänge des Bergs wand sich der langgestreckte Trout River Pond. Auch die kleinen *ponds*, die ich suchte, waren da, nur zwei Kilometer entfernt. Auf einer Luftaufnahme sollte ich sie später erkennen. Das wahre Wesen der Dinge hängt von dem richtigen Standort ab, von der Kraft unserer Beine, die uns dorthin tragen.

Vinland. Wieder ging mir dieser Name durch den Kopf, wie ein ungelöstes Rätsel. *Vineland* war der Titel eines undurchschaubaren Romans von Thomas Pynchon. Das altnordische Wort *vinland* konnte nach Ansicht der Etymologen entweder »Weinland« oder »Weideland« bedeuten. In den Sagas ist außerdem ein gewisses Markland erwähnt, womit vermutlich die bewaldete Küste Labradors gemeint ist, sowie Helluland, das ein Name für die Baffininsel sein könnte.

Doch die zähen, unerschrockenen Reisenden aus dem Norden waren ein Seevolk. Sie kamen weder weit genug ins Inland, noch stiegen sie hoch genug in die Berge, um die wahre Natur dieses Landes, das sie entdeckt hatten, zu erkennen.

Das hier war kein Land der Reben oder Weiden.

Die Jahreszeit neigte sich dem Ende zu. Es war an der Zeit, den gelben Berg aus der Vorzeit hinabzusteigen. Zeit für die Rückreise entlang der Halbinsel und über die Cabotstraße, auf dem Highway quer durch Nova Scotia und am Bras d'Or Lake vorbei zum Flughafen von Halifax. Zeit, zum Überwintern nach Hause zu fahren.

Das Letzte, was ich von Nova Scotia sah, ehe die Wolken es verschlangen, war ein kleiner See. Als wir irgendwo in Quebec oder Ontario aus dem Wetter herausflogen, war er immer noch da, dort unter meinen metallenen Flügeln – See für See rollte das Land unter mir davon: Lake Nipigon zog im Norden vorbei, und ich konnte mich wieder orientieren. Lake Winnipeg kam auf mich zu, und ich betrachtete seine schmalen Passagen und stellte mir vor, ich könnte vielleicht das v-förmige Fahrwasser der *Namao* entdecken. Der Riding Mountain kennzeichnete die urzeitlichen Ufer des Lake Agassiz, und der geschlängelte Lake of the Prairies kündigte die Grenze zwischen Manitoba und Saskatchewan an. Während des langen Landeanflugs hinab nach Saskatoon schaute ich nach unten und erkannte, dass wir genau südlich des Little Quill Lake vorbeikamen, wo meine Mutter geboren war. Mit den Augen folgte ich dem Raster der Straßen und fand den Weg bis zu ihrer Farm, konnte sogar die Fundamente der alten Scheune erkennen.

Dieses Land, seine Geschichte, ist niedergeschrieben in der millionenfachen Gestalt all dieser Uferlinien. Es war kein Vinland oder Markland. Es war kein Land der Verlorenen Seelen. Es war ein Land der Seen.

Das war Lakeland.

Camsell Portage

Uranium Stadt

Eldorado

Lorado

Gunnar

Goldfields

Lake Athabasca

Fort Chipewyan

Jackfish

0 10 20 30 /km

Winter

DIE EISSTRASSE
Lake Athabasca, Alberta-Saskatchewan

*Die Karibus verbringen den Sommer draußen auf den Ebenen, doch im Herbst
wandern sie zu Zehntausenden in die Wälder, wo sie den Winter verbringen.
Die Chipewyan ernähren sich fast ausschließlich von Hirschfleisch und Fladenbrot.
Fallen stellen sie nur, um ausreichend weiße Füchse zu töten, die sie gegen
Munition und ein wenig Mehl und Tee eintauschen.*
Farley Mowat, *Das Geheimnis im Norden*

ALS ICH an einem Sonntagabend die Stadt La Ronge erreichte, waren es -16 °C, und die Temperatur sank weiter. Meine Scheinwerfer erleuchteten zwei kleine Jungen in dünnen Jacken, die gerade alle Trinker im »Zoo« einsperrten. Vor vielen Jahren war The Zoo die raueste Hotelbar in ganz Nordsaskatchewan gewesen. Womöglich hatte sich daran nichts geändert. Die Jungen, die gegen die Kälte weder Handschuhe noch Mützen trugen, hatten einen alten Besenstiel gefunden, klemmten damit die Tür fest und machten auf die Art geschickt kurzen Prozess mit dem Alkoholproblem der Stadt, wenn auch nur so lange, bis der nächste durstige Kunde eintraf.

Im Rahmen einer Gesellschaft weißer Eigentümer aus der Mittelschicht des Südens hatte meine Familie früher Anteile an der Bar besessen, so auch an dem La Ronge Motor Hotel, zu dem The Zoo gehört. Als kleiner Junge leistete ich meinem Vater oft Gesellschaft, wenn er das Hotel besuchte, und rannte mit dem Sohn des Geschäftsführers durch die mit Teppichboden ausgelegten Flure.

Obwohl wir unseren Anteil an dem Hotel verkauften, als ich noch ein Kind war, fühle ich mich noch nach all den Jahren schuldig dafür, dass wir aus dem Verkauf von Feuerwasser an die Eingeborenen Profit geschlagen hatten.

Glücklicherweise erreichte das Wiedererstarken indigener Kultur, das sich Ende des 20. Jahrhunderts in ganz Kanada ausbreitete, nicht lange nach unserem Weggang auch La Ronge. Indianer begannen, sich unter dem Banner des neuen Begriffs »First Nations« zu sammeln. Heute gehört der Gemeinschaft der La Ronge Indian Band, einer der größten und wirtschaftlich erfolgreichsten in ganz Kanada, ein Großteil der örtlichen Unternehmen, darunter auch das La Ronge Hotel.

Vielleicht konnte ich ja die alten Schuldgefühle überwinden, denn offenbar führten die neuen Besitzer die Geschäfte ziemlich genau so, wie wir Bleichgesichter aus dem Süden sie geführt hatten, mit The Zoo und allem Drum und Dran. Als ich nach oben auf mein Zimmer ging, kam mir sogar der Teppich irgendwie bekannt vor. Natürlich liegt ein politischer Wert darin, dass die First Nations Geschäfte machen. Das Café war mit geschnitzten Bildern eines Cree-Künstlers dekoriert: die Wildreisernte vom Ruderboot aus, ein Tanklaster von Northern Resources Trucking, der einen Hügel hinauffährt. Sie erinnerten mich an den sozialistischen Realismus aus dem China der Maoisten.

Ich ging in die Hotellounge – nicht in den »Zoo« –, um bei einem Bier zu Abend zu essen und meine Fahrt zum Lake Athabasca zu planen. Der mit 7.850 Quadratkilometern achtgrößte See Kanadas liegt genau auf der Grenze zwischen Alberta und Saskatchewan und ist der größte und tiefste beider Provinzen. Sein Wasser fließt weiter in den Great Slave Lake und von dort über den Mackenzie River ins Nordpolarmeer. Von seinem Nordufer aus sind es nur noch rund 50 Kilometer bis zu den Nordwest-Territorien. Normalerweise ist der Lake Athabasca unmöglich mit dem Fahrzeug zu erreichen. Nur während ein paar Wochen des Jahres ermöglicht eine holprige Winterstraße durch Sumpfland und Wälder und über zugefrorene Bäche zeitlich begrenzten Zugang zum Herz der Region Athabasca. Die Reise endet mit einer Fahrt über das Eis des mächtigen Sees selbst, hinüber zu der radioaktiv belasteten Geisterstadt Uranium City. Es ist eine der verrücktesten Routen in ganz Nordamerika. Obwohl die meisten Unternehmen im Norden noch mit Geld aus dem Süden betrieben wurden, hatten die First Nations ihre Zukunft zunehmend selbst in der Hand. Ich wollte mir ansehen, welche Pläne diese neuen Industriekapitäne für den Norden hatten. In gewissem Sinne war diese Reise eine Art Heimkehr. Mit achtzehn hatte ich in Stony Rapids, einem der winzigen Dörfer am See, gelegen an der Mündung des Fond du Lac River, meinen ersten richtigen Job angetreten. Diese Stelle als Agent der lokalen Fluggesellschaft Norcanair hatte es mir ermöglicht, viele wunderbare Tage freizunehmen und durch die Wildnis zu stapfen. Ich sehnte mich danach, dieses Land wiederzusehen, den wilderen, einsameren Teil Lakelands jenseits des Gürtels aus Wochenendhäusern. Außerdem war es eine seltene Gelegenheit, den weiten Bogen des Lake Athabasca in seinem Winterkleid zu erleben.

Eine angeheiterte junge Frau ließ sich an meinen Tisch plumpsen. »Da gehen Sie allein in 'ne Bar und bringen blöde *Bücher* mit?«, sagte sie fröhlich. »Das ist doch traurig! Sie brauchen Gesellschaft!« Irene war eine Cree aus Stanley Mission, einem Dorf am Churchill River, etwa 80 Kilometer weiter nördlich (Stab-me-Mission, nannte sie es). Sie machte eine Lehre zur Schreinerin, oder zumindest bezahlte der Staat sie dafür, diesen Berufsweg einzuschlagen. Die Regierung versucht, die indigenen Nordkanadier gemäß den

Anforderungen des modernen Arbeitsmarkts zu formen. Irene ging mit einem Haufen grober Kerle zur Schule und hatte für ihr Handwerk eigentlich nicht viel übrig. Sie hatte hübsche Finger und gepflegte Nägel und fürchtete sich vor der Kreissäge: »Mann, die Scheißsäge, die hasse ich.«

Schon bald kam Irenes Double dazu, ihre Cousine Sherri, gestützt von einem EDV-Trainer namens Dwayne. Sherri taumelte wohl hart an der Grenze zur zornigen Trunkenheit und funkelte mich an, als sie sich setzte. Alkoholismus ist bis heute die Geißel des Nordens, und die drei waren vermutlich schlicht drei weitere Abhängige. Beide Frauen waren noch unter fünfundzwanzig, sahen aber viel älter aus. Sherri hatte ein Neugeborenes zu Hause, aber keinen Ehemann, und die Knasttattoos auf ihren dünnen Unterarmen erzählten von einer Menge Pech im Leben.

Und doch gab es auch positive Zeichen, wie man sie in einer Bar in La Ronge noch wenige Jahre zuvor nicht gesehen hätte. Zu der Runde an meinem Tisch gesellten sich mehr und mehr Schüler des Northlands College, wo man alle möglichen Abschlüsse von der zehnten Klasse bis zum Bachelor machen konnte. Dieser neue Typ Staatsbürger des Nordens hatte am anderen Morgen Verpflichtungen, interessierte sich für eine Welt über den Horizont des Bierglases hinaus. Alle außer Sherri stürzten sich in eine lebhafte Diskussion. Wir redeten über die Bedeutung von Computern für die Gesellschaft, die unerhörten Obstpreise im Norden. Alle waren beeindruckt, dass ich im tiefsten Winter mit dem Auto bis zum Lake Athabasca fahren wollte. Noch vor Mitternacht gingen wir nach Hause und hatten dabei noch Geld in der Tasche. Sogar Sherris Laune hatte sich gebessert. Obwohl wir kaum ein Wort gewechselt hatten, überraschte sie mich mit einem Kuss auf die Wange. Ich verstand ihn als eine Art Cree-Segen am Beginn meiner Reise.

Morgens war schwerer Sturm vorhergesagt. Ein langer, anstrengender Weg lag vor mir: Bis zum Ufer des großen Sees waren es 700 Kilometer, dazu kamen weitere 150 über das Eis bis nach Uranium City. Der erste Teil der Route ist eine Ganzjahres-Schotterstraße, und ein Schild warnte vor Schwerlastverkehr auf den nächsten 400 Kilometern. Dass es überhaupt eine Straße gibt, ist den Uranvorkommen im sandigen Boden des Athabasca-Beckens zu verdanken.

Während Alberta mit seinem Ölreichtum prahlt, fördert Saskatchewan ganz im Stillen etwa ein Drittel des weltweiten Uranbedarfs, der vor allem als Reaktorbrennstoff für Kernkraftwerke dient und aus dem das spaltbare Material für Nuklearwaffen gewonnen wird. Sattelschlepper befördern auf der Straße ihre Last aus Urankonzentrat. Die Laster bremsen weder ab, noch weichen sie aus und schleudern entgegenkommenden Windschutzscheiben einen Schotterhagel entgegen. Jedes Mal wenn sich mir einer näherte, beugte ich mich seiner Macht und kam fast zum Stehen. Drei solcher Uranstraßen führen nach Norden und zweigen zu einem halben Dutzend Uranminen ab, die meist die Namen von Seen tragen: Cluff Lake, Key Lake, Cigar Lake, McLean Lake, Rabbit Lake.

Jede dieser Minen ist seit langem Schauplatz des Kampfs zwischen Uranindustrie und Atomkraftgegnern. In ihren besten Zeiten, in den achtziger Jahren, führten die Demonstranten in Saskatoon den landesweiten Gewissenskrieg gegen die Kernkraft an. Sie konnten den Uranabbau nicht ganz stoppen, trugen aber dazu bei, dass eine gefährliche Industrie fortan reguliert wurde. Damals waren die Schlachten um die öffentliche Wahrnehmung noch einfacher zu schlagen. Ein Großteil des Kapitals für die Erschließung der Minen kam aus Frankreich, das sein Nuklearprogramm gerade aggressiv vorantrieb. Diese verweichlichten Snobs, von Paris geschickt, um der kanadischen Wildnis ihr Uran abzuringen, waren leicht zu verachten. Die Wunde von Three Mile Island war noch frisch. Die Welt lebte noch in der ständigen Gefahr eines totalen Atomkriegs zwischen Amerikanern und Sowjets.

Aus den damaligen Demonstranten sind ältere Menschen geworden, der Kalte Krieg ist vorbei, und sogar die Erinnerung an Tschernobyl verblasst. Die Atomindustrie ist mächtiger und wohlhabender geworden. Rohstoffpreise sind gestiegen, die Uranfirmen genießen das Vertrauen der politischen Anführer und der Medienunternehmer, und sie haben den Segen der Arbeiterklasse. Diese Kehrtwende in der öffentlichen Meinung geht vor allem auf die Bemühungen einer Uranfördergesellschaft, der Cameco, zurück, die zig wohltätige Zwecke vor Ort unterstützt und in der Öffentlichkeit als mustergültiger Unternehmensbürger wahrgenommen wird. Vorschläge stehen im Raum, im Norden Saskatchewans Atommüll zu lagern. Man hört sogar von Plänen, ein Kraftwerk zu bauen, und der Klimawandel liefert ein Argument dafür. Das Umweltproblem der Kohlendioxidemissionen dient offenbar als Ausrede zugunsten des Umweltproblems Atommüll. Außerdem verspricht so ein Kraftwerk Arbeitsplätze für den Norden.

Das ist das große Dilemma rund um die Frage, wie man sich im borealen Nordkanada seinen Lebensunterhalt verdienen soll, denn der Schönheit des Landes steht seine große Kargheit gegenüber. Nur durch rohe Gewalt vermag man reichen Profit aus ihm zu schlagen: indem man es zur Wasserkraftgewinnung überflutet oder gefährliche Schwermetalle aus der Erde gräbt. Die Böden sind nährstoffarm, die Sonne scheint matt, und es ist kalt. Das Dach des Nadelwalds wächst langsam, die Tierpopulationen leben weit verstreut. Auch die Zahl der indigenen Bewohner war in den borealen Nadelwäldern gering, die Menschen lebten weit verteilt und überlebten, weil sie zusammenarbeiteten.

Vor nicht allzu vielen Jahren konnte man entlang der Kanurouten auf dem Churchill River und seinen Nebenflüssen oft die großen weißen Hauszelte sehen, in denen Cree-Familien den ganzen Sommer lang lebten, während sie auf Elchjagd gingen, fischten und Beeren sammelten. Es war ein Überbleibsel des alten Lebens in der Natur vor der Ankunft des Geldes und eine Möglichkeit, die jungen Leute einen Sommer lang von den Schwierigkeiten fernzuhalten, in die sie in der Stadt geraten konnten. Wie die Ferienhausbesitzer im Süden genossen sie hier das Leben im Freien und die Gemeinschaft. Doch neben Wakeboardfahren und Sonnenbaden diente diese Form der Erholung noch anderen Zwecken. Fisch und Wild wurden geräuchert, Beeren getrocknet. Diese nahrhaften Speisen aus der Wildnis halfen der Familie durch den Winter.

Meine Bekannte Lilly Wilson ist eine Cree und Großmutter, und als Mädchen hat sie einige Sommer auf diese Weise verbracht. Sie ist im Reservat Sucker River in der Nähe von La Ronge geboren. Jeden Frühling, wenn sie aus dem Internat nach Hause kam, zog sie mit ihren Großeltern in ein Zelt. Ihre Großmutter färbte Fichtenwurzeln in bunten Farben und nähte damit Birkenrindenkörbchen zusammen, die zum Beerensammeln dienten. Nie war Lilly glücklicher als während dieser Sommer, in denen Lebensweise und Lebensunterhalt eng miteinander verflochten waren und die Natur sowohl den Geist als auch Magen nährte.

Im Lauf des letzten Jahrzehnts sind die Zelte vom Seeufer weitgehend verschwunden. Lilly meint, es liege wohl schlicht daran, dass die Älteren, die diese Jäger-und-Sammler-Tradition in Händen gehalten hatten, nun von uns gegangen sind oder schon zu lange in der Stadt leben. Landstraßen kriechen immer weiter Richtung Norden, und auf ihnen wandern die jungen Leute ab. Lilly selbst verschlug es bis nach Toronto. Jetzt kämpft sie darum, ihre Enkelkinder aus der Armut der Weststadt von Saskatoon herauszuholen. Mit fast siebzig träumt Lilly noch immer davon, zurück in den Norden zu ziehen.

An der Abfahrt zu einem der Anglercamps, die mit ihren Hütten vor allem US-Amerikaner anlocken, flatterte ein durchscheinend ausgebleichtes Sternenbanner. Die an alte Traditionen anknüpfende Arbeit als Angel- oder Jagdführer ist die einzige halbwegs gut bezahlte und beständig verfügbare Tätigkeit, die es für die Männer der First Nations im Norden gibt. Aber die Saison für diese Arbeit ist kurz, und die Kunden erwarten von ihren indianischen Helfern eine gewisse folkloristische Untergebenheit. Zu diesem altmodischen Geschäftszweig haben Frauen allenfalls als Lagerköchin oder Putzfrau Zugang.

Staat und Provinzen fördern aktiv jegliche Arbeitsmarktprogramme für indigene Nordkanadier, die eine Beziehung zu deren »traditionellen« Wurzeln haben. Sie sind dünn gesät. Landesweit etwa achttausend Menschen arbeiten noch immer in dem dreihundert Jahre alten Fallenstellergewerbe. Heute sind es vor allem Chinesen, die Felle von Wildtieren kaufen. Gleichwohl ist diese Arbeit für den durchschnittlichen Trapper bestenfalls ein Nebenerwerb.

Wildreis, *Zizania palustris*, ist ein einjähriges einheimisches Gras, das im seichten Wasser der kanadischen Seen westlich der Großen Seen gedeiht. Früher ernteten die Ojibway seine spröden, eiweißreichen Körner, indem sie die Stängel über den Rand eines Kanus bogen und die Ähren sanft ausdroschen. Inzwischen wurde der Wildreis auch in Saskatchewan eingeführt, und seine moderne Zuchtform gilt als die beste der Welt. Eine bescheidene Million Pfund dieses nussig schmeckenden Getreides wird pro Jahr auf den Märkten für Naturkost- und Feinschmeckerprodukte gehandelt.

In der Berufsfischerei lieferten selbst die nährstoffreichen Gewässer des Lake Winnipeg nicht genügend Erträge, um jemandem einen ganzjährigen Lebensunterhalt zu sichern. Im Vergleich dazu war der Lake Athabasca viel zu kalt und zu weit abgelegen.

Der Himmel riss auf, und für eine Stunde schien die Sonne herab. Die kahlen Espen flackerten vorbei, schwarz und weiß. Es gab deutliche Anzeichen, dass ich höhere Breitengrade erreichte. Der Radioempfang wurde schwächer. Versteckt in einem Weidendickicht saß ein weißes Alpenschneehuhn, ein *ptarmigan*. Irgendwo auf dieser Strecke querte die Straße unmerklich die Wasserscheide zwischen den Einzugsgebieten des Churchill River und des Lake

Athabasca sowie die Grenze zwischen dem Gebiet der Waldland-Cree und dem Land der Dene.

Die Übergangsregion zwischen den Gebieten der Cree und der Dene ist eine der bedeutendsten Kulturgrenzen Kanadas. Die gedachte Linie, die sich vom Norden Manitobas über den Lake Athabasca erstreckt, teilt die indigenen Bewohner des nördlichen Waldgürtels Kanadas in zwei große Sprachengruppen ein. Östlich dieser Linie und bis hinüber nach Labrador leben die Sprecher der Algonkin-Sprachfamilie: die Cree, Ojibway und Montagnais-Naskapi. In Richtung Westen bis nach Alaska leben die vielen Stämme, die eine athapaskische (oder athabaskische) Sprache sprechen und die sich übergreifend Dene nennen.

Das Wort *dene* kann zu Verwirrungen führen. Wie *inuit*, lässt es sich schlicht als »Volk« oder »Menschen« übersetzen. Als Eigenname bezeichnet es die gemeinsame athapaskische Sprache und die Stämme, die sie sprechen. Um die Verwirrung noch weiter zu treiben, heißt der östlichste dieser Stämme, dessen Gebiet mein Ziel war, »Denesuline« – was aber in der Regel zu »Dene« verkürzt wird.

Bis heute werden die Denesuline manchmal Chipewyan genannt, ein wenig schmeichelhaftes Cree-Wort mit der Bedeutung »Feind«, und, ja, es bestehen gewisse Rivalitäten zwischen den indigenen Gruppen, wie es sie an allen kulturellen Grenzen gibt. Farley Mowat benutzt diesen Namen in seinen beliebten Kinderbüchern *Das Geheimnis im Norden* und *Der Fluch des Wikingergrabs*, die beide im Norden Manitobas spielen. Seine Cree- und Dene-Figuren sind allerdings als enge Verbündete dargestellt, wie es auch der Wirklichkeit entspricht.

Absurderweise erschien plötzlich im Graben eine einsame Telefonzelle – wie eine letzte Chance. Ein Schild verkündete »Ende des Highway 912«, und mit einer Biegung führte die Straße in eine wirre Ansammlung Metallhäuser hinein, die aussah wie das Set zu einem Film, der nach einer Nuklearkatastrophe spielt. Das musste Points

North Landing sein. Der Ort mit dem irreführenden Namen war im Grunde nur ein kostengünstiger Verkehrsknotenpunkt mitten im Wald, der die Uranminen des Nordens mit Arbeitern und Gerät versorgte, und damit ein typisches Beispiel für die kurzzeitigen Investitionen des Südens in die nördlichen Regionen. Es gab eine lange Schotterpiste als Landebahn, Treibstofftanks und Wartungswerkstätten. Niemand hatte hier seinen ganzjährigen Wohnsitz, es gab keine weiteren Orte in der Nähe und nirgends eine Spur vom Einfluss einer Frau. Das einzig Nette war ein halbzahmer Fuchs, der an diesem Abend bei -30 °C zu mir kam und an meinen Stiefeln schnupperte. Irgendwo in diesem Labyrinth aus Metall hatte ich ein Zimmer reserviert.

Piloten, Lastwagenfahrer, Geologen, Mitarbeiter der Telefongesellschaft, sie alle nehmen sich hier Zimmer, und drinnen herrschte ein fröhliches Treiben. Zum Preis einer Motelübernachtung in der Prärie bekam ich ein Einzelzimmer, annehmbar warm trotz der zentimeterdicken Eisschicht auf der Fensterinnenseite. Im Preis inbegriffen war auch ein Ausflug zum einzigen Buffet im Einzugsgebiet des Lake Athabasca mit Hühnchen, Lasagne, reichlich Gemüse und einer ordentlichen Salatbar.

In der Nacht landete mitten im Schneesturm ein Flugzeug und rollte an meinem Fenster vorbei, eine große Turboprop-Maschine mit Pendlern unterwegs zu den Minen. Die Mehrzahl der Minenarbeiter sind nichtindigene Stadtbewohner aus dem Süden, die für Siebentagesschichten eingeflogen werden, in Baracken untergebracht sind und außerhalb des Bergwerks kaum etwas vom Norden zu sehen bekommen. Aus politischen Gründen unternehmen die Bergbaugesellschaften enorme Anstrengungen, um indigene Arbeiter aus dem Norden auszubilden und einzustellen, und haben deren Anteil bislang auf fast 40 Prozent gesteigert. Ironischerweise ziehen viele von ihnen, kaum dass sie den Job haben, mit ihren Familien nach Süden in die Stadt.

AM NÄCHSTEN Morgen tankte ich meinen Pick-up auf und machte mich bereit, die zivilisierte Welt hinter mir zu lassen. Ich wusste nicht, ob der Sturm letzte Nacht die Winterstraße unter Schneeverwehungen begraben hatte, aber es war gut, Points North den Rücken zu kehren. Wenn irgendwann der Uranpreis fallen oder die Straße ausgebaut würde, wäre diese temporäre Containerstadt bald nur noch ein Haufen dahinrostendes Blech.

Ein riesiges Schild verkündete den Beginn der Athabasca Seasonal Road, doch auf der Winterstraße selbst sollte es gar keine Beschilderung geben. Anders als gewöhnliche Highways, die etwas erhöht angelegt werden und zur Mitte leicht ansteigen, damit Schnee oder Regen abfließen können, sind Winterstraßen ganz eben, wie ein breiter Fußweg durch den Wald. Am besten lassen sie sich bei Frost befahren, denn sie führen durch Sümpfe und über Dünen, Teiche und Bäche. Manchmal sind sie über weite Strecken trügerisch eben und schnurgerade, dann plötzlich wieder ausgefahren und unterhöhlt – oder sie machen unvermittelt eine scharfe Kurve.

Am Anfang schaffte ich nur 30 Kilometer pro Stunde und durchquerte an einer Stelle, wo es vor einiger Zeit gebrannt hatte, dichte Reihen schulterhoher Fichten. Weiter im Süden wären zuerst Espen herangewachsen, doch in dieser subarktischen Zone, nur 150 Kilometer von der Tundra entfernt, war es für sie zu kalt. Auf einer Anhöhe stieg ich aus, draußen waren es -38 °C. Der Wind wehte in Böen von vielleicht 80 Kilometern pro Stunde. Die verkümmerten Bäume boten weder Schutz, noch verstellten sie den in alle Richtungen gleichen Ausblick. Mir war kalt, obwohl ich alle meine Sachen anhatte. Das Wohl meiner Finger und Zehen, wenn nicht gar mein ganzes Leben, hing von einem Cummings-Dieselmotor ab und davon, dass er weiterhin schön rundlief. Da die Zentralverriegelung meines gemieteten Pick-ups offenbar ein gewisses Eigenleben führte, bewahrte ich meine Axt in dem äußeren Werkzeugkasten auf, falls dieses Monster mich bei der Kälte aussperrte. Ich hatte genug Nahrung und Wasser und warme Kleidung dabei, um viele Stunden bei -40 °C überleben zu können. Meine treuen Tourenskier lagen im Transportkasten des Wagens, damit konnte ich zur Not etwa 50 Kilometer weit kommen. Die Einheimischen sahen die Gefahren übrigens viel gelassener. Kurz nach dieser Pause kam mir ein Auto entgegen, das einzige an diesem Tag. Der Camaro aus den späten Achtzigern war mit Menschen vollgestopft, offenbar fahrtüchtig – noch – und heizte mit stoßdämpferschrottender Geschwindigkeit durch die Schlaglöcher gen Süden. Im Kofferraum befand sich wahrscheinlich gerade genug Kleidung, um ein Shoppingwochenende in der Northgate Mall von Prince Albert zu überleben.

Der erste Europäer, der sich dem Lake Athabasca aus dieser Richtung näherte, auf einer Route, die selbst die Dene selten benutzten, ließ auf dieser Reise fast sein Leben. Im Jahr 1796 hatte der unerschrockene, frisch zum Kartographen der Hudson's Bay Company ernannte Waliser David Thompson als erste Aufgabe den Auftrag bekommen, den Lake Athabasca sowohl als neues Fallenstellerterrain als auch als mögliche Abkürzung ins Gebiet des Mackenzie River zu erkunden. Mit seinen beiden Begleitern aus dem Volk der Dene reiste er vom Reindeer Lake über die Berge in Richtung Nordosten zum Athabasca-Becken und fuhr dort die tiefen Sandsteinschluchten des Black River und des Fond du Lac River hinab, eine selbst für heutige Kanufahrer mit ihren modernen Mitteln gefährliche Reise. Ohne Zwischenfälle erreichte die Gruppe das Ostufer des Lake Athabasca.

Erst auf der Rückreise wurde Thompson, ein äußerst fähiger Mensch, der in seiner gesamten Laufbahn insgesamt 80.000 Kilometer durch die kanadische Wildnis reiste, über einen drei Meter hohen Wasserfall gespült. Die Reisenden verloren den größten Teil ihrer Ausrüstung, Schießpulver, Kugeln und Fischernetze, doch

156

seinen treuen Messingsextanten konnte Thompson noch retten. Fast wären die drei verhungert, da sie auf dem Rückweg zum Reindeer Lake nur langsam vorwärtskamen, und allein durch die zufällige Begegnung mit einer Dene-Familie, die ihnen ausreichend Räucherfisch für den Heimweg mitgab, wurden sie gerettet.

Die Wildwasserroute, die Thompson vermessen hatte, erschien ihm für mit Pelzen vollbeladene Kanus zu schwierig, und das Eis, das den Reindeer Lake und den Lake Athabasca bis zum Ende des Frühlings bedeckte, hätte die Saison für Flussfahrten stark verkürzt. Schließlich wurde die Pelzhandelsroute zum Mackenzie River weiter westlich eingerichtet und verlief über Fort McMurray. Der Lake Athabasca blieb ein riesiger rückständiger Tümpel, bis zur Hochphase des Atomzeitalters – also meiner Zeit. 1979 kam ich direkt von der Highschool ins Athabasca-Becken und hatte Anteil am Uranboom, der schon wieder kurz vor seinem Ende stand.

Nach fünf Stunden heftigem Gepolter machte die Straße eine Biegung nach Norden und führte am Ufer des Black Lake entlang, dem letzten See des Wassereinzugsgebiets oberhalb des Lake Athabasca. Auf den Sturm war ein Hochdruckgebiet gefolgt, der Himmel strahlte blau, und die Sonne schien herab auf den tiefen Neuschnee. Die Straße hatte wieder einen ordentlichen Schotterbelag, und ein Stück voraus machte die Zivilisation in Form eines Stoppschilds an einer T-Kreuzung erneut ihren Anspruch geltend. Nach rechts ging es zum Reservat der Black Lake First Nation. Ich bog nach links ab, die vertraute Straße den Hügel hinauf zu der kleinen Stadt Stony Rapids.

Stony, wie wir damals sagten, hatte sich in den letzten dreiundzwanzig Jahren kaum verändert: ein paar Sandstraßen, ein paar Hundert Leute, dieselbe Polizeistation der RCMP. Ich fuhr zu der Landebahn, wo ich damals die hochtrabende Berufsbezeichnung eines Basisleiters innegehabt hatte, als Herr eines knapp fünf mal fünf Meter großen Schuppens, vor dem die Turboprop der Norcanair dreimal die Woche mit bis zu vierzig Passagieren so kurz wie möglich verweilte, oft mit einer weiterlaufenden Turbine. Ich verkaufte Tickets, lud Fracht ein, trieb den Rechnungsprüfer der Firma unten in Prince Albert mit meiner schludrigen Buchhaltung in den Vorruhestand. Und doch hinterfragte ich nie, warum man einen unbeholfenen Achtzehnjährigen wie mich an einem Ort voller arbeitsloser Dene ansiedelte.

Norcanair war eine der größten und ältesten Fluggesellschaften der kanadischen Wildnis. Wir flogen all die klassischen Buschflugzeuge von de Havilland – Beaver, Otter, DC-38 – und waren vertraut mit der typisch kanadischen Variante der Fliegerei, bei der Seen als Start- und Landebahnen genutzt werden. Ob Stony Rapids nun eher am Lake Athabasca oder am Fond du Lac River lag, hing ganz von der Sichtweise ab. Wie der Name der Stadt schon sagt, herrschte hier eine beträchtliche Flussströmung. Andererseits lag Stony auf der Route des Seeflugzeugs, einer dröhnenden Single Otter auf Schwimmern, die Station um Station entlang des nördlichen Seeufers anflog. In diese Maschine verfrachtete ich Treibstofffässer, zahnlose Großmütter mit Gummischonern über den Mokassins, Ersatzteile für Motorschlitten.

Nach einer kurzen Runde durch die Stadt fuhr ich zur White Water Inn, einem simplen Kasten mit Giebeldach, die Fenster gegen die eisige Zugluft mit Plastikfolie verstärkt. Im Café des Hotels tummelte sich die vertraute Mischung aus Durchreisenden aus dem Süden: eine Lehrerin, der Bewacher eines Anglercamps, ein Fahrprüfer. Mit dabei war auch ein Ehepaar, das als Musikduo unter dem Namen Dan & T.K. auftrat und auf Tournee von Schule zu Schule reiste. Als Ortsfremde tauschten wir uns wie Anthropologen über die Stadt aus. Die Lehrerin sagte, der übliche Lehrplan würde hier nicht funktionieren, *nicht mit diesen Kindern*. T.K., eine schlanke, blonde Frau in hohen Elchledermokassins, nickte wissend. Das Bühnenprogramm der beiden müsse *hier oben anders* sein.

Die Hotelchefin, die schon seit vierzehn Jahren in Stony Rapids lebte, sagte:»Egal wie lange man hier schon lebt, den meisten ist es gleich, wie du mit Nachnamen heißt. Ich mag die Leute, das Land, das langsame Tempo, das Nicht-immer-nach-den-Nachbarn-Schielen. Sobald hier einer einen Schuhladen aufmacht oder 'ne Ampel aufstellt, bin ich weg.«

Das waren natürlich typische Gedanken von Leuten aus dem Süden. Obwohl die meisten das Glück haben, einer festen, gut bezahlten Arbeit nachzugehen, und für hiesige Verhältnisse schicke Wohnungen haben, könnten sie jederzeit zurück in den Süden ziehen, was die meisten auch irgendwann tun.

Der Bewacher des Camps war gekommen, um seine Post abzuholen und zu Abend zu essen, wie jede Woche. Sein Name war Lionel Conant.

»Wie *Conant the Barbariant*«, stellte er sich vor. Ich hatte den alten Machofilm mit Arnold Schwarzenegger nicht gesehen, aber so, wie er es sagte, brachte er uns alle zum Lachen. Auch er war nicht von hier und hatte schlicht die Aufgabe, ein leer stehendes Anglercamp in der Nähe vor Dieben und Vandalen zu sichern. Er hatte einen struppigen rötlichen Bart und wirkte ein klein wenig schmuddelig, wie es oft dort vorkommt, wo fließend warmes Wasser nicht im Überfluss vorhanden ist. Er trug eine modische Brille, und in seiner Post waren unter anderem mehrere gute Zeitungen wie die Sonntagsausgabe der *New York Times* sowie ein mächtiger Karton. Wir stellten fest, dass wir gemeinsame Bekannte hatten, und er lud mich für den folgenden Tag ein, ihn in seinem Camp zu besuchen.

Inzwischen war es Nacht geworden, und ich ging noch einmal nach draußen. Da war mein alter Container von der Norcanair mit Blick auf den Weg, der durch die Bäume hinunter ans Wasser führte. Kurz nachdem ich hierhergezogen war, hatten an Halloween irgendwelche Kids mit Filzschreiber »Tincanair« auf die Blechwand gekritzelt. Der Vergleich mit fliegenden Blechdosen kam mir eher wie ein liebevoller Kosename vor, also hatte ich das Graffito stehen lassen. Nach dem Einbau einer zusätzlichen Tür war es nun verschwunden.

In den Dörfern des Nordens gibt es für die Jugend wenig zu tun, keine Sportvereine, Musikstunden, Kinos oder Einkaufszentren. Ich war daher überrascht, als ich von einem neu eröffneten Jugendtreff erfuhr. Betrieben wurde er von Therese und Edwin Mercredi, ein angesehener Familienname im Athabasca-Becken.

Das Haus war draußen unbeleuchtet, und es gab kein Schild – es sah aus wie jedes andere. Ich öffnete die Tür einen Spaltbreit und erwartete fast, eine Familie in ihrem Wohnzimmer zu überraschen. Stattdessen standen drinnen ein Dutzend Jugendliche an Billardtischen, und der Geruch nach frischer Latexfarbe stach mir in die Nase. Und da war auch Edwin, der fast noch so aussah, wie ich ihn in Erinnerung hatte, obwohl er inzwischen Vater und Großvater geworden war. Er nannte den Laden Billardcenter, aber in Wirklichkeit war er ein selbstinitiiertes Begegnungszentrum.

»Wenn die Kids nicht hierherkommen, gibt's für sie nichts anderes zu tun als fernsehen«, sagte Edwin. »Wenn nicht noch Schlimmeres.« Gelangweilte Jugendliche sind eine leichte Beute für Dealer, und von denen gab es nach Edwins Schätzung etwa ein halbes Dutzend, und das in einem Ort mit vierhundert Einwohnern.

Therese Mercredi, die Arme in die Hüften gestemmt, behielt die Billardspieler im Auge und erzählte, der Mangel an konstruktiver Betätigung für Jugendliche habe nichts mit Geldmangel zu tun, sondern mit fehlenden Leitfiguren. Ehrenamtliches Engagement von Eltern habe hier keine Tradition – aber irgendwie habe sie sich alles Nötige angeeignet. Sie war streng zu den Kindern, dabei aber immer respektvoll. Sie baute vor jedem Spiel das Rack auf, ließ Schimpfwörter nicht durchgehen und konnte die weiße Kugel springen lassen, vom Verlierer kassierte sie einen Dollar.

Ein Junge namens Winston forderte mich zu einer Partie heraus. Wie fast alle Kids sah er aus, als gehörte er zu einer Straßengang aus Los Angeles, mit Schlabberhosen und neonorangefarbenem Hoodie. Er raste um den Tisch herum und schoss, ohne lange zu zielen.

»Der ist voll aufgedreht«, sagte ein Mädchen. »Als wär er auf Drogen.« Alle nickten, einschließlich Winston, der tatsächlich ein paar Kugeln versenkte. Er verlor, schaute aber leicht beleidigt drein, als ich für ihn bezahlen wollte.

Therese räumte ein, es gebe nun mehr Möglichkeiten für die Jugendlichen der First Nations – wenn man nach Süden zog. Ihr Jüngster sei zwanzig und studiere an der Universität Saskatoon, aber das sei ein zweischneidiges Schwert. »Noch vor ein paar Jahren ging hier keiner studieren«, sagte sie wehmütig. »Jetzt studieren viele, aber sie kommen nicht mehr zurück.«

Edwin hatte neunzehn Jahre im Stadtrat gesessen und war neun Jahre lang der erste nichtweiße RCMP-Polizist in der Region gewesen. Doch während dieser Zeit sah er zu viele Tragödien, und schließlich hatte er genug. Er machte dazu nur vage düstere Andeutungen und sagte, er schreibe gerade ein Buch darüber. Ich hoffte inbrünstig, dass er es zu Ende brachte, denn von der schrecklichen Wahrheit der Städte und Reservate des Nordens – Gewalt gegen Frauen, Kleinkinder, die auf der Suche nach ihren Eltern erfroren, Fetales Alkoholsyndrom, Selbstmorde – musste aus Sicht der Indigenen berichtet werden. Alkohol und Drogen waren bereits drängende Probleme gewesen, als ich hier noch gelebt hatte, und die Straße hatte die Lage nur noch schlimmer gemacht. Neben den Dealern gab es viele Schwarzbrenner, und Edwin hatte die Hoffnung verloren, dass die RCMP wirklich etwas dagegen unternahm.

Bis jetzt hatte er resigniert geklungen, doch als ich ihn nach seinen Nachbarn drüben in Black Lake fragte, wurde Edwins Tonfall bissig. »Die kriegen doch alles hinten reingeschoben. Nichts kriegen die auf die Reihe. Die spielen die ganze Nacht Karten, und den Tag verschlafen sie. Und Diabetes nimmt überhand.« Er sagte, es solle mal jemand über die Korruption unter Chiefs ein Buch schreiben. »Aber der kann sich gleich begraben lassen.«

Mercredi war Métis, ein Nordamerikaner mit indigenen und europäischstämmigen Vorfahren. Und während in Stony Rapids vor allem Métis leben, liegt das Dorf Black Lake in einem Reservat, und seine als »Indianer« registrierten Einwohner genießen entsprechende Vertragsrechte und andere Vorteile, welche die Métis von Stony nicht haben. Wenn es um politische Verhandlungen mit wohlmeinenden Liberalen aus den Städten im Süden geht, bildet die indigene »Community« eine bemerkenswert einige Front. Tatsächlich aber gibt es viele Rivalitäten zwischen Menschen, die sich als indigen begreifen: zwischen solchen mit offiziellem Status und solchen ohne, zwischen Bewohnern der Reservate und außerhalb Lebenden, zwischen Christen und Traditionalisten, zwischen Cree und Dene, Dene und Inuit, Männern und Frauen, zwischen den wohlhabenden Freunden des Chiefs und seinen bedürftigen Kritikern. Zusammen genommen ist es ein Minenfeld, in dem sich selbst indigene Menschen kaum auskennen. Und jeder, der die Sache zu sehr vereinfacht, verschweigt etwas Wichtiges.

Als ich am nächsten Morgen zum Reservat fuhr, schien mir das Dorf unverändert, außer dass es sich von dem bescheidenen Chicken Indian Reserve (wobei mit »Chicken« das Schneehuhn gemeint war) zu Black Lake First Nation umbenannt hatte. Die Ansammlung ungestrichener Hütten am kahlen Westufer des Black Lake gab nur wenig Aufschluss darüber, in welchem Jahrhundert wir uns befanden, abgesehen von Satellitenschüsseln und Motorschlitten, einer Handvoll Autos und einer funkelnagelneuen Schule, gebaut mit Geld aus dem Süden. Staatliche Großzügigkeit war noch immer die einzige signifikante Einkommensquelle. Die Grundstücke waren eingezäunt mit respekteinflößenden in den

Boden getriebenen Palisaden aus hohen, unterarmstarken Erlenoder Weidenästen, vielleicht um verwilderte Hunde abzuhalten oder auch schlicht um irgendwie die Zeit auszufüllen. Manche Reservate zeigen sich Besuchern gegenüber einladender als andere. Unverbeulte, saubere Pick-up-Trucks wie meiner weisen einen sogleich als Eindringling aus, und niemand in Black Lake schaute auch nur in meine Richtung.

So bescheiden die Verhältnisse auch waren, vielleicht gar hartnäckig unwandelbar und provinziell, so strahlte Black Lake doch Beständigkeit aus. Die Bande zu Land und Natur, die das Dorf noch immer versorgten, waren als Tausende Motorschlittenspuren sichtbar auf das Eis des Sees gezeichnet, Wege zur Jagd für den eigenen Lebensunterhalt, die in alle Himmelsrichtungen führten. Aufblühen würde der Ort nie, aber er würde noch immer da sein, wenn das Uran schon lange abgebaut und Points North Landing verschwunden war.

Das Anglercamp, das Lionel Conant bewachte, lag an der Straße nach Black Lake, und wie am Abend zuvor verabredet, fuhr ich ein Stück zurück, um mich mit ihm zu treffen. Zwar waren es -29 °C, aber die Sonne kam heraus und erstrahlte in hellstem Februarlicht, und als ich an seinem Haus vorfuhr, trat Lionel blinzelnd nach draußen. Neben der Tür lehnten seine Skier, und ich schlug vor, zusammen auf Erkundungstour zu gehen, aber er lehnte ab. Die Schachtel, die er am vorigen Tag mit der Post bekommen hatte, war eine Rumlieferung gewesen. Er hatte bereits die erste Flasche geöffnet und plante, sich den ganzen Nachmittag weiter damit zu beschäftigen und am Feuer Zeitung zu lesen. Männer im Norden, allein in ihrer Hütte, haben ihre Prioritäten.

»Hunter würde sicher gern mitkommen«, schlug Lionel vor. Hunter war ein zauberhafter Huskymischling mit hellblauen Augen und eher langbeinigen Vorfahren im Stammbaum. Mit ihrem dichten Fell fühlte die Hündin sich völlig wohl in der Kälte. Wir kamen überein, dass ich Skilaufen gehen würde, bis ich müde wäre oder die Dunkelheit einsetzte, und Lionel würde am Abend für uns Elchsteaks braten. Ich zog mich um, packte Ersatzkleidung, Wasser und ein paar Energieriegel ein, dann ging es los, Hunter immer voraus. An ihrer stolz erhobenen Rute erkannte ich, dass sie an unserer unerwarteten Partnerschaft genauso viel Gefallen fand wie ich. Auf gewisse Art war das besser, als mit Lionel loszuziehen, denn zwei Menschen müssen den Tag mit Reden ausfüllen, was die stille Wahrheit der Natur zerstören kann.

Früher hatte es hier im Herbst reichlich Karibus gegeben, wenn sie aus dem Ödland zu ihrem Winterquartier im Schutz der Bäume zogen und zwischen dem Lake Athabasca und dem Black Lake hindurchmussten. An diesem Engpass jagten die Einheimischen sie immer besonders aggressiv. Einmal war ich spät im Herbst Äschen fischen mit einem Kumpel von der Telefongesellschaft, der immer, wenn er in Stony Rapids arbeitete, seine Angelsachen mitbrachte. Es war ein warmer Sonntagnachmittag Mitte November, und wir kannten einen perfekten Wirbel im Fluss, wo die zähkämpfenden kleinen Fische nach unseren winzigen Messingspinnern schnappen würden. Als es dämmerte, hatten wir eine schöne Menge gefangen und beschlossen, sie gleich vor Ort zu braten. Arktische Äschen kann man leicht mit der Messerrückseite schuppen, und wenn sie ausgenommen sind, lassen sie sich mithilfe einer Astgabel über der Glut braten. Wir aßen mit den Fingern, der Fisch dampfte in unserem Mund und schmeckte besser, als er in der Stadt je geschmeckt hatte. Langsam begannen große Schneeflocken herabzusegeln – die ersten dieses Winters. Aber am Feuer war uns warm. Dann sahen wir die Karibus.

Am Rand der Schlucht, genau über uns, zogen die Tiere entlang, ganz leise und nah. Vielleicht hatten sie keine Angst, weil wir so ruhig waren und das Feuer unseren Geruch überdeckte. Wir aßen schweigend unseren Fisch und betrachteten ihre vorüberziehenden Flanken im Schneegestöber, das mit jeder Minute dichter wurde. Über hundert Karibus wanderten vorbei. Für mich war es ein ganz besonderer Augenblick des Wandels und der Verbundenheit mit der Erde, ich hatte gleichzeitig das Gefühl, dazuzugehören und etwas Göttliches zu erleben. Auf unbeschreibliche, positive Weise war mein Leben nach diesem schwebenden Moment nie wieder wie zuvor.

Leider nehmen die sensiblen Karibus nicht mehr diesen Weg, seit es die Winterstraße gibt.

Hunter und ich suchten stundenlang nach dem Äschenwirbel, doch viele Jahre Pflanzenwuchs und der Mantel aus Schnee hatten die Wildnis stark verändert. Dichtstehende Matten junger Weiß-Fichten hatten die Stellen früherer Waldbrände ausgefüllt, undurchdringlich wie ein Maislabyrinth. Nichts regte sich, außer einem Schneehuhn, das Hunter aufscheuchte. Mir ging das Wasser aus, und nach all den Stunden in der trockenen Kälte bekam ich Durst, und mir wurde schwindelig. Ich spürte den Hunger nicht, den ich hätte haben müssen. All das sind Warnzeichen, auf die man hören muss, wenn man bei solchen Temperaturen allein unterwegs ist. Ich ließ mich von Hunter nach Hause führen.

Als ich Lionel Conants Blockhaus erreichte, war ich völlig dehydriert und spürte die Kälte. Die Hitze des Feuers war überwältigend, und ich trank einen ganzen Krug Wasser leer, ehe ich meine Stimme wiederfand. Lionel war nicht in Eile. Er hatte die Elchsteaks den ganzen Tag marinieren lassen, und rings um seinen Stuhl lagen Zeitungen. Der Rum schien bereits ausgetrunken, doch er hatte für meine Rückkehr eine zweite Flasche bereitgehalten. Bald waren meine Lebensgeister durch süße und kräftige Getränke, durch Wärme und Geselligkeit wiederbelebt. Den ganzen Abend streckten Lionel und ich uns genüsslich am oberen Ende der Nahrungskette aus und füllten unsere Bäuche mit delikat zubereitetem Elchfleisch. Mein Gastgeber war ein wunderbarer, weitschweifender Gesprächspartner. Wir redeten über das meditative Leben im Norden, vom rechten Weg abgekommene Priester, Lastwagenfahren, Wege zurück zur Natur und die Rückkehr in die Zivilisation. Und über Frauen. Verwicklungen auf diesem Gebiet waren einer der Gründe, weshalb er sich zum Überwintern in diesen Job geflüchtet hatte. Der Norden ist ein dauerhaftes Rückzugsgebiet von der Bedrängnis der Normalität, wenngleich Lionel im Frühling wieder in den Süden ziehen wollte. Irgendwann spät in der Nacht ließ ich ihn auf seinem einsamen Posten Wacht über die Kapitalerträge des Südens halten und fuhr zurück nach Stony Rapids.

Das Hochdruckgebiet hielt diesen Teil der Welt noch immer in seiner klaren, eisigen Hand. Gegenüber den Anstrengungen des vorigen Tages würden die Stunden am Steuer, die mir bevorstanden, weit weniger belastend sein. Am Ende der Straße erwartete mich Uranium City, die moderne Geisterstadt, und ich freute mich bei dem Gedanken, den zugefrorenen Lake Athabasca zu überqueren. Zuerst aber musste ich zwei weitere Stunden auf der holprigen Winterstraße entlang seines Südufers durchstehen.

Kurz bevor die Straße das Ufer hinab und auf das Eis führte, galt es, einen weiteren Bach zu überqueren. Schon zuvor hatte die Straße viele Bäche gekreuzt, aber dieser wirkte breiig, und reichlich Wasser strömte über das Eis. Ich schaltete auf Vierradantrieb um und tastete mich hinüber. Mit einem Knall brach das linke Hinterrad ein. Der Truck fuhr weiter, aber mein Kopf wurde recht schmerzhaft gegen die Fahrertür geschleudert. Fast wäre ich eine Wagenlänge vor dem See stecken geblieben.

Nach 1257 Kilometern war ich endlich auf dem Eis des Lake Athabasca. Ich stieg aus und ging ein paar Schritte über diesen fremden, neuen Untergrund. Ehe die Straße Anfang der Saison für den Schwerlastverkehr freigegeben wird, müssen mindestens

76 Zentimeter Eisdecke gemessen werden. Offiziell war die Decke bereits doppelt so stark, aber schon 15 Zentimeter reichten aus, um meinen kleinen Truck zu tragen. Das Eis war wunderbar klar, so klar, dass man an manchen Stellen hindurchschauen konnte, wenngleich man in der tintenschwarzen Tiefe nichts erkannte. Die Straße führte unmittelbar in Richtung Nordufer, und im Westen öffnete sich der Blick über die riesige weite Fläche des Sees. Auf halbem Weg kam mir ein Radlader entgegen, der mit der Baggerschaufel die Straße freischabte, und ich hielt an, um ihn beim Näherkommen zu fotografieren. Der Fahrer bremste, als er mich erreichte, und öffnete die Kabinentür. Eine Einladung zum Besuch. Ich kletterte die Leiter hoch und lernte Ab McDonald kennen – auch das ein verbreiteter Familienname in diesem Tal. Vor sechs Stunden war er in Fond du Lac aufgebrochen, und er würde kehrtmachen, sobald er das andere Ufer erreicht hatte. Es musste ein langer, einsamer Tag sein, in dem vereisten Glaskasten des riesigen Baggers und als Gesellschaft nur den rasselnden Dieselmotor.

Die Straße war so breit wie die Landebahn eines größeren Flughafens. Ab erklärte, dass, sobald die isolierende Schneeschicht abgetragen ist, das Eis darunter dicker wird und dass es erstrebenswert sei, eine möglichst breite Verdickung zu erzeugen. Das Eis hat eine enorme Stärke, ist aber stets in Bewegung, wie tektonische Platten *en miniature*, und dort, wo sie aufeinanderprallen, entstehen Verwerfungslinien oder Pressrücken. Arbeiter tragen die Erhöhungen ab oder pumpen Seewasser auf das Eis, um Vertiefungen aufzufüllen. Das System funktioniert, aber es ist auch schon Ausrüstung durch das Eis gebrochen, und Menschen haben dabei ihr Leben verloren. Da wir beide die Kälte nicht lange ertragen konnten, dauerte mein Besuch vielleicht drei Minuten.

Moderne Eisstraßen findet man in ganz Nordkanada, in Sibirien und anderen Gebieten der nördlichsten Breiten. Bergbaufirmen unterhalten weitreichende private Eisstraßen. Öffentliche Highways wie der über den Lake Athabasca sind seltener. Auf der glatten Oberfläche schaffte ich durchschnittlich 80 Kilometer pro Stunde, und in Ufernähe schlängelte ich mich wie ein Boot zwischen den kleinen Inseln hindurch. Das Eis ist so kalt, dass es kaum glatt ist, aber es gibt auch selten Grund zu bremsen. Nach einer Stunde erschien am Horizont der Turm der katholischen Kirche von Fond du Lac, einem Dorf am Nordufer.

Die größte koloniale Institution im Norden nach der Kirche war bis vor kurzem die Hudson's Bay Company, die 166 Jahre lang in fast ganz Nordkanada das Monopol für den Einzelhandel und das Geschäft mit den Pelzen hielt. 1987 stieß die HBC ihre Einzelhandelskette im Outback ab. Dieselben Läden führen das Geschäft bis heute unter dem rein funktionellen Namen Northern Stores weiter und verkaufen zum Monopolistenpreis alles vom Büstenhalter bis zur Schrotmunition. Ein kleiner Beutel mit Äpfeln und Orangen kostet so viel wie eine Mahlzeit in einem guten Restaurant des Südens. Frische Lebensmittel sind ein Luxus, den sich im Norden nur wenige leisten können. Die Menschen ernähren sich von lange haltbaren Fertiggerichten und der unheiligen Dreifaltigkeit der Ernährungswissenschaft – Salz, Zucker und Fett –, die ihrer Gesundheit arg zusetzt. Diabetes ist überall verbreitet.

Wie Black Lake gehört auch Fond du Lac zu einem Reservat, wo Fremde geflissentlich ignoriert werden. Daher war ich überrascht, in den Hinterhalt eines Verkäufers zu geraten, der unbedingt mit mir sprechen wollte. Doug Bruno hatte etwas Seherisches, als wüsste er, dass ich genau die Informationen brauchte, die er liefern konnte. Als ich ihm erzählte, ich sei in den Norden gekommen, um zu erfahren, wie sich das Leben der First Nations und die Wirtschaft im letzten Vierteljahrhundert verändert hätten, hielt er einen dreißigminütigen Monolog.

Doug war 38 und sprach eindringlich, aber ruhig. Er erzählte von der systematischen Korruption der örtlichen Gruppe, Begünstigungen durch den Chief und den Rat, verschwendetes Geld, mangelnde Nachvollziehbarkeit und ausufernde Suchtprobleme unter den Jugendlichen, die neuerdings nachts in Banden umherzogen. Er sagte, Chief und Rat hätten seit zwei Jahren keine Versammlung mehr abgehalten. Die Ratsmitglieder reisten auf Stammeskosten in den Süden, legten aber keine Rechenschaft über ihre dortigen Amtsgeschäfte ab. Sie führen neue Autos und Motorschlitten. Zugleich habe das Dorf praktisch keine Lokalverwaltung.

Bei den First Nations in ganz Kanada lenken Chief und Rat alle Aspekte des Lebens im Reservat, von der Wohnraumverwaltung bis zur Gesundheitsversorgung. Es gibt keine wechselseitigen Kontrollmechanismen, keine formelle Opposition. Das hat zu Machtmissbrauch geführt, zu Betrug, Wahlfälschungen, Vetternwirtschaft, zu Wirtschaftsförderungsprojekten, die nur die Taschen einiger weniger füllen. Ein paar Reservate sind leuchtende Beispiele für eine gute Verwaltung, zu viele aber sind ein wahrer Albtraum. Diese Realitäten sind zu weitverbreitet, als dass die führenden Köpfe der First Nations sie bestreiten könnten. Vielmehr machen sie das koloniale System der Reservate an sich verantwortlich und das kanadische Indianergesetz, das dieses System regelt.

Doug bestand darauf, dass ich mit ihm eine Runde drehte und mir die Sache selbst anschaute. Das Freizeitzentrum und die Eishockeyhalle, zwei Jahre zuvor eröffnet, waren bereits verwaist, und vor die Eingänge war eine Ladung Sand geschüttet worden; die für den Betrieb nötigen Mittel waren versickert. Vor allem zwei Gebäude solle ich mir im Vergleich ansehen. Eines, das Gesundheitszentrum, wurde von der Provinz betrieben und wirkte gepflegt und belebt. Auf der anderen Straßenseite lagen die Stammesbüros, die längst renovierungsbedürftige Außenverkleidung kam herunter, und ein großer Gebäudeteil war verrammelt. »Gehen Sie mal um diese beiden Gebäude herum«, sagte Doug bitter. »Das eine ist ein echtes Büro. Das andere ist eine Kaffeebude.«

Als ich ihn fragte, ob er denn keine Konsequenzen fürchte, wenn er so offen sprach, sagte Doug, es kümmere ihn vielmehr, was aus dem Dorf werde, und er könne die Gunst des Stammes ohnehin nicht mehr verlieren. Doug hatte Inuit-Vorfahren, stammte aus der Arktis und war 1978 nach Fond du Lac gekommen. Bis heute fühlte er sich als Außenseiter. Er und seine Frau zahlten jedes Jahr viele tausend Dollar, damit ihre beiden Jungen in Prince Albert auf die Highschool gehen konnten, und beide überlegten, ob sie nicht selbst in den Süden ziehen sollten.

Ich fühlte mich erleichtert, als ich das Dorf am Ufer wieder verließ und zurück aufs Eis fuhr. Die Probleme, denen sich die indigenen Nordkanadier gegenübersehen, sind in vielerlei Hinsicht schwerwiegender als je zuvor, doch die Lösungen müssen in der Gemeinschaft selbst gefunden werden.

Vor mir lag das schönste und zerklüftetste Land des Athabasca-Beckens. Hier wuchsen hohe Bäume und die felsigen Berge ragten ein-, zweihundert Meter hoch auf. Im Film könnte es als Double für die Interior Plains von British Columbia herhalten. Nachdem ich anderthalb Stunden am Nordufer entlanggefahren war, führte die Eisstraße vom See weg und hinauf in die Wildnis. Vor mir lagen die grabesstillen Minen von Uranium City. Hier war die Straße fast zu Ende.

Als ich 1980 zum letzten Mal hier gewesen war, hatten 4.500 Menschen in Uranium City gelebt. Auf meinen Flügen von Stony nach Süden war ich hier zwischengelandet, und Asphalt, Ampeln und Verkehr waren immer wie ein Schock gewesen. Es gab Schulen, ein Krankenhaus und mehrere Hotels und Restaurants. Die Stadt hatte ein Kino, und regelmäßig landete eine Boeing 737 der Pacific Western aus Edmonton. Es war eine schöne Stadt, nirgends war es flach, denn der Fels in seinen warmen Farbtönen war überall sichtbar. Niemand wusste, dass das Uranbergwerk »Eldorado«, von dem die Stadt abhängig war, kurz vor der Stilllegung stand.

Ich erreichte die Geisterstadt von Osten her über eine Steigung, und mein Blick fiel als Erstes auf das Norcanair-Logo, traurig verblasst und altmodisch am Mitarbeiterwohnheim bei der Wasserflugzeugstation. Von der Fission Avenue im Stadtzentrum aus sah man ein Gitternetz aus leeren Grundstücken, ein paar verrammelte Häuser. Es war kaum vorstellbar, dass hier noch hundert Leute leben sollten. Aus dem Nichts tauchten ein paar Kinder auf und trotteten eine der verlassenen Seitenstraßen hinunter.

Das Wichtigste war jetzt, genug Diesel für den Rückweg zu besorgen, und ich folgte der Wegbeschreibung, die mir jemand gegeben hatte, zu einer Reihe rostiger Zapfsäulen und rief die Nummer an, die dort auf einem Zettel stand. Der junge Mann am Telefon sagte, er käme gleich. Beim Warten schaute ich durch die verstaubten Tankstellenfenster, auf der Theke waren ausgebleichte Kartons gestapelt. Ich wurde den Eindruck nicht los, dass all das ein großes Filmset war.

Ein alter Tanklaster bog um die Ecke und hielt gleich neben meinem Truck. Ein umwerfend aussehender junger Mann mit schulterlangem blonden Haar stieg aus und pumpte Diesel direkt aus dem Tank in meinen Wagen. Er war vielleicht achtzehn, trug modische Snowboard-Klamotten und schien noch etwas vorzuhaben. Ich fragte mich, was er in einer Stadt wie dieser für Freunde hatte.

Die Sonne begann schon zu sinken und warf Schatten auf den ohnehin gespenstischen Ort. Aus den eingeworfenen Fenstern der Candu High School wuchsen Bäume, die ausgeweideten Wohnungen auf dem Hügel waren wie eine Vision aus Sarajewo, und durch Löcher in den Wänden, sah man noch die Einrichtung. In manchen der älteren Häuser, von denen viele bereits völlig verfallen waren, lebten nach wie vor Menschen. Manchmal fuhr ein

Fahrzeug die Straße entlang. Das Krankenhaus war als letzte Einrichtung am Ort noch geöffnet, weil auf der langen asphaltierten Landebahn Rettungsflugzeuge landen konnten.

Schließlich erreichte ich die Häuser, die offenkundig als letzte in Uranium City gebaut worden waren. In diesen Sackgassen, in denen noch immer irgendeine Behörde den Schnee räumen ließ, obwohl niemand mehr hier wohnte, war das Jahr 1980 perfekt konserviert. Ich hatte mir vorgestellt, wie ich die verlassenen Häuser von Uranium City erkunden und in den kalten, leeren Zimmern meine Atemwölkchen betrachten würde. Jetzt, da ich die Gelegenheit dazu hatte, kam mir das anstößig und morbid vor. So eng zusammen an diesem entlegenen Ort und im tiefsten Winter verbreiteten die modernen Häuser eine Endzeitstimmung.

In den 1930er Jahren wurde hier Gold gefunden, dann Uran, und beide Schwermetalle wurden anschließend jahrelang überall in den umliegenden Bergen gesucht und gefördert. Während des Zweiten Weltkriegs wurde der Bergbau aus Mangel an Arbeitskräften stillgelegt. Dann weckte die Verbreitung von Atomreaktoren neues Interesse an der Region. Im Lauf der Jahre entstanden zwanzig Bergwerke, doch das größte und tiefste in Uranium City war Eldorado. Es hatte siebenunddreißig Sohlen, jede 30 Meter tiefer gelegen als die vorherige.

Im Gegensatz zu dem dahinrottenden Kadaver der Stadt fand ich das Bergwerksgelände sauber gefegt vor wie einen Tatort, auf dem Hügel oberhalb der Stelle, wo die Eisstraße das Ufer erreicht. Die kanadische Sektion des Sierra Club sowie MiningWatch Canada und das Worldwatch Institute stuften Uranium City als einen der am stärksten kontaminierten Orte Kanadas ein. Ich sah zu, wie meine schweren Winterstiefel in dem hüfttiefen Schnee versanken, und als ich hinüber zum Schacht watete, der heute von Stacheldraht und Warnschildern umfangen ist, wünschte ich mir, ich hätte einen Geigerzähler dabei.

Manch einer in der Bergbauindustrie ist der Ansicht, dass die geologischen Verhältnisse des kanadischen Schilds, die Lakeland prägen, auch ein ideales Territorium für die Lagerung von Abfall böten. Nachdem die Metalle aus dem Erz herausgelöst sind, müssen die Abfallprodukte, die sogenannten Tailings, irgendwie entsorgt werden. Üblicherweise wird als Lagerstatt ein Gelände eingedämmt, auf dem sich dann Wasser ansammeln kann, damit kein toxischer Staub aufgewirbelt wird. Manchmal verfestigt man die Tailings mit Zement, sodass sie nicht aus diesen Becken ausgeschwemmt werden können.

Später musste ich zu meiner Erschütterung erfahren, dass aufgrund einer Lücke im Fischereigesetz in ganz Lakeland natürliche Seen zu Tailingsbecken erklärt wurden. In einer investigativen Reportage für die kanadaweiten Nachrichten der CBC enthüllte Terry Milewski, dass unberührte kanadische Seen – Seen voller Forellen und Otter, Seen im Quellgebiet von Flüssen, in denen Lachse leben – zu Halden für Bergbaurückstände gemacht werden. Dutzende Seen zwischen British Columbia und Neufundland waren bereits ohne Einbeziehung der Öffentlichkeit umdeklariert worden. Während ich an diesem Buch arbeite, sieht es aus, als müsse die Frage, ob diese Praxis legal ist, vor dem Obersten Gerichtshof verhandelt werden.

Ich verließ das Bergwerksgelände und fuhr hinunter zur Fish Hook Bay Lodge, einem Anglercamp ein paar Kilometer vor der Stadt, das gelegentlich Zimmer an Wintergäste vermietet. Als auf mein Klopfen niemand antwortete, trat ich ein. Die Hausküche war zugleich der Empfang. Dahinter, in einem Wohnzimmer mit Teppichboden und einem großen, dunklen Fernseher an der Wand, saß Harold Grasley. Er war ein Bär von einem Mann mit unbändigem Haar, vertieft in eine Partie Online-Poker. Ohne Eile wandte er sich in einer Aura aus blauem Tabakrauch vom Bildschirm ab, grinste mich lückenhaft an und sagte: »Der Schriftsteller ist da.«

Harold war ein freundlicher, polternder Mensch, der sich in einer echten City wie ein bedrängter Dachs gefühlt hätte. Nach Uranium City war er 1960 mit zehn Jahren gezogen, und heute gehörte er zu den alteingesessenen Bürgern. »Die Leute, die schon länger hier sind, kann ich an einer scheiß Hand abzählen«, strahlte er. »Magst 'n paar Elchkoteletts?« Zum zweiten Mal innerhalb von vierundzwanzig Stunden bot ein halbwilder Mann mir an, mich mit Wild zu bekochen.

Harold kannte sich in der Küche aus, und im Nullkommanichts legte er Folienkartoffeln und eine unglaubliche Menge Koteletts in den Ofen. Während der Duft von gebratenem Fleisch die Küche füllte, saßen wir da und unterhielten uns bei einem Bier aus seinem persönlichen Vorrat – jeder nur eins. Ich zwang mich, schlückchenweise zu trinken, denn ich wusste, wie teuer es gewesen sein musste, das Bier so weit nach Norden zu transportieren.

Die meiste Zeit redete Harold, und meine gelegentlichen Anmerkungen fand er offenbar belustigend naiv. »Dann nenn mir mal einen bekackten Typen, den es kalt erwischt hat, als die Mine zugemacht hat«, donnerte er freundlich, aber einschüchternd über den Küchentisch hinweg, als ich anmerkte, was für ein trauriger Moment die Schließung doch gewesen sein musste. »Nenn mir einen einzigen!«

»Alle Häuser in der Stadt bis auf einige wenige gehörten der Minengesellschaft«, sagte er mit etwas ruhigerer Stimme. »Niemand war überrascht, als sie zumachten. So läuft das in einer Bergbaustadt.« Das Uranerz wurde aus dem massiven Fels gefördert und mit einer DC-4 ausgeflogen. Als neue Tagebaue weiter im Süden, nahe dem Straßennetz, erschlossen wurden, war Uranium City nicht mehr profitabel.

Das große Elchfestmahl kam auf dem Tisch, und irgendwie hielt ich mit Harold Schritt, indem ich zwei fein gewürzte Karrees verzehrte. Sogar etwas Gemüse aus der Tiefkühltruhe hatte er in die Pfanne geworfen. Es war eine rundum delikate Mahlzeit, wie ich sie von diesem Grobian nie erwartet hätte, der mir allmählich ans Herz wuchs. Wenn er Fred Feuerstein war, spielte ich gern weiter Barney Geröllheimer. Grasley hatte vielleicht schon lange kein Publikum mehr gehabt und hielt Vorträge über Fischerei- und Jagdpolitik, Tourismus und die Notwendigkeit, das Einzugsgebiet des Lake Athabasca vom Süden klar zu trennen.

Nach dem Abendessen fuhren wir ein Stück durch die dunklen Straßen, die in Gesellschaft nicht länger bedrohlich wirkten. Womöglich hatte ich so etwas wie einen Test bestanden, ob wir auch zueinanderpassten, denn Harold wurde deutlich milder. Wie er mir anvertraute, mochte er es hier am großen See, wie die Einheimischen den Lake Athabasca nennen, um ihn von den vielen kleineren ringsumher zu unterscheiden. Er hoffte, es würde nie eine asphaltierte Straße so weit hinausführen.

»Es ist noch viel Uran und Gold übrig. Ganz ausgebeutet sind die Minen nicht. Es hängt alles von den Preisen ab. Steigt der Preis wieder stark genug, kommen die Leute zurück.«

Selbst wenn der Uranpreis an der Börse im fernen Toronto noch einmal die Gewinnkurve kriegen würde, war es unwahrscheinlich, dass Uranium City einen neuen Aufstieg erlebte. Die Bergbaufirmen haben ihre Lektion gelernt, wie es auf die Öffentlichkeit wirkt, zuerst Städte aufzubauen und dann wieder abzureißen. Arbeiterbaracken kann man viel leichter wieder verschwinden lassen als Krankenhäuser und Schulen. Außerdem verfolgt die Bergbaulobby nun andere Strategien im Norden Kanadas. Explorationsfirmen schließen hier unter öffentlichkeitswirksamem Tamtam Kooperationsvereinbarungen mit lokalen Chiefs. In diesen vage gehaltenen gemeinsamen Absichtserklärungen versprechen die Unternehmen der Gegenseite nicht näher definierte Anteile an jeglichen Reichtümern, die sie in den »traditionellen Gebieten« der Chiefs und ihrer Stammesgemeinschaften aus dem Boden holen. Tatsächlich hat der Begriff »traditionelle Gebiete« allenfalls eine

175

sehr vage Bedeutung. Abgesehen von den Reservaten besitzen die First Nations kein Land im Norden, das sie an jemanden verkaufen oder verpachten könnten, der dort seinen Claim abstecken möchte. Es handelt sich vielmehr um Kronland, das somit allen Staatsbürgern gehört, seien sie nun Indigene oder andere.

Solche ungleichgewichtigen Deals haben eine rein politische Bedeutung: Die Bergbaulobby ist allein auf die moralische Rechtfertigung aus, die ihr die Partnerschaft mit den First Nations bringt. Sie nutzt die Unkenntnis des Südens über die Verhältnisse des Nordens aus, das Mitgefühl des Südens für eine ums Überleben kämpfende Gemeinschaft. Sie stellt die Chiefs des Nordens als rechtmäßige Hüter der Wälder und Seen dar, als gütige Könige ihrer Gemeinschaften. Die Vorgeschichte der dubiosen Finanzverwaltung in dem dysfunktionalen, in Verruf geratenen System der Reservate ignoriert sie. Vor allem aber ignoriert sie die Gegenstimmen aus den Städten des Nordens.

Irgendwann gehen die Leute aus dem Süden mit ihrem Geld wieder dahin, wo sie hergekommen sind, und auch ich musste zurück. Am nächsten Morgen um sechs bellte Harold fröhlich die Uhrzeit durch meine Zimmertür. Ich bekam ihn nicht mehr zu Gesicht, aber mein bärenhafter Gastwirt in Winterruhe hatte mir in der Küche Kaffee für meine Thermoskanne bereitgestellt. Mondlicht schien durch die Fenster, als ich das Licht ausschaltete und in die Eiseskälte hinaustrat. Zehn Minuten später holperte ich zurück auf die Eisstraße, unterwegs ins Land des billigen Obsts und Gemüses.

Als ich das Eis des Lake Athabasca erreicht hatte, ging im Rückspiegel der Vollmond unter, während gleich daneben die aufgehende Sonne durch die Windschutzscheibe schien – ein wunderschönes Nebeneinander. Der Mond neigte sich geschlagen aus der Schlacht, und die orangefarbene Sonne stand über dem See, für eine Weile Siegerin am Himmel. Als ich weit über das Eis gen Süden schaute, sah ich einen Fuchs in gleichmäßigem Reisetrott. Was war sein Ziel? Ein neues Lager zum Jahreszeitenwechsel? Die Sonne würde wieder unter- und der Mond wieder aufgehen, ehe ich nach sechzehn Stunden zu Hause in der Prärie ankommen würde. Die Tage wurden heller, sie würden diesem letzten Kälteeinbruch des Winters schon bald ein Ende setzen. In zwei Wochen würde die Eisstraße der Frühjahrsschmelze überlassen werden. Sie würde erst neu errichtet, wenn den Bäumen im Athabasca-Becken ein neuer Ring gewachsen war.

Vernon

Lavington

Killiney Beach

Fintry

Nahun

Lake Country

Traders Cove

Kelowna

Lake Okanagan

Peachland

Okema Beach

Summerland

Penticton

0   5   10   15
/km

Frühling
EINEN
PFIRSICH ESSEN
Lake Okanagan, British Columbia

Wasser, Wasser, Wasser … In der Wüste gibt es keine Wasserknappheit, sondern genau die richtige Menge, ein perfektes Verhältnis von Wasser zu Fels, von Wasser zu Sand, das diese weite, freie, offene, großzügige räumliche Verteilung von Pflanzen und Tieren, Häusern und Städten und Großstädten gewährleistet, die den trockenen Westen von allen anderen Gebieten der Nation unterscheidet. Es herrscht hier kein Wassermangel, solange man nicht versucht, eine Stadt zu bauen, wo keine sein sollte.
Edward Abbey, *Die Einsamkeit der Wüste*

IM GRAUSAMEN Monat April sehnte ich mich verzweifelt danach, wieder etwas wachsen zu sehen, hatte von knirschenden Straßen und schmutzigen Fensterscheiben die Nase voll und war kurz davor, den Glauben an die Wiedergeburt der Krokusse zu verlieren, daher kehrte ich der Öde der Prärie den Rücken und machte mich auf die Reise ins Paradies. Es liegt in einem herrlichen Tal in den Bergen des Westens. In dieser warmen, trockenen Senke würden auf grünen Wiesen bereits die Magnolien blühen. Riesige Pappeln hätten schon ein dichtes Blätterdach ausgebreitet, und auf den Terrassen der Cafés stünden die Sonnenschirme. Und plätschernd am Ende jeder Straße, vor jedem Aussichtspunkt in warmem Blau dahingestreckt, läge der See, nicht von Eis überzogen, sondern schimmernd lebendig.

Durch Gnade und die Kraft des Kerosins erhob ich mich gen Himmel und reiste ins Gelobte Land. Als ich aus dem Flughafen von Kelowna trat, schlug mir die warme Sonne auf die Brust, als umarmte mich ein alter Freund. Oder besser eine alte Freundin. Kein Ort in Kanada regt die fünf Sinne mehr an, als das Okanagan Valley im Frühling. Es ist warm und trocken. Doch durch irgendeine List auch grün. Sanfter Wind verteilt den Duft von Millionen blühenden Obstbäumen. Zur echten Wüste wird das Tal ganz im Süden, nahe der Grenzstadt Osoyoos, wo man kurzärmelig in der Sonne spaziert, wenn in Vancouver noch der Regen herabpeitscht. Zu Wüsten fühlt sich der Mensch ebenso hingezogen wie zu Seen. Durch ein Wunder der Natur kann man hier beides haben.

Der Lake Okanagan ermöglicht eines der reichsten landwirtschaftlichen Gebiete Kanadas. Man könnte ihn als flussartigen See bezeichnen, was nichts anderes heißt, als dass er lang und schmal ist wie ein Fluss, ein in Gebirgskorridoren recht verbreiteter Seentyp. Er ist nur der längste von insgesamt sechs zusammenhängenden Seen dieses Tals, die Überbleibsel eines großen Gletscherstausees. Doch der Lake Okanagan überspannt mit seinen 130 Kilometern Länge das Land zwischen dem borealen Nadelwald und den großen amerikanischen Wüsten, die wiederum bis tief in den Süden, bis zum Golf von Kalifornien reichen. Als schmale Sanduhr bildet er die Pforte zwischen zwei völlig verschiedenen Naturräumen, und ist zugleich ihrer beider Spiegelbild.

Das Okanagan Valley und sein westlicher Nachbar jenseits der Wasserscheide, das Similkameen Valley, bilden einen großen Hotspot der Biodiversität. Die meisten nordamerikanischen Vogelarten trifft man hier an. Und das Verbreitungsgebiet des Grizzlys überschneidet sich mit dem der Skorpione und des Kalifornischen Dickhornschafs. Mit dieser Vielzahl an Ingredienzen wirkt das Gebiet wie eine Nachahmung anderer Länder: wie Kalifornien, Tunesien, der Libanon. Hier könnte man ebenso gut ein Bibelepos drehen wie einen Western, suchen Sie sich eins aus.

Der Lake Okanagan ist eine wahre Höhenstudie, denn er liegt in einem tiefen Trogtal, das die Gezeiten der Vergletscherung in das Hochland zwischen zwei Gebirgszügen geschnitten haben und dessen Talsohle nur knapp über Meeresniveau liegt, der äußere Rand aber reicht hinauf auf 2.500 Meter. Als rüstiger älterer Mensch kann man an einem Tag von der Wüste bis in die subalpine Höhenstufe klettern. Es ist ein klimatologisches Wunder. Das Kaskadengebirge im Westen wirft einen Regenschatten über das Tal, in dem deshalb ein schönes warmes pazifisches Klima herrscht, nur ohne die typischen Platzregen. Bei den Monashee Mountains am östlichen Rand endet der Niederschlagsschatten, sodass in den Skigebieten Big White oder Silver Star jedes Jahr 25 Meter Schnee fallen. Die Tourismusbroschüren über den Lake Okanagan lügen nicht: morgens Ski laufen, nachmittags eine Runde Golf und abends die Lichter der Stadt vom Boot aus betrachten.

Angesichts solcher Annehmlichkeiten strömen die Menschen seit Jahrzehnten in dieses perfekte Tal mit seinem See und verwandeln das verschlafene landwirtschaftlich geprägte Hinterland in … ja, in was eigentlich? Die Landstraße zum Flughafen, die mir von Familienurlauben als gewundene Nebenstrecke durch die Obstplantagen in Erinnerung war, gesäumt alle paar Meter mit Ständen von Obstbauernfamilien, war jetzt eine sechsspurige Autobahn. Bei der letzten Volkszählung hatte der Großraum Kelowna als einer der fünf am stärksten wachsenden städtischen Räume Kanadas abgeschnitten. Neue Wohnsiedlungen mit Häusern im kalifornischen Stil füllten jedes Seitental, krönten jede Anhöhe, luden auf Anzeigetafeln in traditionellen Farben zum Kauf ein. Ein Slogan fasste die Geisteshaltung hinter solch seelenlosen Orten in sechs Wörtern zusammen:»Dein Leben, dein Stil, deine Stadt.«

Das Zentrum bestand noch immer aus breiten, ruhigen Straßen, wie man sie in jeder Stadt des Westens findet, gesäumt zur allgemeinen Freude mit stets großzügigen Magnolien. Doch unter ihren inklusiven Zweigen parkten in Reih und Glied Ferraris und Rolls-Royce. Die Frühjahrsbootsmesse war eröffnet, schicke Menschenmengen schlenderten die Anleger der Marina entlang und betrachteten beim Rennbootshopping die sechs Meter langen Modelle. Im sonnigen Kelowna gab es viele neue Möglichkeiten, sein Geld loszuwerden.

Ich fuhr die Pandosy Street hinunter, die einen früher am Seeufer entlang aus der Stadt hinausgeführt hatte, aber jetzt blieb die Stadt stets an meiner Seite. Die Familienstrände Gyro Park und Rotary Park, die bei Kombifahrern der 1970er Jahre das typische Okanagan-Urlaubsfeeling mit frischen Pfirsichen am Strand verkörpert hatten, waren noch da. Aber sie wirkten winzig und eingeklemmt zwischen den palastartigen Häusern, Apartmentblocks und Hotels, die überall in die Höhe schossen.

Ich schlug mein Lager auf der anderen Straßenseite, in dem eleganten Hotel Eldorado auf, ein eher zurückhaltendes unter den Wahrzeichen von Kelowna. Das »El« ist eine Herberge im europäischen Stil mit Blick auf die Marina und den öffentlichen Bootsanleger. Es ist eine originalgetreue Kopie des Eldorado Arms, errichtet 1926 von einer österreichischen Gräfin, die in den Tagen, ehe das Okanagan Valley zur Obstanbauregion wurde, die wohlhabenden Ranchbesitzer zu ihrer Kundschaft zählte. Bis heute bewahrt es den Charme des Kleinen, Überschaubaren aus einer vergangenen Ära.

Der Frühling ist die beste Zeit für einen Blick in den See, der noch nicht vom Plankton erobert ist und erstaunlich klar sein kann. Ich spazierte hinunter zu den Anlegern der hoteleigenen Marina. Rings um die Stegpfosten bearbeiteten Karpfen den sandigen Grund wie Hotelgärtner. Ich überlegte, ob ich mir ein Kajak mieten sollte, aber das versprach zu wenig Abenteuer. Bei diesen Menschenscharen fand alles Spannende am Ufer statt.

Obwohl der Lake Okanagan ziemlich groß ist, wirkt er durch seine geringe Breite vom Ufer aus wie ein künstlicher Teich. Die oberste Wasserschicht ist warm – nur wenige Male war der See in den letzten hundert Jahren ganz zugefroren –, und er lockt viele Schwimmer an. Selten zieht ein Sturm auf. Im Gegensatz zu den typischen von Inseln durchsetzten Seen des felsigen Kanadischen Schilds, die labyrinthisch und abweisend wirken können, verschleiert der Okanagan nie seine Begrenzungen und wirkt eher wie ein stark befahrener Kanal.

Als müsste er einen Ausgleich für seine allzu glatte Oberfläche finden – wie eine Debütantin, die sich den Hintern tätowieren lässt –, beherbergt der See in der Tiefe ein Monster. Die Ursprünge des Ogopogo liegen in der Tiefe des Volksglaubens. Die Völker der Salish und der Chinook hatten einen eigenen Namen für die Schlange oder das Ungeheuer im See. Der englische Name Ogopogo kam erst viel später in dem Ort Vernon auf: Das Palindrom stammt aus einem Music-Hall-Song der 1920er. Es gibt noch andere Seemonster in Kanada, aber an Wiedererkennungswert kann es mit dem Ogopogo keines aufnehmen. Es ist eher ein Ogo-Logo und taucht auf Werbeschildern rings um den See als freundliche drachenköpfige Riesenschlange auf, manchmal auch recht feminin mit Mascara und Lippenstift. Für den Ogopogo lässt sich leicht eine Erklärung finden: Klapperschlangen gehen schon mal schwimmen, Seetaucher haben einen recht gewundenen Hals, und die Größe eines entfernten Objekts schätzt man auf dem Wasser leicht falsch ein.

Ich jedenfalls war mir sicher, dass das echte Monster längst an Land gekrochen war und sich als Bauunternehmer tarnte.

Ich zog mich zurück auf die hübsche Veranda des Hotelrestaurants mit ihrem Ausblick auf den See und setzte mich an einen

Tisch mit weißem Tischtuch zwischen die anderen Gäste des Eldorado. In der Nähe saß eine dreiköpfige Familie.

»Ich glaube, wir sollten uns heute Nachmittag mal diese Wohnung gönnen«, sagte der Mann und blickte über den See. Die Frau ihm gegenüber schaute nicht von der Lektüre der *Globe and Mail* auf. Das vielleicht dreizehnjährige Mädchen am Tisch arbeitete derweil an einer Schulaufgabe. Das Thema war offenbar »Die sechziger Jahre« und die Mutter diktierte dem Mädchen den Text. »Es war eine Zeit großer Umwälzungen in der Gesellschaft. Seit dem Ende des Krieges veränderten neue politische Ideen die Welt …« Das Mädchen würde eine gute Note bekommen.

»Zwo neunundfünfzig – das wären gerade mal siebzig als Anzahlung«, überlegte der Mann gelassen, »und unser Boot liegt dann genau gegenüber.« Die Frau zuckte die Achseln und nickte, ohne von der Zeitung aufzusehen. Sie diktierte weiter: »… eine Zeit von großem Reichtum und Wohlstand begann.«

Jenes florierende Zeitalter hatte dieses paradiesische Tal bis zum Rand mit Menschen und Erwartungen gefüllt. Alle wollten etwas von ihm: eine Eigentumswohnung, ein Boot, ein Glas Wein. Der Lake Okanagan war ein Pfirsich erster Güte, aus dem von allen Seiten jemand ein Stück herausbiss. Das Tal war erfüllt von konkurrierenden Vorstellungen. Es erschallte in einer Vielzahl Stimmen.

DER SCHLANGENMANN erwartete mich schon an der Highway-Tankstelle, und gemeinsam fuhren wir hinauf, durch einen vor kurzem entstandenen Vorort, bis die Straße schließlich in einer Sackgasse in einem Gelb-Kiefern-Wald endete. Mike Sarell gehörte zu der Art Mensch, deren Alter sich nur schwer schätzen lässt. Sein Schnurrbart wurde langsam grau, aber er war schlank und agil und trug einen Armeepullover wie ein Pfadfinder. Ein bisschen erinnerte er mich an Levon Helm, den Drummer von The Band, und während wir über Viehwege an den Felswänden des Tals entlangfuhren, lief in meinem Kopf der alte Song über die Nacht, als Dixieland zu Grabe getragen wurde.

Mikes Geschäft waren Wildtier-Bestandsaufnahmen. Ähnlich wie soziale Arbeit war auch diese Aufgabe manchmal ein trauriger Job. Oft flossen seine Gutachten in sogenannte Umweltverträglichkeitsprüfungen ein. Zum Teufel mit diesen ellenlangen Fachbegriffen. Eine solche UVP ist meist der erste Schritt hin zu einem zugepflasterten Paradies. Unten im Tal war ein neues Wohngebiet am Lake Okanagan geplant. Die Häuser und gemeinschaftlich genutzten Eigentumswohnungen würden von Zuwanderern aus Alberta oder Australien gekauft werden. Im Schlepptau würden sie ihre Rennboote, Motorschlitten und Quads mitbringen. »Der Mensch muss erschaffen«, sagte Mike resigniert. Ihre blühenden Gärten und angeschlossenen Badezimmer, ihre Liebe zum Golfsport, das alles würde von diesem semiariden Landstrich noch mehr Wasser fordern.

»Ich habe unheimlich viel zu tun, weil hier in einem Tempo gebaut wird, wie ich es noch nie erlebt habe«, sagte Mike. Für einen Naturschützer war das eine schwierige Lage.

»Warum machen Sie dann weiter?«, fragte ich ihn.

Mike fand, er könne aus dem Inneren der Maschinerie mehr Gutes bewirken als von außen. Wenn er die Artenschutzgutachten nicht erstellte, würde vielleicht jemand mit geringerer Kompetenz von außen hinzugezogen, aus Calgary oder Vancouver. Die Gewohnheiten von Wildtieren und ihre Verbreitung mit den jährlichen Schwankungen seien Teil erstaunlich komplexer und empfindlicher Zusammenhänge, sagte Mike. Ein Diplom hat wenig zu sagen, wenn einem das Gespür für einen Naturraum – das eigene *Zuhause* – fehlt, ein Gespür, das nur aus lebenslanger Erfahrung erwächst. Anders als die meisten, denen man in dem Tal begegnet, war Mike tatsächlich am Lake Okanagan aufgewachsen.

»Zuwanderer finden es hier wunderschön. Die wissen gar nicht, wie schön es hier mal war.«

Begleitet wurden wir von Mikes Assistenten Wade und zwei vom örtlichen First-Nations-Büro geschickten Praktikanten – Rob und L.J. –, die offenbar am liebsten ganz woanders gewesen wären. L.J. lief uns mürrisch hinterher und rauchte.

»Mir hat ja keiner gesagt, dass wir hier nach Schlangen suchen würden«, nörgelte er, doch in seiner Stimme lag echte Furcht. »Dann wäre ich nicht mitgekommen.« Kurz herrschte betretenes Schweigen, dann lachten wir alle miteinander. Tatsächlich suchten wir nach der Pazifik-Klapperschlange, und ich war mir selbst nicht sicher, ob ich wirklich eine finden wollte.

Mike hatte sein Unternehmen Ophiuchus Consulting genannt, nach dem Schlangenträger aus der griechischen Mythologie. Fasziniert und belustigt zugleich beobachtete ich, wie sich ein professioneller Herpetologe von Tür zu Tür vorarbeitet. Er kletterte quer über die Böschung aus scharfem rot-schwarzem Schutt und hob jeden großen, flachen Stein an. War keine Schlange zu Hause, legte er ihn wieder sorgfältig an seinen Platz. Erschwert wurde diese Arbeit durch eine schmutzige Plastikschiene, die er an der Hand trug, weil er sich die Woche zuvor eine fiese Schnittwunde zugezogen hatte. Er fand einen kleinen Frosch. Der von der Sonne gegrillte Berghang kam mir so trocken vor wie ein ausgebleichter Knochen, aber die Amphibie fühlte sich kühl und feucht an und wusste im Gegensatz zu uns, wo Wasser aus dem Fels drang. Und auch die zahlreichen Giftsumach-Büsche, die dicht in den Senken wuchsen, kannten die Stellen. Dreifachblatt setzt dich matt.

Mike drehte weitere Steine um. Wenn man damit keine Erfahrung habe, sagte er, sei diese Methode gefährlich. »Rotschwanzbussarde schlagen regelmäßig Klapperschlangen«, fügte er hinzu, als würde das etwas erklären. Vermutlich wusste auch er genau, was er tat, obwohl sein Gesicht bei jedem Stein gefährlich nahe an den

186

steilen Hang und die dort womöglich eingerollte Gefahr herankam. Dann hob er eine tellergroße Platte an – erwischt! »Nachtschlange!«, flüsterte Mike triumphierend und umfing mit seiner gesunden Hand etwas Kleines, Lebendiges.

Diese Wüsten-Nachtschlange war ein verblüffender Fund. Sie gilt als das seltenste Wirbeltier Kanadas mit bislang weniger als fünfzig eindeutig identifizierten Exemplaren vor Ort, die meisten Mikes Funde, und selbst diese bestanden meist nur aus einer abgestreiften Haut oder einem Skelett. Klein und zart wie dieses Jungtier war, hätte es bequem auf einer Zwei-Dollar-Münze Platz gefunden. Zwar war sie leicht giftig, schien aber kein Interesse am Zubeißen zu haben, als sie Mikes warme Handfläche erkundete und ihre Flucht plante. Ihr Körper war schlank wie ein Trinkhalm, ihr Kopf eine winzige Raute. Per Funk rief Mike seine Leute zusammen, damit sie sich dieses lebende Wunder ansehen kamen, zückte Notizbuch und Maßband und zündete sich zur Feier des Tages irgendwie noch eine Zigarette an.

Als wir uns um das winzige Wesen versammelt hatten, herrschte Partystimmung. Sogar L.J. schien zu sich zu kommen. Nachdem sie pflichtgemäß fotografiert und vermessen worden war, wurde die Nachtschlange wieder in ihren Unterschlupf gesetzt, und unmittelbar danach fand Mike schon die nächste, diesmal so lang wie ein Unterarm. Durch reines Glück und beste Gesellschaft hatte ich innerhalb einer halben Stunde erleben dürfen, wofür einige wenige leidenschaftliche Naturforscher ein Leben lang brauchen.

Wir stiegen weiter über die Schutthalde, und Mike drehte seine Steine um. Er glaube nicht, dass das hiesige Vorkommen der Nachtschlangen ein K.o.-Kriterium wäre, sagte er – so wie manchmal eine bestimmte Tier- oder Pflanzenart ein Bauprojekt verhindern kann. Wenn eine überaus seltene Schlangenart dafür nicht ausreiche, fragte ich, was brauche es denn dann? Er dachte eine Weile nach, ehe er antwortete.

»Eine Rezession.«

Die dritte Schlange fand ich selbst. Ich ließ Mike seine Arbeit tun und beschloss, den Berghang zu erklettern, um die Aussicht auf den See zu genießen und dann zurück zur Straße zu wandern. Der Weg wurde immer steiler, bis ich ein Stück über einen kleinen Pass klettern musste. Gerade suchte ich nach einem festen Halt, als ich vor mir ein leises Geräusch vernahm, dass meine Aufmerksamkeit schärfte wie das Glöckchen eines Buddhisten. Es war eine Pazifik-Klapperschlange. In freier Wildbahn hatte ich noch nie eine gesehen. Ihr Warnsignal war nicht das typische Rasseln, wie man es aus Westernfilmen kennt. Für menschliche Ohren, die an laute Geräusche gewöhnt sind, war es fast wie das Summen eines Insekts und wäre in einer plaudernden Wandergesellschaft ganz leicht zu überhören gewesen. Aber eine mehr als faire Warnung eines Wesens, das selbst überhaupt nicht hören kann. Ich fügte mich. Giftzähne konnte ich ebenso wenig gebrauchen wie umherfliegende Revolverkugeln. Ich schlich um sie herum und bewunderte sie, ihre staubig grau-weißen Flanken erschienen mir als krönender Schmuck dieser Felsenwelt, und unter mir lag wie ein Band das stille Wasser des Lake Okanagan. Sie war betörend. Selbst König Salomon in all seiner Pracht war nicht herausgeputzt wie eine ihrer Art.

»INNERHALB EINER halben Generation, zwischen 1900 und 1914, wurde dieses einst braune Tal grün«, sagte Wayne Wilson, Geographiehistoriker und Leiter des Kelowna Museums. Er hatte eine Zeitlang als Cowboy gearbeitet und besaß ein schmales, markantes Gesicht, das gut zu einem Stetson passen würde. Wir frühstückten an einem Tisch, von dem man, wie an jedem guten Platz eines Restaurants im Okanagan Valley, einen Blick aufs Wasser hatte. Wie in dem Roman-Polanski-Film *Chinatown* dreht sich auch in der Story um das Tal alles darum, eine trockene Gegend mit Wasser zu versorgen. Wasser, vor allem für die Landwirtschaft, war der Dreh- und Angelpunkt, der Leben in das Tal brachte und in der Wüste Wohlstand sprießen ließ.

»Alle sehen im Okanagan Valley eine ländliche Obstgarten-Idylle. Wo aber kommt diese Landschaft her, wie wir sie heute erleben?« Das schmelzende Gletschereis schrieb das erste Kapitel. Als sich der Gletscherstausee Pentincton brüllend durch den Columbia River ins Meer ergoss, blieb dieses Tal zwischen Vernon und Osoyoos zurück und darin seine untereinander verbundenen Seen – Lake Okanagan, Skaha Lake, Vaseux Lake, Osoyoos Lake –, getrennt durch Schwemmfächer, die sich später als idealer Baugrund erweisen sollten.

Das Volk der Okanagan-Salish fischte Rotlachse, jagte Hirsche, sammelte Saskatoonbeeren und wilde Lauch-Arten. Ihre Pfade wurden von den Pelzjägertrupps der Ära des John Jacob Astor genutzt, als sie von Fort Astoria am Pazifik den Fluss hinaufkamen.

Die Besiedlung begann mit Bruder Charles Pandosy. 1859 gründete er am Mission Creek im heutigen Kelowna eine Missionsstation des Oblatenordens, da war British Columbia gerade ein Jahr alt. Pandosy vermerkte, es würde an den fruchtbaren Gestaden des Tals sicher alles Mögliche gedeihen, bekäme es nur ein wenig Wasser. Wie als Ausblick auf die Zukunft fand er sogar Gelegenheit, ein paar Reben zu pflanzen.

Über Jahrzehnte nach Pandosys Zeit waren dem trockenen Tal nur durch Viehhaltung Profite abzuringen. Im Westen der Jahrhundertwende waren Seegrundstücke in bevorzugter Lage allein von Kühen und Mundharmonikaspielenden Cowboys unterm weiten Sternenzelt besiedelt. Dann brachten die Dämme die Zukunft.

Man begann, die kleinen Seen des Hochlands um das Tal als Stauseen zur landwirtschaftlichen Bewässerung zu nutzen. Die Bäche, die den Lake Okanagan nährten, wurden in ein umfangreiches

System aus Gräben, Kanälen, Siphon-Rohren und Furchen umgeleitet. Clevere Investoren unterteilten die alten Ranches in kleinere Grundstücke, und so wurde die Obstgartenkultur geboren, die das Okanagan Valley fortan prägen sollte.

Was damals für die Zukunft so bestimmend war, wird bald wieder entscheidend sein. »Wasser wird zum Problem werden«, sagte Wilson, eine Ansicht, die man überall im Tal hört. »Schon jetzt reicht es nicht bequem für alle.« Das Wasser, das dem See zufließt, unterliegt praktisch zu 100 Prozent dem Wassermanagement. Etwa 70 Prozent wird für die Landwirtschaft genutzt, die fast ein Viertel der Ernteerträge British Columbias liefert. Den Rest müssen sich die Hausbesitzer mit Wildpflanzen und -tieren teilen.

Zugezogene können meist nicht verstehen, wie ein Tal, das mit so vielen Seen gesegnet ist, überhaupt an Wassermangel leiden kann. Allein der Lake Okanagan ist über 100 Kilometer lang und 230 Meter tief. Doch er hat eine extrem lange Wassererneuerungszeit von 52 Jahren; nur die oberste Wasserschicht von einem Meter wird im Lauf eines Jahres ausgetauscht. Laut einer 1989 abgeschlossenen Studie, kann das im Tal verfügbare Wasser maximal eine Bevölkerung von 400.000 Menschen versorgen – vorausgesetzt, die Landwirtschaft werde deutlich reduziert. Das Tal sei bereits voll.

Gleichwohl macht die regionale Verwaltung weiterhin das Tal potenziellen neuen Siedlern schmackhaft. Die neue Wachstums-»Branche« sind Ruheständler. In Geld bemessen ist das Okanagan Valley heute mit Sicherheit mehr wert denn je, derweil aber generiert es stetig weniger Sachwerte. Heute sind die Stadtväter versessen darauf, Freizeit und Erholung zu produzieren, früher waren es Lebensmittel. Sie haben der Arbeit ihren Ehrenplatz aberkannt und auf das leere Podest den Müßiggang gesetzt. Die Produzenten sind zugleich die Konsumenten – und die Schlange beißt sich selbst in den Schwanz.

»Heute gibt es in British Columbia zwei große städtische Regionen: die Straße von Georgia und das Okanagan Valley«, sagte Wilson. Trotz der Wasserkrise und der bromfarbenen Luftverschmutzung, die oft deutlich sichtbar in dem windstillen, abgeschlossenen Tal lag, nahm er das weitere Bevölkerungswachstum als unvermeidlich hin: »Man kann die Leute ja schlecht an der Brücke anhalten und sie daran hindern hierherzukommen.«

»HABEN SIE den Film *My American Cousin* gesehen?«, sagte die Stimme am Telefon. »Mit der *Coke* war *diese* Ära ja endgültig vorbei.« Ken Ashley war Limnologe aus Vancouver und erforschte im Auftrag der Provinzregierung Seen, Fische und deren Gefährdung. Er hatte ausführlich zum Lake Okanagan gearbeitet, erfahren, dass ich in der Stadt war, und mich gleich angerufen. Der genannte Film war die autobiographische Coming-of-Age-Story der Regisseurin Sandy Wilson aus Penticton. Er spielt im Sommer 1959, als der Lake Okanagan noch tiefste verschlafene Provinz war, in der nie etwas Aufregendes passierte, das den Leuten etwas Abwechslung von der langweiligen Apfelernte geboten hätte.

Bis 1986 hatte sich auch nicht viel daran geändert. Gerade noch rechtzeitig zur Weltausstellung in Vancouver jedoch schaffte es die Regierung von Premierminister Bill Bennett, den Bau des Coquihalla-Highway durchzuboxen. Dank der eine Milliarde Dollar teuren, gebührenpflichtigen Autobahn über das Kaskadengebirge, genannt »The Coke«, lag das Okanagan Valley, erreichbar in nunmehr knapp vier Stunden, damit praktisch vor der Haustür von Vancouver.

Ken war beteiligt an der Rettung des Kokanee, der in den Seen lebenden Binnenform des Rotlachses. Schon vor dem Bau des Coquihalla war er stark im Rückgang gewesen. Wie sein großer Bruder schwimmt auch der Kokanee, gekleidet in festliches Rot, zum Laichen stromaufwärts. Die weitreichenden wasserbaulichen Maßnahmen – Kanalisierung und Begradigung von Bächen, Hochwasserschutzmaßnahmen, Deiche – hatten bereits 1950 das Laichgebiet des Kokanee nördlich von Penticton ebenso weitreichend geschädigt. Der Coquihalla aber trieb den Ausbau des Seeufers zu Freizeitzwecken in neue Höhen. Mitte der neunziger Jahre kam eine Studie zu dem Ergebnis, 65 Prozent aller Bootsanleger in British Columbia seien allein am Lake Okanagan zu finden.

In den sechziger Jahren setzte die Provinzregierung Schwebegarnelen als Nahrungsquelle im See aus, um die Population des Kokanee zu stabilisieren. Aber statt ihn zu ernähren, wurden die Garnelen seine Nahrungskonkurrenten, da sie sich ebenfalls von Plankton ernährten. Das war noch nicht alles. Eurasisches Tausendblatt, eine weitere invasive Art, die aus irgendeinem Aquarium in den See gelangt ist, droht nun, dem gesamten Seeufer die Luft zu rauben. Und die Jahreszeit des größten Wasserverbrauchs durch den Menschen fällt mit der Laichzeit zusammen, wodurch die Fischeier auf dem Trockenen landen.

In großem Stil Zuchtfische im See auszusetzen sei nichts weiter als PR, sagte Ken. »Der Öffentlichkeit hat man eingetrichtert, Fischzucht sei etwas Gutes. Dabei ist sie eher ein riesiges Leuchtschild: Wir haben den Lebensraum versaut.«

Zählte die Kokanee-Population des Lake Okanagan einst mehrere Millionen Fische, ist sie heute auf 100.000 Exemplare gesunken. Wie die Biber prägen auch Lachse als Schlüsselart die Seen, in denen sie schwimmen. Wenn sie laichen und sterben, transportieren sie Nährstoffe aus dem Wasser ans Ufer, und freundlicherweise werden sie zuvor leuchtend rot, sodass andere Tiere diese Gratismahlzeit nicht übersehen können.

Ken sagte, es sei bereits so viel Geld und Anstrengung in die Hilfe für den Kokanee geflossen, ohne Erfolg zu zeigen, dass manche schon aufgeben wollten. In anderen Seen British Columbias gehe es dem Kokanee noch gut. Aber ohne den roten Fisch wird der Lake Okanagan nicht mehr derselbe sein. »Die schöne Aussicht, sonnige Tage, das blaue Wasser wird es immer noch geben. Die Touren zu den Weingütern werden bleiben. Aber das sich selbst erhaltende Ökosystem unter Wasser, das wird nicht mehr da sein.«

»WIR ALS Nation müssen anfangen, uns Gedanken zu machen, wo unser Essen herkommt«, sagte Nicole Bullock, in dritter Generation Inhaberin der Kelowna Land & Orchard Company, gegründet 1904. Die Gesellschaft betreibt eine der produktivsten Obstplantagen Kanadas und verwandelt das Wasser des Sees und seine sonnige Lage in Äpfel. Früher war Obst aus dem Okanagan Valley eine überall auf der Welt geschätzte Spezialität. Noch immer wird eine Menge gutes Obst exportiert – 25 Prozent der gesamten Ertragsmenge der Farmen British Columbias stammen von hier. Aber Fuji, Ambrosia und Granny Smith sehen sich mit billigen Konkurrenzprodukten aus Chile oder Neuseeland konfrontiert. Nicole war gerade aus dem Supermarkt zurück: Das Kilo Äpfel aus B.C. kostete zwei Dollar zehn, Importware aus dem nahen US-Staat Washington einen Dollar fünfundsechzig.

»Ich sag es immer und immer wieder: Kauft regionale Ware. Es ist an uns Obstbauern, die Leute zu erziehen.«

Zu diesem Zweck hatte Nicole den Hof ihrer Familie für den neuen Markt des Agrartourismus flottgemacht. Besucher konnten nun auf dem Traktor mitfahren und etwas über die Arbeitsweisen einer modernen Obstplantage erfahren, die neuen Sorten kennenlernen, die nur noch halb so viel Wasser brauchten wie die alten Bäume, und ihre Früchte kosten. Außerdem produzierte ihr Unternehmen jetzt Apfelwein und hatte ein Restaurant eröffnet. Als Besuchermagnet machte es gute Geschäfte und gab siebzigtausend Touristen im Jahr – darunter viele Schulkinder – Gelegenheit zu überdenken, welche bedeutende Rolle die Erzeuger in einem kleinen Tal und in einer modernen Demokratie spielen.

»Keine Ahnung, was ich sonst noch machen soll, wenn ich hier nicht grade eine Achterbahn hinstellen will«, sagte Nicole. Sie hatte die typische direkte Art einer Bäuerin, denn die Gewinnspannen sind zu gering, um viel Zeit mit Worten zu verschwenden. Auf einem Auge trug sie ein Veilchen – das bäuerliche Leben bringt es mit sich, dass man vielleicht nicht immer sein Geld bekommt, mit Sicherheit aber einstecken muss. Es war die alte Geschichte, wie sie in einer globalisierten Welt für einen Hof im Familienbesitz typisch ist: Die Arbeit ist schwer, viel Betriebskapital wird benötigt, die Erträge sind gering, die Risiken für Leben und Gesundheit aber real. Junge Menschen finden in der Stadt einfachere Möglichkeiten, ihren Lebensunterhalt zu verdienen. Ein Drittel der Farmer in British Columbia ist fünfundfünfzig oder älter. Ohne gesetzlichen Erben in ihrer Familie war Nicole wahrscheinlich die Letzte, die das Geschäft fortführte. »Das ist der Grund, weshalb aus Höfen jetzt Seegrundstücke werden, mit Villen anstelle von Obstbäumen«, sagte sie, als wir auf die wachsende Stadt Kelowna hinabschauten.

Ausgerechnet im Okanagan Valley dürfte sich theoretisch gar kein Ballungsraum entwickeln. 1973 wurde per Gesetz die Agricultural Land Reserve (ALR) geschaffen, um British Columbias relativ geringen Anteil an anbaufähigem Land – nur etwa fünf Prozent der Provinz – vor der Verstädterung zu schützen. Das Flächennutzungsgesetz besagt, dass man auf dem Gelände einer Farm nicht ohne Weiteres ein Kinocenter oder ein Drive-through-Restaurant bauen darf. In der Praxis ist die ALR aber eine Grauzone, aus der man auf Antrag und mit so wackeligen Begründungen wie »kommunale Bedürfnisse« auch wieder Land entnehmen kann. Und ist es einmal entnommen, wird dieser Schritt nie wieder rückgängig gemacht.

Vor rund zehn Jahren sind Freunde von mir aus beruflichen Gründen in dieses Tal gezogen. In einem ufernahen Viertel an der Sarsons Road wurden neue Häuser gebaut, und sie beschlossen, eins zu kaufen. Die Anzahlung konnten sie gerade so zusammenkratzen, aber angesichts der schnell steigenden Preise hieß es, »jetzt oder nie«. Nicht lange nach dem Einzug klingelte es an der Tür. Es war Mr. Sarson, der Obstbauer persönlich, und er brachte Früchte als Geschenk. Es war seine letzte Ernte, denn aus seinem Obsthof wurden Straßen.

»KELOWNA SELBST ist gar nicht so schön. Schön ist die Umgebung«, sagte Ingo Grady spitzbübisch, als wir aus dem Kleinbus ausstiegen. Umrahmt von dem pompösen Torbogen mit dem Pelikan-Motiv wies er auf die unbezahlbare Aussicht auf den See unten im Tal und hieß uns mit einem Regenschirm über dem Arm auf dem Weingut Mission Hill Family Estate willkommen.

Als Leiter der Weinseminare von Mission Hill spielt Ingo eine recht priesterliche Rolle im Okanagan Valley, wo Wein heute das flüssige Gold ist und Kreuzritter mit prallen Geldbeuteln nach dem Heiligen Gral suchen, um einen Karton davon zu erwerben. Ich hatte mich für eine Weinprobe einer Runde Kenner angeschlossen. Mission Hill ist nicht der einzige gute Winzer in der Gegend. Aber in Sachen Stil ist das Weingut das Nonplusultra. »Der Pelikan ist ein Symbol für altruistisches Verhalten. Und in unseren Augen sind wir die Hüter der Ästhetik in diesem Tal.«

Mit »wir« meinte er den Besitzer von Mission Hill, Anthony von Mandl. Wie Ingo stammt er aus British Columbia und hat eine gewisse Reifezeit in Europa verbracht, doch den größten Teil seines Vermögens hat von Mandl mit dem Verkauf eines sehr nordamerikanischen Getränks namens Mike's Hard Lemonade verdient, eines gesüßten Wodkagebräus, das bis zur Emesis auf studentischen Verbindungspartys getrunken wird. Im Vergleich dazu ist Wein eine eher noblere Branche des Kapitalismus. 1981 kaufte von Mandl hier Land mit der Absicht, der Appellation »Okanagan« einen ebensolchen Prestigeschub zu verleihen, wie es seinem Men-

195

tor Robert Mondavi im Napa Valley gelungen war. »Ich finde, es ist leichter, uneigennützig zu handeln, wenn man über einen gesunden Kontostand verfügt«, sagte Ingo und führte unseren Rundgang an.

Seit Mission Hill sich kürzlich neu erfunden hat – »renoviert wurde« träfe es besser –, ist das Weingut ein architektonisches Glanzstück – von dem grasbewachsenen Amphitheater bis zu dem zwölfstöckigen Turm, dessen Glocke jede Viertelstunde schlägt. »Unsere Weindinner veranstalten wir *al fresco* …«, sagte Ingo zwischen zwei langen Schritten und verwies mit einer Geste auf eine lange Tischreihe, die sich als Silhouette vor dem blauen See abzeichnete, »… und auf sehr hohem Niveau.«

Er bat uns in eine große Halle, dekoriert mit einem Marc-Chagall-Wandteppich, sehr modern. Wie Schulkinder lauschten wir, als er uns die kurze, glückliche Geschichte des Weins aus dem Okanagan Valley erzählte, den er als Rettung einer Agrarregion im Niedergang darstellte. Ein Videofilm wurde eingespielt, auf dessen Höhepunkt das Bild einer einzelnen Weinbeere zu sehen war, der Lake Okanagan als süßer Mikrokosmos, der nur darauf wartete, verschlungen zu werden. Dann hob sich die Leinwand wie durch Zauberei hinweg, gab den Blick auf die dahinterliegende Küche frei, und ein lächelnder Koch, dessen Gesicht wir alle aus dem Fernsehen kannten, stand hinter einem Gestell mit frisch gebackenen Broten. Ja, das mochte womöglich das Gelobte Land sein; todsicher aber war es Disneyland.

Eine Stunde später trollten wir uns wieder, betrunken morgens um halb elf. Bei einer Weinprobe soll man den Wein wieder ausspucken, aber ich hatte mich zu sehr geschämt, und der Stoff war zu gut. Man kann dem Zauber eines Weinguts nicht entgehen. Er ist eine elegante Form der Landschaftsgestaltung, dieser Weinbau, und jeder Weinberg sprach die Sinne auf eigene Art an. Durch die rosigen Scheiben des trunkenen Kleinbusses kam uns diese Landschaft vor wie ein Teil der natürlichen Ordnung.

Aber ein Weinberg ist bestenfalls eine Huldigung an die Natur, nicht die Natur selbst. Und diesem schlanken Tal verlangt das blühende Geschäft mehr und mehr ab – vor allem Wasser. Im globalen Vergleich ist das Okanagan Valley noch immer ein winziges Anbaugebiet, doch es herrscht eine riesige Nachfrage nach neuen Weinbergen. Obstbauern können ihre Plantagen leicht zu einem Preis verkaufen, der ihnen einen bequemen Ruhestand ermöglicht. Es gab bereits über hundert Weingüter – eins pro Kilometer See –, und auch die wenigen verbliebenen Flecken unberührter Wildnis am Fuß des Tals wurden nach und nach zu Weinbergen. Der Weinanbau war lediglich ein weiterer Faktor, der den Besiedlungstsunami vorantrieb. Als wir auf der Schnellstraße irgendwo bei dem Ort Westbank um eine Kurve bretterten, vorbei an pappschachtelähnlichen Geschäften, Fastfoodläden und Autohersteller-Dependancen, rief eine Frau aus Calgary neben mir plötzlich: »Ach, ich glaube, da oben wohnen meine Eltern«, und blinzelte unsicher ein Seitental hinauf.

»Erkennen Sie es denn nicht wieder? Wann waren Sie denn das letzte Mal hier?«

»Vor etwa einem Jahr. Das hier ist alles neu.«

Das wilde Okanagan Valley beginnt südlich von Penticton. Fünfzehn Jahre vor meinem Besuch war Doreen Olson hierhergekommen, um der zunehmenden Bebauung zu entgehen. Die Sechzigjährige hatte die Ausdehnung der Städte ein Leben lang miterlebt. Nachdem sie hatte zusehen können, wie das bescheidene Toronto ihrer Jugend sich um den Lake Ontario ausbreitete und die Wildnis des Seeufers zerteilt und besiedelt wurde, wanderte Doreen nach Vancouver aus – und prompt passierte dort dasselbe. Gerade als sie in die Berge oberhalb von Okanagan Falls gezogen war, begann der Weinboom, und ihr wurde klar, dass es an der Zeit war, aufzustehen und zu kämpfen.

Als Erstes verfügte sie, dass ihr eigenes Land, auf dem wir gerade standen – ein herrlicher Längsschnitt durch die Artenvielfalt des Okanagan Valley, von der Uferzone bis zur subalpinen Zone, einem Nistgebiet für Sägekäuze –, auf unbegrenzte Zeit nicht als Bauland erschlossen werden darf. Dann wurde sie Aktivistin. Sie war entscheidend an der Konzeption des Meadowlark Festivals beteiligt, einer Veranstaltungsreihe rund um Naturschutz, die jeden Frühling internationale Aufmerksamkeit erregt und für die Olson vom Vizegouverneur der Provinz anlässlich des Thronjubiläums der Queen mit einem Jubilee Award geehrt wurde. Aber sie tat sich schwer damit, ihren persönlichen Beitrag in Worte zu fassen. »Ich versuche, Menschen zusammenzubringen, damit sie voneinander lernen.«

Olson gehört zu den vielen Menschen des Okanagan Valley – Umfragen zufolge die Mehrheit –, für die ein neuer Nationalpark die einzig vernünftige Antwort auf die hektische Bebauung ist. »Das ist im Prinzip das einzige Ziel, auf das ich hinarbeite. Mir ist es wichtig, dass dieser Park genehmigt wird und dass es ordentlich gemacht wird.«

Um auch mich für ihre Sache zu gewinnen, nahm Doreen mich mit auf eine Tour durch das Hochland westlich des Lake Okanagan, das als Teil des Parks im Gespräch war. Zur argumentativen Unterstützung hatte sie ihren Freund Dennis St. John dazugebeten, der aus der Gegend stammte und zufällig auch einer der führenden Schmetterlingsexperten der Provinz war. Wir fuhren kreuz und quer über die Nebenstraßen des Einzugsgebiets, vorbei an vielen Morgen Land, bis wir zu einer Wiese kamen. Wir stiegen aus und gingen durch ein Tor, an dem ein Weg begann.

»Sie stehen an dem Ort mit der höchsten Artenvielfalt Kanadas«, verkündete Dennis. Er hatte einen grauen Bart und sehr lange Beine, die vermutlich in der Laufbahn eines Schmetterlingskundlers so manche Strecke zurückgelegt hatten. Obwohl er ein bisschen kurzatmig war, besaß er eine mächtige Stimme: »Amphi-

bien, Schmetterlinge, Nachtschlangen, Blassammer, Schaufelfuß-
kröte. Gibt's hier alles.« Das flache Tal schien nicht viel mehr zu
bieten als das bräunliche Gras des vergangenen Jahres. Aber dort,
wo die Natur am reichsten ist, verschleiert sie oft ihren Reichtum.

Der neue Nationalpark sollte Land im Südlichen Okanagan
und im Similkameen Valley (kurz SOS) unter Schutz stellen, in
einem Gebiet, das als eines der vier am stärksten bedrohten Ökosysteme Kanadas gilt. Sechs der vierzehn häufigsten Ökosystem-
typen British Columbias – der Provinz mit dem größten Arten-
reichtum – finden sich innerhalb des SOS. Insgesamt 250 Spezies
sind bedroht.

Die Behörde Parks Canada strebt ganz offiziell die Einrichtung
eines Nationalparks im SOS-Gebiet an, aber neue Parks erfordern
in der heutigen Zeit jahrelange Verhandlungen. First Nations mit
Jagdrechten und Rancher in vierter Generation – besonders in der
Gegend von Keremeos – lehnten den Park zumeist ab, da er ihre
althergebrachten Zugangsrechte in Frage stelle. Andere machten
sich Sorgen, dass ein neues Juwel unter den Nationalparks Hun-
derttausende Besucher in die bislang noch weglosen Gegenden
locken würde, die heute nur von Kalifornischen Dickhornschafen
und Jägern aufgesucht werden. Ein Großteil des Landes, das zu
dem neuen Park gehören würde, genießt bereits heute einen unterschiedlich hohen Schutzstatus, etwa den eines Provinzparks.

»Das Land, das jetzt schon geschützt ist, ist sehr stark zergliedert«, sagte Dennis, als wir den Pfad entlangstapften. »Und die
Provinz hat schon mehr Naturparks als Ramses Kinder. Das sind
keine Parks erster Klasse, und die Provinz beschneidet ihre Grenzen immer weiter, um Platz für Überlandleitungen und solche Sachen zu schaffen. Die Forschungsausgaben sind gleich null.« British Columbia unterhielt tatsächlich über achthundert Parks, viele
davon winzige Erholungsgebiete im Umkreis eines Bootsanlegers
oder einiger Picknicktische.

»Die Nationalparks sind die höchste Kategorie unserer Schutzgebiete«, sagte Doreen, die immer dann etwas einwarf, wenn Dennis eine Redepause machte. »Und durch sie können wir viel lernen.«

»Ganz genau!«, sagte Dennis. Er blieb stehen und schaute mich an. »Ein Nationalpark ist vor allem eine Wissensquelle«, sagte er. Nach einer langen Karriere in der Schmetterlingsforschung hatte er erkannt, dass die Wissenschaft bisher nur wenig über einzelne Arten herausgefunden hatte und so gut wie nichts über die komplizierten Beziehungen unter den Arten. Mike Sarell, der Schlangenmann, war derselben Ansicht. »Wie können wir schützen, was wir nicht verstehen?«

Unter dem Strich betrachtet, mag ich die Nationalparks. Aber sie sind bei weitem keine perfekten Lösungen, außerdem befassen sich sie nicht mit der typisch menschlichen Raffgier, die sie überhaupt nötig macht. Und indem wir an einem Ort Gebiete schützen, lassen wir dafür an anderen der Bebauung freiere Hand. Nach dem damaligen Stand der Dinge sollten die wenigen verbliebenen, für Bauherren so attraktiven Wüstengebiete am Fuß des Tals nicht unter den Schutz des neuen SOS-Parks fallen. Auf sie würde der Druck sogar noch verstärkt, weil noch mehr Menschen ins Okanagan Valley gelockt würden. Schließlich sind Nationalparks ja nur ein weiterer Anreiz für Zuwanderer.

Andererseits würde das Tal nicht plötzlich aufhören, Menschenmassen anzuziehen, wenn der Park nicht käme. Ein Drittel der stark gefährdeten Tierarten Kanadas lebt hier, ebenso die Hälfte der gefährdeten Spezies. Das SOS-Gebiet war auf dem besten Wege, in Vergessenheit zu geraten, wie die drei anderen Ökosysteme auf der Liste auch. Wer kennt denn schon die Oregon-Eichen auf Vancouver Island oder die Hochgrasprärie oder die Ökoregion der Carolinischen Wälder?

Ich unterschrieb die Petition, denn es gab nichts zu verlieren.

In Osoyoos, das im örtlichen Dialekt wie ein Reim auf »so Usus« ausgesprochen wird, ist Kanada zu Ende, der Ortskern liegt in Laufweite zur US-Grenze. Unbekümmert und ohne Reisepass wandert das Okanagan Valley weiter ins Nachbarland, wird aber jenseits des 49. Breitengrads »Okanogan« geschrieben. In dieser Gegend ist der Talgrund das ganze Jahr über knochentrocken. Der Osoyoos Lake ist wärmer als ein beheizter Swimmingpool im Sommer, und auf den Wetterkarten im Fernsehen erscheint die Stadt regelmäßig als heißester Ort Kanadas. Manche Leute nennen dieses dürre Land fälschlicherweise die Sonora-Wüste, und tatsächlich erinnert Osoyoos an die kleinen Städtchen an trockengefallenen Flussläufen nahe der Grenze zu Mexiko. Meterhohe Kakteen gibt es nicht, aber die Berge wirken auch hier wie von der Sonne gegerbt. Die Sonora bildet vielmehr den südlichsten Rand der Wüsten Nordamerikas. Weiter nördlich liegt die Mojave, und daran schließt sich das Great Basin an. Es umfasst die nördliche Variante der Wüstenzone, die sich über die Staaten Idaho und Washington bis an den staubigen Saum des Okanagan Valley erstreckt. Manchmal wird sie wegen ihrer typischen vorherrschenden Pflanzenart auch Antilopenstrauch-Wüste genannt.

Die letzten Ecken dieses Landschaftstyps im Okanagan Valley sind schwer zu finden, da aus der Wüste zumeist Obstplantagen und Weinberge geworden sind. An dem kleinen Schutzgebiet namens Osoyoos Desert Centre bin ich dreimal vorbeigefahren, ehe ich es entdeckte. Als ich die letzte echte Wüste Kanadas schließlich erreicht hatte, unterschied sie sich nicht großartig von dem dazugehörigen Schotterparkplatz. So ist das mit Wüsten: Man braucht Phantasie, um sie überhaupt wahrzunehmen.

»Das lässt sich alles schwer vermitteln«, sagte Joanne Muirhead, Wildtierbiologin und Leiterin dieser Freiluftschule für die Ökologie trockener Landschaften. »Die Leute denken, das wäre alles bloß Unkraut.« Wir wanderten den aufwendig angelegten, 1,2 Kilometer langen Bohlenweg entlang, der es achttausend Besuchern pro Jahr ermöglicht, dieses fragile Stück Antilopenstrauch-Wüste unter die Lupe zu nehmen, ohne es zu zertrampeln. Oft machten wir halt, um auf allen vieren vom Bohlenrand aus kleine Wunder zu betrachten: Nadel- und Fadengras, Mäusekot, den Pfotenabdruck eines Kojoten. Der Boden war so trocken und die Pflanzenstängel so spröde, dass es mir mehr wie eine archäologische denn wie eine biologische Exkursion vorkam. In der Hitze des Tages, in der langen trockenen Jahreszeit hütet die Wüste ihre Geheimnisse.

Joanne klang mitgenommen. Sie war völlig ausgebrannt, was bei Menschen, die sich für Naturschutz einsetzen, häufig vorkommt, denn es geht um einiges, das Geld ist knapp, und die Probleme sind vielfältig. Die Pacht für das Desert Centre lief bald aus, und schon hatte ein Weingut ein Auge auf das Gelände geworfen. Nur wenige Einheimische konnten sich dafür begeistern, ein Gebiet zu schützen, das hier als Ödland galt, umgeben von Weinbergen, dem Highway, einer Müllhalde und einem Abwasserteich.

So gut wie jedes Tier, das man in dem Naturschutzzentrum zu Gesicht bekommt, »steht auf der Liste« – Biologenjargon für mehr oder weniger stark bedroht. Buttercup war die Silberdächsin, die auf dem Gelände lebte. Da Dachse einen Aktionsradius von etwa fünf Kilometern haben, verschlug es Buttercup auf Nahrungssuche bisweilen bis zum Golfplatz, ein gefährlicher Weg, auf dem sie den Highway überqueren musste.

Der Fuß des Tals ist ein unsicherer Ort für wilde Wesen und ihre Fürsprecher. Kelowna trägt seinen Namen nach dem Wort für »Grizzlybärin« in der Sprache der Okanagan-Salish, aber man trifft den riesigen Bären nicht mehr beim Fischen unten im Tal an. »Kokanee« ist zunehmend als Biermarke bekannt. Weil der Dachs auf dem überhitzten Immobilienmarkt nicht mehr mithalten kann, lohnt sich das Geschäft auch für den Kaninchenkauz nicht mehr, dessen Existenz davon abhängt, dass der Dachs Höhlen baut. Und so weiter.

Die ganzjährige menschliche Bevölkerung wuchs rapide. Neue Zuwanderer aus Quebec kamen wegen der sommerlichen Hitze, und aus Alberta flohen sie mit ihren Wohnwagen vor dem Winter in der Prärie. »Die Leute kommen wegen des Wüstenklimas her«, sagte Joanne. »Aber was passiert, wenn die Wüste nicht mehr da ist? Wird ihnen das überhaupt auffallen?«

DAS GRÖSSTE zusammenhängende Stück Antilopenstrauch-Wüste gehört der Osoyoos Indian Band, auch als Nk'Mip bekannt.

Nk'Mip (sprich: In-ka-miep) ist ein Wort der Okanagan-Sprache und bedeutet »Flussniederung«, und die ins Unermessliche steigenden Marktpreise des Landes, das den Nk'mip ihren Namen gab, hat sie zu einer der reichsten First Nations in ganz Kanada gemacht. Sie machten ihr Wüstenkapital dem Erdboden gleich, um Platz für ihre vielen Unternehmen zu schaffen: ein Urlaubshotel im Adobe-Stil, einen Golfplatz, einen Campingplatz, ein großes Weingut. Sie umwarben Hersteller, ihren Firmensitz hierher zu verlegen und versuchten, auf den Bergen ein neues Skiresort aufzubauen.

Das Herzstück des Nk'Mip-Reservats war ein zehn Millionen Dollar teures mit staatlichen Mitteln errichtetes Kulturzentrum. Hier wird von der Verbindung eines Volks zu seinem Land berichtet und wie die Tiergeister Opfer brachten, um in ihrer vollkommenen Welt einen Platz für den Menschen zu schaffen. Der Grizzly gab sogar sein Leben.

Der führende Kopf hinter den Geschäften der Band war Chief Clarence Louie. Aber als ich ihn treffen wollte, sagte seine Assistentin, er sei »in Australien, um bei den Aborigines eine Rede darüber zu halten, wie man Geld machen kann«. Sie räumte ein, dass die wirtschaftliche Entwicklung im Reservat schnell voranschritt. »Wir stehen selbst von unseren eigenen Leuten unter Beschuss, weil wir angeblich zu schnell wachsen.«Es sei aber nicht fair, ermahnte sie mich, Nk'Mip bei der Wachstumsbewertung hervorzuheben, wo das Tal doch von Menschen aus aller Welt ausgebeutet werde. Nein, pflichtete ich ihr bei.

Gleich bei einem Schild »Vorsicht, Klapperschlangen kreuzen!« ging ich in Nk'Mip zum Strand hinunter, drückte mich vorsichtig an den Sträuchern vorbei und passte auf, wo ich hintrat. Als der Abend kam, wurde die Wüstenluft kühl. Der Osoyoos Lake färbte sich im Licht der letzten Strahlen pink. Von stromaufwärts trank er Wasser, das fünfzig Jahre lang im Fass des Lake Okanagan gereift war. Es war ein guter Jahrgang. Die Fauna, die sich in der Hitze zuvor so zurückgehalten hatte, machte sich nun bemerkbar. Von prominenten Ästen übertrugen Wiesenstärlinge ihr elektronisches Gezwitscher in alle Welt, auf einer Anhöhe vor mir tauchten zwei Hirsche auf. Ich wanderte einen weiten, ziellosen Bogen, bis es fast dunkel wurde, unsicher, ob das Land hier dem Reservat gehörte oder jemand anderem, ich wusste nur, dass es kühl war und süß duftete.

Zurück auf der Straße hielt ein Laster an, und der Fahrer fragte, ob er mich in die Stadt mitnehmen könne. Gary Dhaliwal war Obstbauer und stammte wie viele andere im südlichen Okanagan Valley aus dem Punjab. Gary war dreißig Jahre zuvor als Kind hierhergekommen, und das Tal war seine Heimat, doch er sagte, viele Plantagenbesitzer aus dem Punjab hätten auch Obsthöfe drüben in Indien. Sie blieben wegen der Hitze und der Profite des Sommers in Kanada und kehrten dann auf den Subkontinent zurück.

Als ich erzählte, wie schön ich die Wüstenlandschaft fand, durch die ich gerade gewandert war, sagte Gary: »Gut, dass Sie sie noch erlebt haben. Bald wird das alles unter Rebstöcken verschwinden. Sicher noch diesen Sommer.« Er sagte, das Land sei an einen multinationalen Weinkonzern verpachtet worden, dem bereits zahlreiche Marken aus dem Okanagan Valley gehörten und viele weitere weltweit. Er schien sich gut auszukennen. Ähnliche Kaufangebote für seine eigenen Plantagen hatte er abgelehnt. »Was sollte ich denn dann manchen? Meine Kinder in Vancouver großziehen?«

Gary setzte mich an einem Pub ab, wo ich eine Pizza aß und den Vancouver Canucks zusah, wie sie in ihrem letzten Saisonspiel ihr Leben aushauchten. Ruhet in Frieden. Ich dachte an all die Stimmen, die ich im Tal vernommen hatte, und hoffte, sie seien mehr als bloß ein Nachruf. Den Nachtisch begoss ich mit Bier, nicht mit Wein. Als ich abreiste, war es noch dunkel im Tal, daher sah ich nichts mehr von ihm.

Kenora

Longbow Lake

Clearwater Bay

Keftle

Northwest
Angle

Morson

Lake of the Woods

Buffalo Point

Birch Beach

Watroad

Wheelers Point

0   5   10   15
|......|......|......|/km

Sommer
BOOTSFAHRTEN
MIT FRAUEN
Lake of the Woods, Ontario

Selbst wenn der Nutzen offensichtlich ist – und was könnte offensichtlicher sein als eine Wirtschaft, die vom Tourismus geprägt ist –, so bleibt doch ein nicht wegzudiskutierendes Gefühl, das denjenigen, deren Lebensunterhalt von den Auswärtigen abhängt, schwer im Magen liegt. Besonders wenn diese Auswärtigen die Einheimischen meist als Hilfspersonal betrachten.
Roy MacGregor, *The Weekender: A Cottage Journal*

ALS ICH in jungen Jahren zum ersten Mal nach Kenora, Ontario, kam, glaubte ich, es müsste die glücklichste Stadt der Welt sein. Nicht dass die Straßen, die sich über den Felsgrund des Nordens schlängelten, die roten Ziegelhäuser, das alte Hotel an sich bemerkenswert waren. Was Kenora verglichen mit anderen Orten einen Zauber verlieh, mehr noch als Städten wie Banff oder Jasper, war der große See, der sich von Inseln durchsetzt Richtung Süden erstreckte. All diese Inseln waren mit Hütten gesprenkelt, Boote fuhren geschäftig hin und her, Wasserflugzeuge landeten – und diese sämtlichen Wunder von Lakeland gab es mitten in der Stadt.

Der Blick von Kenora auf den Lake of the Woods ist bis heute meine Lieblingsaussicht auf dem ganzen Trans-Canada-Highway: eine blaue felsbesetzte Brosche, die Lakeland in der Mitte zusam-

207

menhält. An der Längsausdehnung Kanadas gemessen, liegt der Lake of the Woods nahe der Mitte des Landes und markiert die Grenze zwischen Ost und West. Der See liegt zwar in Ontario, wird aber stark von Manitoba beansprucht, auf dessen offizieller Straßenkarte er jedes Jahr aufs Neue abgedruckt ist, wie ein besetztes Territorium. Er liegt am Rand des Kanadischen Schilds, sein südliches Ufer grenzt an die Prärie – und an ein anderes Land: Minnesota. Wie ein großer Teil Kanadas gehört auch er zum Wassereinzugsgebiet des Lake Winnipeg, mit dem er durch den Winnipeg River verbunden ist.

Für mich war der Lake of the Woods das Tor in Richtung Westen, ein Zugang zum 1.500 Kilometer weiten Norden Ontarios, zu einer doppelten Portion Lakeland, die ich in den kommenden Sommertagen durchqueren wollte. In Ottawa angekommen, würde ich für eine Woche nach Quebec fliegen und danach zurückfahren. Ich würde einen Monat unterwegs sein und hatte meinen Pick-up-Truck mit der Campingausrüstung, zwei Fahrrädern und einem Ruderkanu von Alden beladen, vertäut an einem hastig zusammengebauten Ladeflächenträger. Auf dieses absurd anzusehende Gefährt hatte ich alles gepackt, nur nicht meine Kleider, die ich zu Hause vergessen hatte.

Der Blick von Kenora auf die tausend Inseln des Sees weckt die Lust am Entdecken, und ich wollte raus aufs Wasser. Ich fuhr mit dem Rad los, um mir ein Boot zu besorgen, machte aber eine kurze Pause am Lake of the Woods Museum, der wichtigsten Touristenattraktion von Kenora. In seiner Sammlung befinden sich unbezahlbare historische Trachten der nordamerikanischen Völker aus dem Bestand von Frank Edwards, der von 1920 bis 1945 als Indianeragent bei den Sioux, Cree und Ojibway arbeitete, zu deren Gebieten auch der See gehörte. Zu sehen gab es außerdem ein Regal mit sehr alten Außenbordmotoren, für das sich zahlreiche sehr alte Männer interessierten.

Vom Museum aus radelte ich nach Westen, das Ufer entlang bis nach Keewatin, eines der vielen früher eigenständigen Städtchen am Nordufer des Sees, die zu Kenora vereinigt wurden. *Keewatin* ist ein Algonquin-Wort, das in meinen Ohren hübsch klingt und »Norden« bedeutet. Es gab aber auch weniger klangvolle Namen für die Stelle, an der der See in den Winnipeg River fließt. 150 Jahre lang hieß sie Rat Portage, eine europäische Übersetzung des Algonquin-Ausdrucks für »Kanu-Portage zum Land der Moschusratte«. Hartnäckig hält sich in der Stadt die Geschichte, dass die Firma Maple Leaf einmal von dem Vorhaben zurückschreckte, hier eine Mühle zu bauen, weil sie auf ihre Mehlpackungen nicht das Wort »Ratte« drucken wollte. 1905 wurde aus den Anfangsbuchstaben der Ortsnamen Keewatin, Norman und Rat Portage der Name Kenora zusammengesetzt.

Heute beginnen die meisten Fahrten auf dem Lake of the Woods im Stadtteil Keewatin, dem Hafen für die robusten Boote, die Ferienhausbesitzer brauchen, deren Inselgrundstücke nur über das Wasser erreichbar sind. Ich fuhr unter Ahornbäumen durch die Straßen von Keewatin bis zur Two Bears Marina.

Der Yachthafen gehörte Joanne Hill und ihrem Mann John bereits seit achtzehn Jahren. Sie verkauften Benzin, Lebensmittel, Eis in Tüten und Seekarten und versuchten, Greenhorns an der Bootsrampe vor Missgeschicken zu bewahren. In ihrer Marina warteten und hüteten sie 225 Boote und berechneten dafür etwa 600 Dollar pro Saison. »Die Leute aus Toronto denken immer, das wäre pro Monat«, sagte Joanne, ohne mit der Wimper zu zucken; die Hände in die Hüften gestemmt musterte sie mich. Sie war eine ungeschminkte Persönlichkeit mit großmütterlicher, strenger Ausstrahlung. Sie wusste mich und mein unklares Anliegen noch nicht einzuschätzen. Misstrauisch betrachtete sie mein Notizbuch und mein Fahrrad.

»Sie möchten also ein Boot mit einem Guide mieten«, sagte sie. Nicht ganz. Ich erwiderte, ich wolle etwas über den Lake of the Woods erfahren, und zwar aus Sicht der Leute, die auf ihm arbeiteten, aus Sicht der Arbeitgeber, die Urlaubern das Leben im Ferienhaus möglich machten. Eine Augenbraue hob sich.

Mir sprang das Foto einer wunderbaren Holzbarkasse ins Auge, derjenigen nicht unähnlich, die ich im Jahr zuvor am Kai von Baddeck Bay am Bras d'Or Lake gesehen hatte, und ich sprach Joanne drauf an. Das nahm sie sofort für mich ein, denn wie sich herausstellte, verband uns ein Faible für Holzboote. Sie hatte sich auf den Erhalt klassischer Boote von legendären kanadischen Herstellern wie Cadillac oder Peterborough spezialisiert. Tatsächlich war die Two Bears Marina früher selbst eine Werft gewesen. Wenn sie ein vernachlässigtes Boot fand, vermittelte Joanne einen Deal zwischen einem geeigneten Bootsbauer und -restaurator und jemandem mit Geld und Geschmack. Jeden Sommer veranstaltete sie am Ufer von Kenora eine Parade klassischer Holzboote vom hölzernen Kajak bis zur *Grace Anne II*, einer prächtigen mahagoniverkleideten Yacht von Ditchburn Boatworks aus Gravenhurst, die noch immer auf dem Lake of the Woods verkehrte. Das 1931 vom Stapel gelaufene Schiff gehörte Grace Anne und John Furlong, deren Familie seit 1893 ihre Sommer am Lake of the Woods verbracht hatten. Man kann die *Grace Anne II* für ein paar tausend Dollar pro Tag mieten, falls Sie Interesse haben.

Eigentlich aber waren die typischen Boote auf dem See damals keine Luxusanfertigungen, sondern einfach und seetauglich. Und wenigstens an fünf von sieben Tagen wurde diese Flotte von Frauen gesteuert, deren Männer in der Großstadt arbeiteten. Schon als Kind hatte Joanne am Ruder gestanden. »Ein Steuerrad gab es nicht, nur eine Ruderpinne, und man musste eine Schnur um das Schwungrad wickeln, um den Motor anzulassen.« Mit ihrer Großmutter und ihrer Mutter fuhr sie jeden Freitag per Boot nach Keewatin, wo der Sonderzug zum See einlief, der Camper's Special, der die Väter am Wochenende nach Hause brachte.

Joanne sagte, Ferienhäuser seien zwar immer schon ein Luxus gewesen, aber der zunehmende Wohlstand habe das soziale Gefüge am See verändert:»Man muss reich sein, um hierherzuziehen. Traurig, dass langjährige Bewohner, die viele Jahre lang ihre Freude am See hatten, jetzt durch Preise vertrieben werden, die fast das Niveau von Muskoka erreichen.« Zugleich waren es harte Zeiten für die lokale Wirtschaft von Kenora. Die Papierfabrik hatte vor kurzem dichtgemacht, Hunderte in die Arbeitslosigkeit entlassen und den ganzen Ort in eine Identitätskrise gestürzt. Die einstige grenznahe Versorgungsstadt Kenora versorgte nun Urlauber – nach der Fischerei war nun wohl auch die Fortwirtschaft reif fürs Museum.

Joanne sagte, sie würde die Marina nur noch diese Saison weiterführen. Sie habe Herzprobleme und müsse kürzertreten. Sie hoffe, wer auch immer den Laden übernehme, würde ein Gespür für seine lange Geschichte haben. Nach dieser ernsten Überlegung sagte sie, um den See aus Arbeitersicht zu verstehen, müsse ich wohl mit einem Schiffer namens Tim Thorburn reden. Er und seine Frau Paula seien die Einzigen, die noch ganzjährig auf dem großen See lebten. Ja, sie könnten sogar die Einzigen in ganz Lakeland sein.

Ich verabschiedete mich und nahm einen kleinen Umweg zurück nach Kenora, über die Brücke zur Government Road und auf den Hügel gegenüber des Yachthafens, um einen letzten Blick auf die Two Bears Marina zu werfen, wie sie jemand gesehen hätte, der einst gerade aus dem Camper's Special gestiegen war: ein langgestrecktes, auf Pfählen über dem Wasser schwebendes Bootshaus aus einer Zeit, als Holz noch viel verbreiteter war. Einige Monate später sollte ich es aus genau demselben Blickwinkel in einer Online-Immobilienanzeige wiedersehen. Vom Computer aus rief ich Marlene zu:»Willst du nach Ontario ziehen und eine Marina führen?«»Nöö«, rief sie zurück. Und so verflüchtigte sich ein Kindheitstraum von einem Leben am Lake of the Woods.

Zurück in der Innenstadt mischte sich die Nachmittagshitze auf eigenartige Weise mit der Kühle des Sees. Ich betrachtete das einstmals luxuriöse Kenricia Hotel, erbaut 1910, während des wirtschaftlichen Aufschwungs im Westen, als Farmer genug verdienten, um ihre Kinder studieren zu schicken, und Rohstoffspekulanten drüben in Winnipeg ihre Villen errichteten. Unten am Wasser kletterten ganze Banden von Schulkindern mit ihrem Gepäck in große Aluminiumboote, die eines der vielen Sommercamps auf den Inseln des Sees zum Ziel hatten. Ich fragte mich, ob sie wussten, dass manche Inseln während des Zweiten Weltkriegs als Lager für deutsche Kriegsgefangene gedient hatten. In beiden Fällen – ob nun als Sommerfrische für Kinder oder als Ort, an dem man als Soldat das Kriegsende abwartet – ist der Lake of the Woods ein einladendes Labyrinth.

In insgesamt 4.350 Quadratkilometern See drängen sich exakt 14.632 Inseln. Dieser phantastischen Zahl rühmen sich die Verfasser einiger vor Ort erschienener Pamphlete, und auch die *Canadian Encyclopedia* nennt sie. Wie das Seenzählen ist auch das Inselnzählen ein windiges Unterfangen, bei dem alles von der Definition abhängt. Angeblich übertrifft die Uferlänge des Sees sogar die des Lake Superior, aber das ist vermutlich überzogen. Bemerkenswert ist, dass die Inseln sich fast alle in der Nordhälfte ballen, während das südliche Becken größtenteils aus offenem Wasser besteht. Wie der tiefergelegene Lake Winnipeg ist auch der Lake of the Woods ein Überrest des Gletscherstausees Lake Agassiz.

Sich auf solchen Seen zurechtzufinden ist selbst mit modernen Karten eine Herausforderung. Die Missionare und die ersten Pelzhändler, die sich aus dem Gedächtnis ihren Weg vom Rainy River im Südosten bis zum Winnipeg River bei Rat Portage suchten, konnten leicht die Orientierung verlieren. Wenn nicht noch mehr. 1732 errichteten die Franzosen unter Jean Baptiste de La Vérendrye am Nordufer das Fort St. Charles. Vier Jahre später, am 6. Juni

1736, fuhren er und der Jesuitenpriester Jean-Pierre Aulneau mit neunzehn Mann über den See. Nicht weit vom Fort entfernt wurden sie von Sioux-Kriegern getötet. Ihre gründlich ausgeweideten Leichen wurden als grausige Visitenkarte auf der Insel liegen gelassen, die heute Massacre Island heißt. Nach Aulneau benannt ist die riesige Halbinsel, die den See in zwei Teile teilt und durch eine winzige Landbrücke mit dem Ufer verbunden ist.

Wie die Großen Seen gehört auch der Lake of the Woods nicht vollständig zu Kanada. Die Grenze verläuft aber nicht einfach gerade über das Wasser, sie macht in der Mitte einen komischen Sprung, wie der Ausschlag eines EKGs: Die Grenze schießt verwirrt nach Norden, trifft auf Land und wendet sich dann allmählich wieder Richtung Süden, dabei bildet sie eine geographische Absonderlichkeit, die *Northwest Angle*, »Nordwestwinkel«, genannt wird.

Mit dem Vertrag von 1818 einigten sich Kanada und die USA für den Grenzverlauf zwischen der Pazifikküste und dem Lake of the Woods auf den 49. Breitengrad. Der östliche Abschnitt der Grenze endete gemäß einem früheren Abkommen am nordwestlichsten Punkt des Sees. Leider stellte sich heraus, dass die Enden dieser beiden Grenzlinien sich in der Mitte nicht ganz trafen. Der hochgeachtete Kartograph David Thompson wurde losgeschickt, um die Dinge mithilfe seines treuen Sextanten ins Reine zu bringen. Er vernähte die beiden losen Enden der Grenze mittels einer kurzen Strecke in Nord-Süd-Richtung, doch damit lag fortan ein verwaistes Stück Minnesota fernab der übrigen achtundvierzig Vereinigten Staaten. Zu dieser Geschichte gehören noch eine Unmenge weiterer Einzelheiten, die ich hier einfach übergehe. Wenn Sie mehr darüber wissen wollen, setzen Sie sich auf eine Bank am Seeufer von Kenora. Schon bald wird ein alter Herr auftauchen, oder gleich mehrere, und ihnen alles ganz genau erklären.

Den »Winkel« erreicht man nur über Land, indem man durch Kanada fährt. Ich entschied mich, es wie die Amerikaner zu halten und gar nicht hinzufahren. Die Kolumbusritter von Minnesota haben Fort St. Charles wiederaufgebaut, aber viel mehr gibt es nicht zu sehen. US-Amerikaner, die am Lake of the Woods Zeit verbringen und Geld ausgeben wollen, zieht es vornehmlich auf die kanadische Seite, und ihnen gehören viele der »Camps« – wie man Ferienanlagen mit Blockhütten in großen Teilen Ontarios nennt. Der amerikanische Schriftsteller Tim O'Brien hat als Setting für seinen Roman *Geheimnisse und Lügen*, in dem der unsympathische Protagonist in einem Blockhaus vor sich hin brütet, den Grenzwinkel gewählt. Die Geschichte zwischen Fabel und Detektivroman mit ihrem offenen Ende dreht sich um die Nachwirkungen des Vietnamkriegs. Der »Winkel« und die Seekulisse dienen als Metaphern für ein Fegefeuer moralischer Fragen. Und wer will schon für einen Besuch im Fegefeuer zwei Stunden lang bis in ein anderes Land fahren?

Es war schon nach zwölf, der Nachmittag lag dahingestreckt vor mir, und ich hatte noch nichts Festes vor. Das Gefühl erinnerte mich an meine Zeit als Kind am See, diese Leichtigkeit in der Umarmung langer Sommertage, ohne jedoch den Gedanken ganz verdrängen zu können, dass all das ein Ende hatte und irgendwann die Quälerei der Schule wieder anfangen würde. Ich genoss es, einfach an der Kenora Bay zu sitzen und den Booten zuzuschauen. Aber Ontario war eine weite Landschaft, und durch stilles Dasitzen allein würde ich sie nicht erfassen können.

Ich hatte die Handynummer des Schiffers, die Joanne mir gegeben hatte, aber bis jetzt war er nicht erreichbar gewesen. Ich stellte ihn mir am Ruder eines Schiffs irgendwo auf dem See vor, vielleicht mit einem Stumpen im Mund wie Humphrey Bogart in *African Queen*, und probierte es noch einmal. Diesmal ging jemand dran.

214

»Ist dort Tom Thorburn.«

»Hm, *Tim* Thorburn«, sagte die Stimme. Trotz meines Patzers war Tim sehr freundlich und sogleich empfänglich für die Idee, jemanden völlig Fremden als Zuschauer bei der Arbeit zu empfangen. Gerade steuerte er seinen Lastkahn zu einem Schottersteinbruch, um dort Ladung aufzunehmen. Nur, wie sollte ich aus der Stadt zu ihm kommen? Sein Schiff war zu langsam, um quer über den See zu fahren, nur um einen Gast an Bord zu nehmen. Aber er sagte, er würde »mal mit Paula reden«, und ich solle ihn nach der Arbeit noch einmal anrufen. Für Tim bedeutete das nach Sonnenuntergang, was Mitte Juli in diesen Breiten auf halb zehn hinauslief. Gott segne die hart arbeitende Bevölkerung.

Gerade hatte ich aufgelegt, als mein Telefon klingelte. Es war Gerry Wilson, eine Kollegin aus der Verlagswelt, die das Magazin *Lake of the Woods Area News* herausgab. Wir hatten uns nie persönlich getroffen, aber ich hatte eine Nachricht hinterlassen, dass ich in der Stadt sei.

»Ich bin grade aus einem Meeting raus. Kannst du in zwanzig Minuten vor dem Museum sein?«, fragte sie außer Atem.

»Ich bin nur zwei Straßen entfernt.«

»Kannst du deine Badehose mitbringen?«

»Habe ich, glaube ich, schon an.« Als mir aufgefallen war, dass ich den Seesack mit den meisten meiner Kleider zu Hause vergessen hatte, hatte ich bei der Mountain Equipment Co-op in Winnipeg ein kleines Vermögen für schnell trocknende Textilien ausgegeben. Ich sagte ihr, ich käme mit dem Fahrrad und wäre angezogen wie der Moderator einer Natursendung.

Ich fuhr zum Museum und wartete. Strahlend trat eine durchtrainierte, braun gebrannte Frau aus Richtung des Sees auf die Straße. »Man erkennt dich gleich«, sagte Gerry. Sie hatte eine Tüte Snacks und Getränke dabei, die sie eilig in dem großen Supermarkt auf der anderen Straßenseite zusammengesucht hatte,

Zutaten für ein Picknick. Sie ging voraus zu ihrem Boot, einem stabilen, schmucklosen Runabout, das am Ende der Main Street festgemacht war. Sie sprang hinein, ich stieß uns ab, und der mächtige Honda-Viertakter schob uns vom Ufer weg. Ganz aus dem Nichts hatte der Tag Form angenommen. Mich packte meine alte Begeisterung für Boote, für spontane Ausflüge in der Sommersonne irgendwohin, aus purer Lust daran. Einfach so, mit einem Fingerschnippen, kann sich deine Welt verändern, wie es bei den Buddhisten heißt.

Gerry fuhr uns zuerst ein Stück nach Westen, um Benzin und Eis zu kaufen, zwei Besorgungen, die hier oft zusammen erledigt werden. Sie war eine erfahrene Bootsführerin und legte mühelos mit derselben Genauigkeit an, die ich den ganzen Tag bei ihr beobachten sollte. Wie bereits an der Two Bears Marina wurden die Zapfsäulen gekonnt von Jugendlichen in Uniform bedient, die Mädchen kletterten auf sauberen bloßen Füßen an Bord, ihnen ging kein Tropfen Sprit daneben, und an den Glanzteilen der Kundenboote hinterließen sie nicht den geringsten Kratzer. Ich war in einer Kultur meisterhafter Seeschifferinnen angekommen.

Unterwegs schauten wir uns die Ferienhäuser am See näher an. Am dichtesten standen sie nahe Kenora, besonders auf Coney Island. Gerry nannte diesen dichtbesiedelten Abschnitt die »City« und versicherte mir, je weiter man nach Süden zum großen See käme, desto vereinzelter würden die Häuser stehen. Sie kannte die meisten Eigentümer und die Verkaufspreise der jüngeren Zeit, wie man als Marktkennerin eben Bescheid weiß. Es schmerzte sie, dass das Seeufer so überfüllt sei: Dort stünden mehr als achttausend Ferienhütten, etwa zwei pro Quadratkilometer Wasseroberfläche. Sie redete von ihren Überlegungen, ihr Haus zu verkaufen, und sich an einen »reinen Forellensee« irgendwo in der Wildnis zurückzuziehen, doch das hieße ja, aufgeben, dem See selbst untreu zu werden. Ich brachte es nicht übers Herz, Gerry zu erzählen, dass sich zu Hause am Emma Lake dreitausend Hütten fünfundzwanzig Quadratkilometer Wasseroberfläche teilten.

Der Lake of the Woods hatte auch seine Probleme, einschließlich eines übermäßigen Nährstoffreichtums, für den Gerry vor allem den Oberflächenablauf aus dem nördlichen Minnesota verantwortlich machte. Später im Sommer, erklärte sie, würde das Wasser vor Unmengen Algen erblühen, dem Fluch der Ferienhausbesitzer. Ich äußerte die Vermutung, dass die Ferienhäuser die Lage wohl noch verschlimmerten. Für die kleinen Inselcamps war Abwasser eine Herausforderung, und von einem Mitarbeiter der örtlichen Gesundheitsbehörden hatte ich gehört, dass manche skrupellosen Eigentümer ein diskret ins offene Wasser geleitetes Rohr als die einfachste, wenn auch illegale, Lösung betrachteten.

Gerry glaubte nicht, dass das stimmte. Die Ferienhausbesitzer seien die Lösung, nicht das Problem, und dafür gebe es klare Anhaltspunkte. Ihr Magazin war die offizielle Stimme des Verbands der Grundstückseigentümer am Lake of the Woods, und das ganze Spektrum der Gewässerschutzthemen wurde darin behandelt, darunter auch umweltbewusste Abwasserentsorgung. Wie mir Mike Stainton damals am Lake Winnipeg gesagt hatte, warteten die Eigentümer am Lake of the Woods nicht ab, was der Staat in die Wege leitete. Sie förderten die Wissenschaft unmittelbar mit eigenem Geld, und Gerry veröffentlichte die Ergebnisse in ihrer Zeitschrift.

Meinem Eindruck nach waren die Ferienhütten auf den Inseln eher locker verteilt. Viele von ihnen hatten keinen Strom- oder Telefonanschluss oder waren nur dürftig mit fließendem Wasser versorgt. Sie waren zurückhaltend im Stil und *zwischen* die Kiefern von Ontario gebaut, nicht an ihre Stelle, und ihre Architektur harmonierte mit dem felsigen Untergrund. Keines der Grundstücke litt an der Schande einer urbanen Landschaftsgestaltung. Gerry zeigte mir einige Neubauten, die sie zu grell fand. Sie waren nichts im Vergleich zu manchen der vinylverkleideten Kästen auf baumlosen Grundstücken, wie sie gerade den Emma Lake eroberten. Auf den Inseln gab es weder Autos und Straßen noch Geländewagen. Verbreitet waren zweistöckige Bootshäuser mit Wohnungen im ersten Stock, und anstelle von Sandstränden gab es breite überdachte Stege und schwimmende Anleger. Wir kamen an einem Trupp ausgelassener Teenager auf einem Rennboot vorbei, einer Sonderanfertigung für Wakeboarder, die wohl mehr wert war, als ein durchschnittlicher kanadischer Hauseigentümer im Jahr verdient. Gerry verzog das Gesicht. Das mächtige Kielwasser solcher Boote kann die empfindlichen Ufer zerstören und zur Verlandung des Sees beitragen, in ihrem Magazin hatte sie schon Artikel darüber gebracht. Gleichwohl geht ihr Sohn manchmal mit Freunden wakeboarden. Wie der verstorbene New Yorker Werber Tibor Kalman einmal sagte:»Ganz rein zu sein ist schwer.«

Gerry navigierte uns an den letzten Hütten vorbei zu einer winzigen flachen Felseninsel, bremste ab und ließ uns an Land treiben. Als der Motor aus war, herrschte völliger Friede. Der südliche Teil des Sees sei wild und leer, sagte Gerry. Meine Gastgeberin steckte bereits in ihrem grünen Badeanzug und watete ins Wasser, ich folgte ihr. Obwohl mich der See an viel weiter nördlich gelegene Gewässer erinnerte, war das Wasser warm und einladend. Im August würden die Algen womöglich beim Schwimmen stören. Noch aber war der See ein Labsal und wusch die Hitze der Stadt von der Haut.

Bei unserem Mittagessen am Ufer redeten wir über Al Gores Buch *Eine unbequeme Wahrheit*, über Optimismus und Pessimismus, über Biodiversität und die Nährstoffbelastung aus Minnesota. Unter der freundlichen Nachmittagssonne bei Käse und Crackern und dem Bier, das Gerry mitgebracht hatte, mochte man sich um diese Dinge eigentlich keine Gedanken machen.

»Das war eine gute Idee von dir«, sagte sie und lächelte. Gerry erzählte, dass ihr Verband oft Leute aus Toronto oder Ottawa einflog, um seenbezogene Themen zu diskutieren. Die Auswärtigen wohnten dann in dem Hotelturm am Ufer von Kenora, hielten ihre Konferenz ab und führen dann zurück zum Flughafen, ohne den See überhaupt richtig erlebt zu haben. Wir gingen noch einmal schwimmen. Gerry schlug vor, unser Inselchen zu umrunden, und so paddelten wir los, einmal mussten wir dabei über einen glitschigen Felsen balancieren wie zwei Kinder. Wieder an Land wirkte der warme Fels einschläfernd, und ich hätte mich zurücklehnen und wegdämmern können.

Schließlich standen wir auf, suchten unsere Sachen zusammen und stießen uns von den Felsen ab. Auf dem Rückweg wählte Gerry eine andere Route und musste kurz anhalten, um auf ihre Karte zu schauen. Früher hatte ihr ein Camp auf einer Insel gehört, das sie gern einmal wiedersehen wollte. Wir fuhren an einer Flottille Kormorane vorbei, die in dem stillen Wasser fischten, und erreichten den Balancing Rock, ein lokales Wahrzeichen und zugleich ein natürlicher Sprungturm, von dem Gerry als Mädchen ins Wasser gesprungen war. Nun gehörte die Insel einer Französin, die auf ihrer hohen Zinne die Flagge der Bretagne gehisst hatte. So ist das mit dem Privatbesitz.

Gerrys früheres Camp lag auf der nächsten Insel. Die Besitzer waren nicht da, aber wir gingen trotzdem an Land. Gerry war spürbar bewegt, wieder hier zu sein. Die Insel war größer, als sie aussah, und wir gingen den Weg zum alten Bootshaus hinunter, betrachteten die zum Wasser führenden Stufen, die frühere Besitzer vor zwei Generationen in den Fels gehauen hatten, die Lärchen, die Gerry selbst gepflanzt hatte. So etwas könne sich heute keiner mehr leisten, sagte sie. Sie bedauerte, die Insel verkauft zu haben.

Ich sagte Gerry, dass sich die Ferienhausbesitzer vom Lake of the Woods, ganz unabhängig von den Preisen, mit ihrer Bebauung doch noch sehr zurückhielten. Ja, sagte sie. Eben. Ferienhausbesitzer machten sich über solche Dinge nämlich Gedanken, wohingegen die Einheimischen sich mehr für die wirtschaftliche Entwicklung interessierten als für Naturschutz. Die Eigentümer der Häuser seien wirklich eine Hoffnung für den Lake of the Woods, sagte sie. Vielleicht hatte sie recht. Aber warum bevorzugten wir dann beide die Teile des Sees, an denen weniger Ferienhäuser standen? Was würde wohl Tim Thorburn, mein Schiffer, dazu zu sagen haben, sofern das Schicksal uns noch zusammenbrachte?

Während wir im Licht des Spätnachmittags zwischen den Inseln hindurch zurück zur Stadt fuhren, sagte ich nichts mehr, was meine freundliche Gastgeberin beunruhigt hätte. Gerry mochte nicht auf alles eine Antwort haben, aber ebenso wie mir lag ihr viel daran, zu einem nachhaltigen Umgang mit der nahegelegenen Wildnis zu gelangen. Ich freute mich, eine Verbündete kennengelernt zu haben. Sie setzte mich wieder an demselben Anleger in der Innenstadt ab, wünschte mir viel Glück, und weg war sie.

NACH MEINER Ausfahrt mit Gerry lag ich auf meinem Hotelbett, schaute die Tour de France und kämpfte bis zum Sonnenuntergang gegen den Schlaf an, damit ich Tim Thorburn anrufen konnte. Dieselbe freundliche Stimme ging ans Telefon. Tim sagte, Paula, seine Frau und Geschäftspartnerin, sei einverstanden, früh am nächsten Morgen mit dem Boot in die Stadt zu kommen, um mich abzuholen, damit ich ihn treffen könne.

Als der Morgen kam, war ich wieder in Keewatin, ein Stück landeinwärts in der Bucht, an der auch die Two Bears Marina lag. Genau zur verabredeten Zeit wogte ein Boot in Sicht. Die Frau, deren Silhouette sich unter dem Sonnendach abzeichnete, vollführte ein perfektes Anlegemanöver, griff die Heckleine und sprang leichtfüßig an Land. Paula Thorburn trug einen Sonnenhut, Jeans und eine gelbe Bluse. Sie hatte leicht zerzaustes schulterlanges Haar und zeigte ihre hübschen Eckzähne, wenn sie lachte. Sie begrüßte mich wie einen geladenen Gast, wie einen Cousin, der auf Besuch zum See gekommen ist. Dabei störte ich die beiden eigentlich an einem vollgestopften Arbeitstag, wie er für die Thorburns während der langen Sommertage Alltag war. Für mich begann der Tag eher geheimnisvoll, denn ich wusste kaum mehr über die beiden, als dass Gerry sie »echte Pioniere« genannt hatte. Darüber hinaus sollte ich die meiste Zeit gar nicht mit Tim verbringen, sondern mit Paula. Das war mir recht. Sie war lustig, redegewandt und direkt.

»Von der Frachtschifffahrt kann man nicht leben, selbst wenn man den ganzen Tag zu tun hat«, sagte sie fröhlich, als wir an Bord kletterten. Das tüchtige Runabout, ein ähnliches Modell wie Gerrys Boot, hatte Paula an diesem Morgen von ihrem Inselhaus, das etwa 20 Kilometer quer über den See im Süden lag, in die Stadt gebracht. »Daher versuchen wir, uns auf den Bau von Verrieselungsanlagen zu konzentrieren. Tim hat dafür ziemliches Talent.« Wir legten den unvermeidlichen Halt an der Two Bears Marina ein, wo Paula und Joanne Hill sich mit der unausgesprochenen Herzlichkeit alter Bekannter begrüßten.

Joanne schien mich nicht wiederzuerkennen. Aber dann sagte sie zu Paula: »Passt du auch gut auf meinen Schriftsteller auf?« Harte Schale; Herz aus Gold.

Wie alle Frauen, die mir in der Stadt begegnet waren, war Paula eine erfahrene Bootsführerin. Ihr sechs Meter langes Harbercraft mit dem Schub eines mächtigen, 130-PS-starken Honda-Viertakters steuerte sie so selbstverständlich in das undurchsichtige Labyrinth aus Inseln und Untiefen hinein, wie eine Vorstadtmum auf der Stadtautobahn Richtung IKEA.

Wie Gerry kannte auch Paula die Eigentümer aller Häuser, an denen wir vorbeikamen, aber sie betrachtete das Ufer durch eine andere soziopolitische Brille. »Hier drüben haben wir die Leute aus der Arbeiterschicht. Alle billigen Grundstücke gehören den Einheimischen.« Wir fuhren durch eine mit Binsen zugewachsene

221

Engstelle, dort wo im Winter die Eisstraße verlief, auf der Paula in der kalten Jahreszeit in die Stadt fuhr. Die praktischen Schwierigkeiten des Lebens auf einer Insel im See begannen, mir zu gefallen. Als wir wieder in freies Wasser kamen, passierten wir ein paar Kormorane, die Paula als *crow ducks*, »Krähenenten«, beschimpfte. Die Kormoranpopulation explodierte gerade, und die Vögel galten vielen als schädlich für die Fischbestände.

Wir erreichten eine hübsche, wunderbar gemütliche Bucht von Paulas und Tims Insel. Irgendetwas daran war so schön, dass ich überraschend einen Kloß im Hals bekam. Vielleicht war es der Gegensatz zu den Tausenden Millionen Dollar schweren Ferienhäusern, die ich in den vergangenen zwei Jahren überall im Land gesehen hatte, die meisten davon leere Spielzeughäuser, Schönwetter-Fluchtorte, die zwar am Seeufer standen, aber in der Stadt wurzelten, Orte des Ruhestands, des Alters, Brachen. Das hier war ein echtes Zuhause, ein ehrlicher Lebensmittelpunkt mitten auf einem See. Jedes Detail war ein Stück einer lebendigen Familiengeschichte.

»Alles, was du hier siehst, hat Tim mit seinen eigenen Händen gebaut, mit seinen Schultern gestemmt«, sagte Paula, als wir das Boot festgemacht hatten. Ein Windrad drehte sich in der Brise und erzeugte Strom, der von Batterien im Keller gespeichert wurde. Fotovoltaikpaneele fingen zusätzlich Sonnenenergie ein. Seine erste Anlage hatte Tim aus recycelten Batterien, übrig gebliebenen Bauteilen und seinem blühenden Einfallsreichtum gebaut, und das Jahre bevor es Bücher zu dem Thema gab. Da der Motor, der die Solarpaneele nach der Sonne ausrichten sollte, kaputt war, musste Paula sie alle zwei Stunden von Hand nachjustieren, bis Tim ihn wieder repariert hatte. Diese vorübergehende Zusatzbelastung erinnerte sie daran, dass alles auf der Erde, woran wir uns freuen, jeder Bissen Nahrung, jeder Lichtstrahl und jedes Watt fossiler Energie, von der Sonne stammt.

Unterhalb der Windmühle lag ein großer Garten. Früher, als Paulas und Tims Kinder noch hier lebten, war er sogar noch größer gewesen. Ihre Tochter war Pilotin bei einer Fluglinie in Florida. Ihr Sohn arbeitete als Elektroingenieur. Die Kinder kamen oft zu Besuch, und dank des Airline-Passes der Tochter konnten die Eltern einfacher reisen, für Paula und Tim ein relativ neuer Luxus. Wir gingen durch den Garten, in dem Paula im Lauf der Jahre Tonnen von Lebensmitteln geerntet hatte, die sonst mit dem Laster aus Kalifornien oder dem Süden Ontarios hätten hertransportiert werden müssen.

Paula ging voraus, vorbei an dem ältesten Haus der Insel, eher eine Blockhütte, gebaut aus rechteckigen Balken, in der sie und Tim viele Jahre gelebt hatten. Das neue Haus war viel größer – und trotzdem klein, verglichen mit den Häusern einer Vorstadtsiedlung. Tim und sein Neffe waren mit dem Anbau eines neuen Zimmers zur Hälfte fertig und hatten einige der Natursteinplatten des Wegs entfernen müssen. »Die werden nie mit etwas fertig«, sagte Paula, eher mit Verwunderung als mit Groll.

Für jemanden, der täglich viele Stunden auf dem Wasser beschäftigt war, hatte Tim tatsächlich einige recht ambitionierte Projekte in Arbeit. In einem kleinen Tal ein Stück weiter nordwärts lag ein riesiges Vergnügungsboot – fast schon ein Schiff –, das er zum Schrottpreis erworben hatte. Sein Zweck war unklar. In der kleinen Badebucht vor dem Haus stand ein weiteres gerettetes Waisenkind: ein kleiner Leuchtturm aus Holz, den er irgendwie auf Metallstelzen im Wasser aufgestellt hatte. Er plante, einen Steg zu bauen, der von der Landspitze dorthin führte. Außerdem hatte er ein eigenes Wasserflugzeug konstruiert, mit dem er selbst flog, eine Maschine aus Rohren und Stoff mit einklappbaren Tragflächen, die an die Buschflugzeuge der kanadischen Wildnis erinnerte.

Das Innere des Hauses war offen und modern eingerichtet, und es war in den Uferhang gebaut, sodass der Keller einen Ausgang auf Höhe des Sees hatte und das Wohngeschoss wie die erste Etage wirkte, umfangen von einer breiten Veranda. Es war überlegt und mit sparsamem Materialaufwand gebaut, mit viel Licht und Raum, nicht designt, sondern aus der Phantasie geschaffen. Die Küche und das Badezimmer waren vor kurzem mit viel Raffinesse renoviert und Paula zuliebe zweckmäßig mit gekauften Hängeschränken ausgestattet worden. Das Holz für den Boden aus Schwarz-Esche hatte Tim eigenhändig aus einem Sumpf hergeschleppt, nachdem er dort drei Tage im Zelt gelebt hatte. Danach hatte Paula drei Jahre im Keller gelebt, während die Eschenbohlen oben zugeschnitten wurden und trockneten.

Trotz der vielen Eisen, die Tim im Feuer hatte, gelang ihm offenbar auch eine Menge, und Paula war ihre Liebe und Bewunderung für ihn anzusehen: »Er ist so ein guter Mann. Er macht immer genau das Richtige. Und das ist ihm gar nicht mal bewusst.« Ich vermutete, dass der Ehemann, hätte er dort gesessen, wo seine Frau gerade saß, vor allem über Paula geredet hätte. Ein paar Tage zuvor hatten die beiden eine Party für zwei gefeiert. »Wir haben einen Kasten Bier getrunken. Und wir haben unsere Musik aufgedreht.«

Ihren eigenen Beitrag zu diesem erfüllenden Inselleben, wie er sich ringsum in vielen Dingen zeigte, spielte Paula herunter. Auf dem Küchenschrank lagen frisch gebackene Brote und Brötchen für die kommenden Tage. Sie hatte bereits einen dick glasierten Kuchen herausgeholt, aufbewahrt in einer Margarine-Großpackung, wie es die Frauen oft machten, als ich noch ein Kind war. Die Rechnungsbücher ihrer Transportfirma Fish Hawk Fright Ways, die auf dem Tisch lagen, zeigten Abrechnungen in Paulas feiner Handschrift. Das Geschäft operierte hart an der Schmerzgrenze, und sie wusste über den Verbleib jedes einzelnen Dollars Bescheid.

»So sehr kann man jemanden gar nicht lieben, dass man hier raus an den See zieht, wenn es einem hier nicht ohnehin gefällt.

Als wir hier angefangen haben, hatten wir zwei Kinder im Windel-
alter, und ich musste runter an den See, ein Loch ins Eis hacken
und dann das Wasser auf dem Propangasherd kochen. Es ist eine
Sache, hier für ein paar Wochen herzukommen, den Tag im Badeanzug zu verbringen und gekauftes Essen zuzubereiten. Was ganz
anderes ist es, hier Kinder großzuziehen, Fieber auszukurieren, sie
zur Schule zu schicken, den Lebensunterhalt zu verdienen und im
Winter warme Füße zu haben.«

An der Wand hing Tims und Paulas Hochzeitsfoto von 1975,
auf dem Paula verschmitzt den Saum ihres Kleids hochzieht und
laut lacht, vor ihr halb kniend ein zierlicher blonder Tim. Im Hintergrund ein alter Wagen aus den dreißiger Jahren, die Brautjungfern,
Bäume und Wasser. Die Trauzeugen hatten ihre Haare mit Seewasser nach hinten gegelt, um auszusehen wie niederträchtige Gangs-
ter. »Die Jungs hatten solchen Spaß bei der Hochzeit. Damals nahm
man sich noch kein Hotelzimmer. Bis sechs Uhr morgens haben
wir gefeiert.« Die Flitterwochen waren eine dreimonatige Odyssee
in einem Ford Econoline. In Kalifornien campierten sie in dem Van
drei Tage lang am Straßenrand, bis endlich die Rose Bowl Parade
vorbeizog. Tim kaufte ihr bei den Hare Krishnas eine Rose.

»Im Rückblick waren wir wohl Hippies. Wir wussten es bloß
nicht.«

Oder die letzten Pioniere. Tim und Paula waren nur eine halbe
Generation älter als ich, aber mir kam es vor, als wären sie in einem
anderen Jahrhundert geboren. Vom Beginn ihrer Ehe an lebten sie
am See und verdienten sich eine Art Lebensunterhalt mit berufs-
mäßigem Fischen und Fallenstellen, was Tim von seinem Vater
gelernt hatte. Der See, der früher Störe in rauen Mengen hervorge-
bracht hatte, wurde allmählich leer gefischt – Paula gab den Sport-
anglern die Schuld. Die beiden jagten Wild für die eigene Küche,
das Fallenstellen diente dem Broterwerb, und die Felle spannten
sie im Keller auf, um sie später an die Hudson's Bay Company zu

verkaufen. Paula zeigte mir ein Bild der Blockhütte, in der Tim aufgewachsen war. Zuerst dachte ich, sie hätte sich versprochen und Tims Großvater oder Urgroßvater wäre dort geboren, denn das Foto schien um 1900 entstanden zu sein.

»Tim und ich, wir kommen aus sehr einfachen Verhältnissen.« Paula war die Tochter einer Familie von Kap Breton, die die Felseninsel verließ und nach Westen zog, um ein besseres Leben anzufangen. Als Tim bei Paulas Vater um ihre Hand anhielt, sagte der Patriarch höflich nein. Er erläuterte, er habe dem harten Leben des alten Nova Scotia den Rücken gekehrt, damit seine Söhne keine Minenarbeiter würden und seine Töchter keine Fischer heirateten. Dank ihrer Charakterstärke fand die Hochzeit trotzdem statt.

Dann war es Zeit, die Insel zu verlassen, um Tim zu treffen, und auch Paula musste an die Arbeit. Sie zog sich kurz zurück und tauschte die gelbe Bluse gegen ein rotes T-Shirt, dazu trug sie Arbeitsstiefel. Das erste Outfit hatte sie mir zuliebe getragen, wie sie zugab. Dieses hier war für die Baustelle. Sie wollte Tim helfen, eine Verrieselungsanlage fertigzustellen, und dann den Prüfer holen, der sie abnehmen musste. Wir gingen hinunter zum Steg und zurück an Bord.

Paula ließ das Boot wieder über das stille Wasser gleiten und zeigte mir eine unbebaute Insel gegenüber ihres Anlegers. Sie war ihr Eigentum, erworben vor einer halben Ewigkeit, als Kronland noch zum Verkauf stand und die Preise noch nicht ins Absurde gestiegen waren. Vor kurzem hatte man ihr 800.000 Dollar dafür geboten, aber sie hatte abgelehnt.

»Was sollte ich denn mit dem Geld machen? Na ja, wahrscheinlich einen Jetski kaufen.« Ich war überrascht zu hören, dass Paula sich ein Einmann-Wasserfahrzeug wünschte, weil einige ihrer Freundinnen auch eins besaßen und sich auf dem Wasser trafen. Als ich voraus ein Segel erblickte, erwähnte ich mein eigenes Boot und sagte, ich hätte schon überlegt, diese Gewässer auch unter Se-

226

geln zu erkunden. »Gut, dass du das nicht gemacht hast. Dann hätte hier keiner mit dir geredet. Die Leute halten nicht viel von Seglern. Die gehen hier mit ihren kleinen Kackbeuteln an Land und verklappen die irgendwo, denken, sie können an jedem beliebigen Steg anlegen, oder sie ankern direkt vor deinem Haus.« Wir flogen vorbei an dem Segelboot, auf dessen Rumpf in meterhohen Lettern *Carpe Diem* stand.

Paula würdigte die Slup mit keinem Blick.

Wir entdeckten Tims Frachter, der an einer Landspitze festgemacht war, beladen mit Sand und zwei Bobcats, diesen kompakten Ladern und Baggern, mit denen viele kleinere Erdarbeiten erledigt werden. Wir legten längsseits an. Und da war er endlich, der schon so oft erwähnte Tim.

Er redete gerade mit einem Nachbarn, vermutlich sein nächster Kunde. Der Umgang mit den Abwässern ist womöglich die größte Sorge im glücklichen Leben eines Ferienhausbesitzers. Verhält er sich dem See gegenüber freundlich, indem er Tausende Dollar für ein ordentliches Rieselfeld ausgibt, verspüren die Nachbarn eine gewisse Verpflichtung. Ganz gleich wie laut die Umweltschützer auch Forderungen stellen, auf der untersten Ebene findet echter Wandel eher so statt – von Tür zu Tür, von Nachbar zu Nachbar.

Mit langen Schritten kam Tim über die Wiese und streckte mir seine Hand entgegen. Er hatte dieselbe Statur wie seine Bobcats, klein und kräftig, starke Oberarme, die aus einem ärmellosen Arbeitshemd ragten. Er hatte strahlend blaue Augen, weißes Haar und ein tief gebräuntes Gesicht, das mich an einen gewissen Wrestler aus dem Fernsehen erinnerte. Geduldig tauschte Tim mit mir Höflichkeiten aus, aber ich sah, dass auf dem Rieselfeld Arbeit wartete, und bot an mitzuhelfen. Wie Musik und Tanz war körperliche Arbeit eine universelle Sprache, die Tim und Paula beherrschten. Er drückte mir einen Rechen in die Hand, und schon gingen wir zu dritt ans Werk.

Es war eine gewöhnliche Verrieselungsanlage, die aus einem

zentralen Tank bestand, in dem sich die im Abwasser enthaltenen Feststoffe absetzen und von anaeroben Bakterienkulturen zersetzt werden. Der so vorgeklärte flüssige Anteil der Abwässer wird nun durch einen Oktopus aus unterirdisch verlegten gelochten Rohrleitungen – das eigentliche Rieselfeld – im Boden verteilt, wo alle verbleibenden Schwebestoffe schließlich zersetzt werden. Das Wasser wird wieder von den Pflanzen aufgenommen, die auf dem Rieselfeld wachsen. Ohne ausreichenden Abstand vom Ufer gelangen allerdings auch bei der bestmöglichen Verrieselungsanlage Nährstoffe in den See.

Tim hatte bereits die Hälfte der Rohrleitungen unter grobem Kies begraben, den wir noch per Hand glatt ziehen mussten. Darauf musste eine Schicht teerfreie Baupappe verlegt werden, damit sich das Kiesbett nicht mit dem Sand zusetzte, der darüber geschichtet wurde. Ehe der Sand ausgebracht werden konnte, musste ein Vertreter des Gesundheitsamts die gesamte Anlage inspizieren. In kurzer Zeit machten wir das Feld bereit, Paula fuhr den Prüfer holen, und Tim und ich gingen hinunter zum See, um im Ruderhaus seines Frachtkahns zu Mittag zu essen.

Als die Fischereierträge für den Lebensunterhalt zu gering wurden, musste Tim einen anderen Geschäftszweig finden. Schon sein Vater hatte ein bisschen Lastschifffahrt betrieben, also lieh Tim sich 25.000 Dollar, um sein eigenes Schiff zu bauen. Es war ein großer Lastkahn aus Metall, der mehrere Tonnen Baumaterial, Schüttgut, Fahrzeuge und so weiter transportieren konnte. Tims Konstruktion hatte einen eingebauten Motor, aber dann erließ die Regierung neue Schifffahrtsbestimmungen, denen zufolge er ein solches Fahrzeug ohne ein teures Kapitänspatent nicht mehr steuern durfte, doch um eines zu erwerben, hatte er weder genug Zeit noch Geld.

»Wenn der Staat mitbekommt, dass du arbeitest, wollen die, dass das aufhört«, sagte Tim mit dem nachsichtigen Kichern, das er den meisten seiner behutsamen Überlegungen vorausschickte.

Um die Vorschriften einzuhalten, baute er ein separates Schubboot, das den Lastkahn wie ein Außenbordmotor von hinten anschob. Durch ein ausgeklügeltes Verbindungssystem ließ sich der Verband sicher steuern, aber Schubboot und Lastkahn bewegten sich unabhängig auf den Wellen. Tim dachte sich das System einfach aus und begann zu schweißen.

Im Schutz des kühlen Ruderhauses machte sich Tim auf einem Propangaskocher ein bisschen hausgemachte Tiefkühlsuppe warm. Neben ihm lag eine Ausgabe des *Economist*, den er während der langen Seeüberfahrten las. Wir redeten über Wohlstand und Inflation und darüber, warum sich so viele Menschen ein Millionen-Dollar-Ferienhaus leisten konnten, in dem sie pro Jahr nur zwanzig Nächte schliefen.

»Ich weiß es nicht«, lächelte Tim, »denn mit Arbeit kann man ja nicht reich werden.« Für ihn und viele andere waren die Ferienhausbesitzer das Brot-und-Butter-Geschäft. Sie mieteten und kauften lieber, statt zu reparieren und zu bauen. Doch das war nicht nur ein Segen: Entsprechend ihrer wirtschaftlichen Macht bestimmten sie auch die politische Agenda mit. Sie kamen aus der Stadt hierher und schlossen sich sofort zusammen. Tims Theorie war, dass sie eine Gruppe brauchten, weil ihnen sowohl die Einstellung fehlte, selbst etwas zu erledigen, als auch die Fähigkeit dazu, zumindest in der Wildnis von Lakeland. Sie hätten sogar Schwierigkeiten, ihr Boot allein zu Wasser zu lassen. Als ich auf die guten Ergebnisse verwies, die manche Zusammenschlüsse im Umweltschutz erreichten, dachte Tim einen Moment lang nach. Die Probleme eines Sees zu benennen sei das eine, aber in der Regel wollten sie, dass andere sie lösten. »Die Leute von hier aber wissen: Wenn du etwas willst, dann musst du es auch selbst erledigen.«

Blaumann versus Schlips und Kragen. Hier der Selbstversorger-Hippie, dort »Der Mann« in der ganzen Schlaffheit seiner Lebensmitte. Es liegt in der Natur unserer Spezies, dass wir Stammesgruppen bilden. Doch an Tims Aussage war etwas Wahres dran: Die Arbeiterschicht holt sich unweigerlich die eine oder andere Schramme, wenn sie von Mai bis Oktober Seite an Seite mit der Freizeitgesellschaft auf dem Wasser verkehrt.

Körperliche Arbeit ist in unserer neuen Wirtschaft der Dienstleistungen und Informationsangebote, der Weinbars und Rückenmassagen in Ungnade gefallen. Aber Tim, den Omega-Mann aus Lakeland, prägte ehrliche Arbeit noch immer. Das bisschen Suppe schien mir nicht annähernd ausreichend, um ihm Kraft für seine Aufgaben zu geben, aber nach nur zwanzig Minuten Mittagspause – größtenteils im Stehen – kletterte er auf das Deck seines Schiffs, warf das Bobcat an und begann, schaufelweise Sand ans Ufer zu bringen.

Schriftsteller hingegen verfassen Rhapsodien über die Arbeit anderer, ziehen es aber vor, dies im Schatten ruhend zu tun. Besonders nach dem Mittagessen. Von einem bequemen Platz aus sah ich Tim eine halbe Stunde beim Hin-und-her-Fahren zu. Noch im Sitzen lastete das Gewicht der Sommerhitze auf mir.

Paula kehrte mit dem Prüfer zurück, der fast eine Stunde brauchte, um die Anlage zu begutachten. Normalerweise brauchte er dafür nur ein paar Minuten. Als er endlich fertig zum Aufbruch war, gingen wir zurück zum Anleger, und Tim kam, um uns zu verabschieden. Ich beschwatzte ihn noch, sich mit Paula und dem roten Lastkahn im Hintergrund fotografieren zu lassen. Ich glaube, er mochte keine Kameras, zumindest machte er ein denkwürdig griesgrämiges Gesicht. Vielleicht wollte er auch einfach zurück an die Arbeit. Wegen des Nachbarn, des Prüfers und mir hatte er einen bedeutenden Teil seiner Arbeitszeit mit unbezahltem Blabla verbracht. Man muss das Eisen schmieden, solange es heiß ist. Nach der kurzen Zeit, die Paula brauchte, um uns in tieferes Wasser zu bringen und Gas zu geben, sah ich mich um, aber Tim saß schon wieder auf seiner Maschine und arbeitete, arbeitete.

Wir setzten den Prüfer am Anleger von Keewatin ab, fuhren weiter durch die schmale Bucht, vorbei an Two Bears und legten am Kai beim Parkplatz an, auf dem mein Pick-up wartete. Ich hatte überwältigendes Glück gehabt, den See aus dem einzigartigen Blickwinkel von Paula und Tim Thorburn erleben zu können und eine Momentaufnahme davon zu erhaschen, wie sie eine alte Lebensweise mit neuem Leben füllten. Bei dem ganzen Hin und Her hatte Paula das Boot leer gefahren und musste tanken, um wieder zurückzukommen. Obwohl ich bereits tief in ihrer Schuld stand, sagte Paula, sie und Tim hätten mich eigentlich gern noch zu einer Übernachtung auf der Insel eingeladen, doch leider bleibe in der Zeitplanung für den nächsten Tag keine Gelegenheit, mich zurückzubringen. So verabschiedeten wir uns in der Hoffnung, einander wiederzusehen.

Lakeland ist ein so großes Land, dass das keinesfalls sicher war. Ich ging zu meinem Truck und öffnete die Türen, um die höllische Luft herauszulassen. Zurück auf dem Highway entlang des Seeufers quer durch Ontario wusste ich noch nicht, wo ich am nächsten Abend schlafen würde, aber ich wusste, ich musste weiter nach Osten.

Crystal Falls

Cache Bay

West Nipissing

Garden Village

Yellek

North Bay

Lake Nipissing

Lunge Lodge

Nipissing
Beach

Dokis

Nipissing

Powassan

Restoule

0 2 4 6 8 10 km

Sommer

DIE ZANDER-
FABRIK

Lake Nipissing, Ontario

Im Namen Ihrer Majestät und der Regierung dieser Provinz stimmt William Benjamin Robinson hiermit zu und verspricht [...], den genannten Häuptlingen und ihren Stämmen das vollständige und freie Vorrecht einzuräumen, das Territorium, welches hiermit von ihnen abgetreten wird, zu bejagen und in seinen Gewässern zu fischen, wie es auch bisher ihre Gewohnheit war [...]
Aus dem Robinson-Huron-Vertrag von 1850

AN SEINER Fläche gemessen ist Ontario nur das viertgrößte Gebiet unter den Provinzen und Territorien Kanadas, aber unterwegs auf dem Highway kommt es einem immer wie das größte vor. Anders als die übrigen Provinzen, die fein säuberlich wie Bücher im Regal stehen, liegt Ontario umgekippt da und erstreckt sich von Ost nach West über 2.000 Autobahnkilometer. Der Trans-Canada-Highway ist tückisch mit seinen schmalen Standstreifen, eine überschätzte Holzabfuhrstraße mit marodierenden Schwerlastern, schleichenden Wohnmobilen und lebensmüden Crossradlern.

Der Streckenverlauf folgt weitgehend der Pelzhandelsroute der Voyageure quer durch die dichteste Ansammlung präkambrischer Felsbeckenseen, die das Land zu bieten hat. Ich hatte mich schon weitgehend entschieden, an welchem See ich als Nächstes haltmachen wollte, aber an jeder Ecke hätte man noch einen Abstecher einbauen können. Seen über Seen – es würde ein ganzes Leben dauern, nur diejenigen zu erkunden, die man in Ontario vom Highway aus sehen kann.

Auf der südlichen Trans-Canada-Route nach Thunder Bay kam ich durch ein Gebiet aus mehr Wasser als Land, rings um die beiden Grenzstädte Fort Frances in Ontario und International Falls in Minnesota, wo die Highwaybrücke wie ein Stein über den Rainy Lake hüpft und dann hinein in die Wildnis. Hier lagen die Grenzgewässer des Quetico-Provinzparks. Und ich hatte gerade erst den Horizont von Manitoba überquert.

Bei sengender Hitze erreichte ich das Ufer des größten unter den Größten, den Gichigami, und parkte hinter einer Autolackiererei, um einen Blick hinaus auf das niemals warme Wasser zu werfen. *Lake Superior!* Der größte Süßwassersee der Erde – zusammengenommen würden alle anderen Seen, die ich noch besuchen wollte, in diesem hier verschwinden. Vielleicht wusste der für diesen See zuständige Geist, dass ich ihn links liegen lassen würde, denn er blies mir hochmütig eine kalte Brise unters T-Shirt, die mich zittern ließ. Dieser Zusammenprall von heißer und kalter Luft sollte es die nächsten vierundzwanzig Stunden, den ganzen Weg entlang des Nordufers, schütten lassen wie aus Eimern, und es fing schon an zu nieseln.

Lake Nipigon war verführerisch, der größte vollständig in Ontario gelegene See, bekannt für seine riesigen Uferklippen und grünschwarzen Strände aus Pyroxen – aber ich fuhr an der Ausfahrt vorbei. Die Scheibenwischer schlugen nutzlos nach dem herabstürzenden Regen, der manchmal ein wenig nachließ, gerade so weit, um erkennen zu lassen, dass Birken und Espen dem Ahorn gewichen waren. Ich kam an einem gelb-schwarzen Elch-Warnschild vorbei, und gleich daneben stand tatsächlich ein Elch, surreal mitten im Regen, und langsam wurde es Nacht. Wie Janet Leigh in *Psycho* rieb ich mir die Augen und hielt Ausschau nach einem Motel.

Ich überlebte die Nacht und fuhr weiter durch den Sturzregen. Fast wäre ich meiner Nase nachgegangen und ins Distrikt Algoma abgebogen, um unter den uralten Felszeichnungen des Missinaibi Lake zu paddeln. Aber ich fuhr weiter, und in Sault Ste. Marie nahm die Sintflut ein Ende. Beinahe wäre ich dem Sirenengesang von Sudbury gefolgt, der Felsstadt, die umgeben ist von winzigen Seen, dem Ground Zero eines großen Meteoriteneinschlags vor fast zwei Milliarden Jahren. Die Sommersonne und die Hitze kehrten zurück. Nahe dem Highway, südlich der Stadt, hatten zwei freigeistige Frauen an einem dieser Teiche angehalten und wateten auf ein kurzes Bad in Unterwäsche hinein.

Lakeland ist groß. Ich fuhr weiter.

ALS ICH endlich mein Ziel erreichte, erwies sich die Stadt als so bescheiden, dass meine Zweifel wuchsen. North Bay war eine raue Stadt aus roten Ziegeln mit verwirrenden Straßen, und überall gab es Läden, in denen man sein eigenes Bier brauen konnte. Ein großer Teil des Seeufers, an dem sie sich erstreckte, war ein halb neu belebtes altes Bahngelände, eine Industriebrache, auf der als Überbleibsel des Holzbooms des vergangenen Jahrhunderts noch eiserne Stabdübel aus dem Granit ragten, und in den seichten Buchten ruhten Kesselblech und Sägewerkstrümmer. Der Werdegang der Stadt war eine Geschichte der Dampferunglücke. North Bay lag am Rand eines sumpfigen Hochlands oberhalb des gelblich gefärbten Sees mit dem wenig klangvollen Namen.

Ich machte mir wieder bewusst, dass die aus Sicht der Natur begehrtesten Orte in den Augen des Menschen oft wenig bemerkenswert erscheinen. In der Algonquin-Sprache der Einheimischen, deren Ahnen hier bereits vor Beginn der Zeit lebten, klingt der Name *Nipissing* wahrscheinlich viel schöner. Er bedeutet »Menschen des kleinen Wassers«, im Gegensatz zu dem viel größeren Gewässer, benannt nach den Huronen, die flussabwärts am French River lebten.

Wie die meisten Touristen wurde ich hergelockt von den guten Bedingungen für die Sportfischerei, allerdings weniger, um selbst aktiv zu werden, sondern aufgrund des Themas, nach dem ich dringend meine Angel auswerfen musste. Der mal seichte, mal warme, mal sumpfige oder felsige Lake Nipissing wimmelte von Leben, wovon die Ortsnamen an seinem Ufer zeugen: Sturgeon Bay, Cache Bay, Blueberry Island.

Die Narben der Holzgewinnung und des Bergbaus werden irgendwann verheilen, und die dauerhaftere Plage der Gentrifizierung hatte sich hier noch nicht festgesetzt. In der irreführenden Terminologie dieser langgestreckten Provinz liegt der Lake Nipissing in der Region »Near North«, dem »Nahen Norden« von Ontario, und das bedeutet, dass man auf dem Weg von Mississauga oder London ewig lange im Wochenendverkehr feststeckt und die Gegend damit weit genug entfernt liegt, dass sie noch raue Kanten besitzt. Anders als weiter im Süden, in der geographisch besser erreichbaren, aber wirtschaftlich entlegeneren Gegend von Muskoka, bauen hier weder Popdiven noch Topmanager oder Golfprofis ihre Villen.

Mein Großvater väterlicherseits, mein Namensvetter Allan Casey, ist hier geboren. Als Eisenbahnmaschinist und halb professioneller Baseballspieler mit einer gewissen Ähnlichkeit zu Buster Keaton zog Großpapa 1920 nach Westen, um diesen beiden Berufungen nachzugehen. Anders als beabsichtigt, sollte er nie zurück in den Osten gehen, doch er nutzte seinen Freifahrtschein bei der Bahn, um meinen Vater in den Sommerferien an den Lake Nipissing zu schicken. Dad war erst fünf, als er die erste von vielen Reisen allein quer durch das Land antrat. Meine Großmutter gab ihm genug Essen für die Fahrt mit sowie fünf Dollar und einen Brief an ihre Schwiegereltern, dreifach in der Jacke festgepinnt. Dann brachte Großpapa ihn an den Zug, übergab ihn dem Schaffner und sagte: »Leiten Sie ihn bitte bis North Bay weiter.« Und so wurde mein Vater von Zugmannschaft zu Zugmannschaft, von Betriebswerk zu Betriebswerk weitergereicht, bis seine Tante ihn drei Tage später auf dem Bahnsteig am Lake Nipissing in Empfang nahm. Für Dad waren es glückliche Tage: Er schwamm im See mit dem sandigen Grund, aß mit Cousins und Cousinen Eis und betörte die älteren Verwandten mit seinen tadellosen Manieren.

Ich nahm mir ein Zimmer an der Nipissing University, die ihre Wohnheime im Sommer vermietet. Das schien mir eine gute Gelegenheit, Leute kennenzulernen, aber das Gebäude war gespenstisch leer. Ich hatte die fünf Stockwerke für mich allein. Dankbar, den Wagen nach zwei Tagen ohne körperliche Bewegung stehen lassen zu können, stieg ich aufs Fahrrad und fuhr zum See, wo sich die Menschenmengen an dem perfekten Sommerwetter eines Samstags erfreuten.

Nachdem North Bay lange wegen der Bahngleise mitten durchs Zentrum von seinem Seeufer getrennt war, hat die Stadt ihren Strand nun wieder, und die angrenzenden früheren Industriegebiete werden allmählich rehabilitiert. Es gab zwei reichverzierte Karusselle, viele Blumenbeete und Bänke entlang der Uferpromenade. Diese städtischen Investitionen wurden sorgfältig gehütet. Streifenwagen fuhren im Abstand von nicht weniger als sechs Minuten am Strand entlang. Das Kapital für dieses Projekt hatten hochrangige Bürger von North Bay bereitgestellt. Zu den führenden unter ihnen gehörte Lynn Johnson, Autorin des bekannten Comicstrips *For Better or For Worse*. Einige ihrer Figuren haben echte Bewohner von North Bay zum Vorbild; im Gegenzug hüten diese echten Bewohner die Privatsphäre der Künstlerin.

Ich fuhr gemütlich nach Callander und hielt, wo es möglich war, an den verschiedenen Stränden. Der größte Teil des Seeufers im Bereich der Stadt war in Privatbesitz, und zum Wasser gelangte man allenfalls durch vermüllte Sträßchen. Der Strand selbst aber schien Allgemeingut zu sein, sei es nun aus Gewohnheitsrecht oder per Gesetz, eine Tradition, der man fast überall in Lakeland begegnet. Schwimmer wateten weit in den See hinein, wo das Wasser tiefer ist, und der sandige Grund war freundlich zu den Fußsohlen. Ich stellte mir meinen Vater vor, wie er als Junge über diesen Strand rannte.

Die Callander Bay, eine kreisrunde Bucht im Nordostteil des Sees, war zwischen dem Anschluss an das Eisenbahnnetz in den 1880er Jahren und dem letzten Holzboom 1962 ein stark industrialisiertes Gebiet. Hier ließ der Holzbaron John Rudolphus Booth aus Ottawa seine Weymouth-Kiefernstämme sammeln und über die Wasserfälle des Wasi River hinauf zu seiner Eisenbahnstrecke schleppen. Auch Dampfschiffe, die früher auf dem See verkehrten, hievte man hier aus dem Wasser, und die mächtigen Eisenbolzen, an denen die Barrieren für die im Wasser treibenden Baumstämme befestigt wurden, findet man bis heute verankert im Fels. Der Ortshistoriker Don Clysdale hat viele Stellen dokumentiert, wo sie noch zu sehen sind. Er erzählte mir, dass die Bolzen von Zweimannteams in den Fels geschlagen wurden: Der Erfahrenere schwang den Hammer, der Jüngere hielt mit der bloßen Hand den Meißel und vertraute auf sein Glück. 1967 wurde das letzte Sägewerk abgerissen, und seither entwickelt sich die Bucht zur Rentnergegend.

Extrem in die Jahre gekommene Motels standen entlang der Straße zum Wasser, eine Hinterlassenschaft des Automobiltourismus, der siebzig Jahre zuvor North Bay wie ein Tsunami überrollt hatte. Alles begann im Frühling 1934, als der Wirtschaftsredakteur des *North Bay Nugget* erfuhr, dass eine Farmerin im benachbarten Corbeil gerade fünf Kinder geboren hatte. Das Leben der bald als Dionne-Fünflinge bekannten Mädchen wurden zu *der* bewegenden

Geschichte der Weltwirtschaftskrise schlechthin, und North Bay war von heute auf morgen *das* Autoreiseziel für Urlauberfamilien in Nordamerika.

Die Babys wurden von den Behörden der Provinz Ontario in einer Einrichtung aufgezogen, die de facto ein Zoo war. Von der öffentlichen Zurschaustellung profitierten alle, außer sie selbst, denn sie brachten nach heutigem Gegenwert rund 250 Millionen Dollar pro Jahr an Tourismuseinnahmen nach Ontario. In acht Jahren kamen drei Millionen Menschen in das »Krankenhaus«, in dem sie lebten und den ganzen Sommer von Besuchermengen bestaunt werden konnten. Besonders aus den benachbarten Bundesstaaten Pennsylvania, Ohio und New York kamen die Neugierigen.

Doch eine Freakshow reichte den Gästen nicht, um ihre Sommerferien in North Bay auszufüllen. Zwangsläufig – und zweifelsohne erleichtert – gingen sie anschließend hinunter zum warmen, sandigen Seeufer. Der sanfte Zauber des Lake Nipissing reifte in diesen frühen Fünflingstouristen heran wie ein Samenkorn. Die meisten gingen fischen, und bis heute werfen ihre Nachkommen hier ihre Angeln aus.

ICH GEHE kaum noch fischen. Es ist ein ziemlich langsamer Sport. Es ist zu viel Arbeit, um den Magen damit zu füllen. Trotzdem bin ich froh zu wissen, wie man einen Fisch fängt – was in diesem Land schon fast ein Ausweis der Staatsangehörigkeit ist. Wer in Lakeland aufwächst, eignet sich diese Fähigkeit so unbewusst an wie eine Sprache. Und ich staune, welche Macht das Angeln hat, zwischen Mensch und Natur eine Verbindung zu schaffen. Im Ausloten der Tiefen des Unbewussten, um eine Mahlzeit heraufzuholen und auf diese Weise Leib und Seele zugleich zu nähren, steckt etwas zutiefst Mystisches.

Die Lust aufs Angeln verbindet soziale Schichten. Arme Studenten fischen unten in der Stadt am Wehr. Reiche Industrielle chartern Flüge in den hohen Norden. Aber ihren Köder befestigen sie mit demselben Knoten, und sie sind gefangen in derselben urtümlichen Vorfreude. Fischen ist eine elementare Form, die Matrix des Lebens auf der Erde zu ergründen, und rührt an etwas Verborgenes tief im Inneren des kollektiven Unbewussten. Es ist ein leidenschaftlicher Akt. Wenn ein Kanadier vom Land sagt: »Ich gehe für mein Leben gern angeln«, ist das womöglich die am tiefsten empfundene Wahrheit über sich selbst, die er in lockerer Runde auszudrücken vermag. Frauen geben ihren Emotionen leichter Ausdruck, aber auch sie gehen gern angeln. Meine zurückhaltende, elegante Nachbarin Ivy fährt jeden Sommer mit ihrem Boot raus und sitzt im Bug wie Sophia Loren. Kinder kann man kaum vom Angeln abhalten, wenn Wasser, Angelrute und Köder verfügbar sind.

David Suzuki widmet große Teile seiner kürzlich erschienenen Autobiographie dem Thema Fischen. Er reist nie ohne Angelrute und definiert sich grundlegend als Fischesser. Auf den meisten Fotos in seinem Buch halten Leute einen großen Fang hoch, was gar nicht unehrlich oder angeberisch wirken kann. Zu sehen ist vielmehr stets Glückseligkeit und kindliches Erstaunen.

Als Student hatte ich einen Job in einem Camp am See für Erwachsene mit geistiger Behinderung, die einundfünfzig Wochen im Jahr in Einrichtungen vor sich hin lebten. Während der kostbaren Tage in Lakeland aber gab es keine größere Freude für sie, als zu angeln. Ich befestigte ihnen einen rot-weißen Spoon von Len Thompson an der Leine – oder einen »Five Diamonds«, wenn ihnen das lieber war – und beförderte den Blinker sicher ins Wasser, bevor am Ende noch einer mich am Haken hatte. Ich half ihnen, ihre Pfeifen oder Zigaretten anzuzünden, damit sie doppelte Freuden genießen konnten, und sah dann zu, wie sie dem Bann des Fischens erlagen, während auch ich im »Riff« vor unserem Camp meine Angel auswarf. Das Angeln beruhigte diese geplagten, vergessenen Menschen, wie es kein Medikament vermochte.

Das Geheimnis des Angelns liegt im Wissen über die örtlichen Gegebenheiten. Und nur wenige wussten so viel über die Fische im Lake Nipissing wie Richard Rowe. Ich traf ihn ein Stück westlich der Stadt, in dem Dorf Garden Village am grünen Ufer eines gewundenen Bachs, das tatsächlich wirkte, als könnte man dort gut Gemüse anbauen. Ein kühler Wind kam über den See und schwenkte die kleinen Ahornblätter wie winzige Flaggen: O Canada ... Das Wasser hatte einen schlammig gelblichen Unterton, der Fruchtbarkeit und Fischreichtum versprach.

Garden Village ist der Hauptort des Reservats der Nipissing First Nation. Richard selbst aber hatte keine indigenen Wurzeln. Als Fischbiologe war er kurz zuvor von dem Stamm angestellt worden, um dessen gewerbliche Fischerei zu managen. Aber seine Stellenbeschreibung wurde weder der politischen Bedeutung seines neuen Postens noch der Größe der anstehenden Aufgabe gerecht – noch ließ sie die großen Chancen im Fall einer positiven Entwicklung erkennen. Auf seinen Schultern lastete eine große Verantwortung. Er war schlank, hatte einen geschorenen Kopf wie ein Mönch und sprach mit jesuitischer Passion über seinen Werdegang, der ihm wie vorbestimmt erschien.

»Es war immer schon mein Traumjob, die Fischerei am Lake Nipissing zu managen.« Er saß am Schreibtisch seines Büros in einem dieser provisorischen Metallcontainer. Zum ersten Mal war Richard als Junge mit seiner Familie an den Lake Nipissing gekommen. Wer einmal hier Urlaub macht, kommt meistens viele Sommer lang wieder, so auch Richards Familie. Der Durchschnitt liegt bei achtzehn Mal, sagen die Einheimischen. Hinter seinem Schreibtisch stand ein Foto aus diesen frühen Tagen, wie ein Fenster zu einer anderen Zeit: er und sein Bruder in Schwimmwesten am Kai, wie sie gemeinsam ihren Fang hochhalten.

Eigentlich hatte Richard die Fischerei am Lake Nipissing bereits seit Jahren verwaltet, ehe der Stamm ihm die Stelle gab. Er arbeitete für das Ministerium für Naturressourcen der Provinz Ontario. Aber die ganze Verwaltungsbürokratie frustrierte ihn. 95 Prozent seiner Arbeitszeit verbrachte er im Büro und schrieb Berichte für den Hauptsitz in Peterborough, noch einer dieser Seenforscher, die nie einen See zu Gesicht bekamen. Als das Ministerium anbot, ihn freizustellen, damit er diesen Posten annehmen konnte, ergriff er die Gelegenheit beim Schopf.

»Ich will gar nicht zurück. Hier spielt die Musik.«

So war es. Selbst für Lakeland, ein Land geprägt von seinen hervorragenden Fischereibedingungen, ist der Lake Nipissing enorm ertragreich. Vierundvierzig der gut zweihundert Süßwasserfischarten Lakelands findet man hier, darunter die meisten für die Sportfischer bedeutenden Spezies: Muskellunge und Hecht, Forellenbarsch, Flussbarsch und Weißfisch, Katzenwels und Leng; außerdem Ciscos, Stichlinge, Darter, Shiner und Sauger. Der urzeitliche Langschnauzen-Knochenhecht jagt aggressiv in Oberflächennähe, während der nicht weniger primitive See-Stör unauffällig am Boden lebt.

Der Stör gehört zu meinen Lieblingswesen unter den Bewohnern von Lakeland, obwohl ich noch nie ein wild lebendes Exemplar gesehen habe. Wie Fossilien zeigen, haben diese widerstandsfähigen Fische zweihundert Millionen Jahre lang bis in unsere Tage fast unverändert überlebt, und noch immer tragen sie ihre Rüstung aus der Zeit der Dinosaurier. Sie wachsen langsam und ernähren sich mit ihrem zahnlosen Maul fast ausschließlich von winzigen Wirbellosen aus dem schlammigen Seegrund. Sie werden weit über hundert Jahre alt, können mehr als 100 Kilogramm wiegen und sind damit bei weitem die größten Süßwasserfische der Welt. Gelegentlich wird irgendwo im Land ein großer Stör gefangen, dann sind sechs oder acht Leute nötig, um ihn vor der Kamera hochzuhalten.

In den meisten kanadischen Seen, die für die menschliche Population aus dem Süden zugänglich sind, sind die Fischbestände stark geschrumpft, und der Stör ist der Leithammel einer vom Unglück verfolgten Herde. Vor hundert Jahren waren Störe in den kanadischen Seen und Flüssen noch so verbreitet, dass der Fang an den Ufern wie Klafterholz gestapelt wurde. Sie galten als kaum genießbar, doch ihre Eier, der Rogen, entwickelte sich als Kaviar zur teuren Delikatesse. Überfischung, Staudämme und sein langsames Wachstum schienen sich gegen den See-Stör verschworen zu haben, der heute in weiten Teilen seines Verbreitungsgebiets selten geworden ist. Dennoch möchte ich gern glauben, dass er sich angesichts seiner langjährigen Herrschaftszeit in der Biosphäre schon über den Wimpernschlag der Weltgeschichte hinüberretten wird, innerhalb dessen unsere Spezies entweder vergeht – oder zur Nachhaltigkeit findet.

Wenngleich der Stör auch im Lake Nipissing so gut wie verschwunden war (in den neunziger Jahren wurde der Störfang hier untersagt), war doch der Zander, der wahrscheinlich bei Anglern beliebteste Fisch des kanadischen Süßwassers, hier weiterhin reich vertreten. Wie der Lake Winnipeg war auch der Lake Nipissing seicht, warm und trüb. Entlang seiner Ufer gab es zahlreiche felsige Untiefen und gute Laichzonen, kurz: der perfekte Lebensraum für den türkis-goldenen Fisch.

»Der Lake Nipissing ist eine Zanderfabrik«, sagte Richard Rowe. »Einen besseren See könnte man sich dazu gar nicht ausdenken.«

Der Amerikanische Zander – am Lake Nipissing und anderswo in Lakeland auch *pickerel* genannt – hat große Augen, denn er macht bei schwachem Licht Jagd auf kleinere Fische, vor allem Amerikanische Flussbarsche. Er besitzt zwei Rückenflossen, und an der vorderen trägt er nadelspitze Stacheln, vor denen jedes Kind, das den ersten Fang an Land zieht, gewarnt wird. Hechte schnappen sich den Köder ruckartig aus dem Hinterhalt, und es ist spannender, sie zu drillen. Die Seeforelle ist viel größer. Aber irgendwie ist der Zander der Allround-Champion. Und beim Geschmack findet man kaum etwas Besseres, sei es im See oder im Meer. Sein Fleisch ist fest und süßlich, besonders über dem offenen Feuer in der Pfanne gebraten und in netter Gesellschaft genossen.

Viele wetteifern um die Produktion der Zanderfabrik. Wenn in Ontario eine Angel ausgeworfen wird, geschieht das zu fünf Prozent am Lake Nipissing, das entspricht einer sagenhaften Million Angelstunden pro Jahr. Nahezu die Hälfte dieser Zeit entfällt auf das Eisfischen im Winter. Bei einer Erhebung in den neunziger Jahren wurden auf dem zugefrorenen See zweitausend Fischerhütten gezählt, das sind zwölf Prozent aller Hütten in Ontario. Jedes Jahr bringt der Angelsport durch Touristen Milliarden von Dollar nach Kanada, darunter fast 100 Millionen allein an diesem See. Es gibt 125 Anglercamps am Lake Nipissing. Aber nicht nur Touristen gehen fischen.

Für manche ist die Netzfischerei bis heute eine Nebenerwerbsquelle. Mit dem Netz fischen zum großen Teil indigene Fischer. Im Allgemeinen dürfen all jene, die sich auf die Verträge zwischen dem Staat und den First Nations berufen können, für den eigenen Nahrungsbedarf fischen. Im Norden ist selbstgefangener Fisch für viele Familien die einzige kostengünstige Quelle für hochwertige Proteine. Zugleich wird kommerzieller Fischfang auf denjenigen Seen betrieben, deren Fischbestände vom kanadischen Fischerei- und Meeresministerium sowie den Provinzbehörden als ausreichend eingestuft werden. Dazu ist eine Lizenz nötig, die, theoretisch, von jedem erworben werden kann. In der Praxis aber werden die kommerziellen Lizenzen häufig indigenen Fischern zuerkannt, um im Norden Arbeitsplätze zu schaffen. Mit der Fischerei auf den Seen ist nur wenig Geld zu verdienen, in ganz Kanada vielleicht 100 Millionen Dollar pro Jahr, vor Betriebskosten, und davon entfällt ein Viertel allein auf den Lake Winnipeg. Der Angelsport dagegen ist ein Milliardengeschäft.

Sportangler und Netzfischer bilden zwei Lager – getrennt durch unterschiedliche ethnische Herkunft, soziale Schicht, Geographie und Zweck –, die nicht friedlich koexistieren. Beide Gruppen beschuldigen die jeweils andere, zu viele Fische zu entnehmen. Die Nipissing haben neben vielen anderen First Nations aus dem nördlichen Wassereinzugsgebiet des Lake Huron den Robinson-Huron-Vertrag von 1850 unterzeichnet. Anders als die später geschlossenen Numbered Treaties (»nummerierte Verträge«) räumt er den Nipissing offenbar nicht allein das Recht ein, zum eigenen Nahrungsbedarf zu fischen, sondern auch kommerziell, weil sie das seit jeher tun. In seinem Buch *Nipissing from Brûlé to Booth* erwähnt Murray Leatherdale, dass es bei den Nipissing Brauch war, den Winter gemeinsam mit ihren Nachbarn, den Huronen, zu verbringen und mit ihnen große Mengen Fisch aus dem See gegen Mais zu tauschen.

Besondere kommerzielle Fischereirechte für Indigene sind in Kanada politischer Sprengstoff. Deswegen haben sich bereits indigene und nichtindigene Gruppen bewaffnet gegenübergestanden, vor allem im Fall um Donald Marshall, bei dem es um die Hummerfischerei der Mi'kmaq von Burnt Church in Nova Scotia ging. Über Jahre schien auch der Lake Nipissing auf eine Konfrontation hinzusteuern. Die Nipissing erhöhten Jahr für Jahr den Befischungsdruck auf den See, weigerten sich aber, genaue Fangzahlen vorzulegen. Der Staat betrachtete jegliche Zanderverkäufe als illegal, da der Stamm keine genehmigte Fischverarbeitungsanlage besaß. Der Stamm beschuldigte die Provinz Ontario, seine Leute auszuspionieren und an Strommasten in Garden Village ein Videoüberwachungssystem installiert zu haben. Inzwischen gingen die Zanderfangzahlen Jahr für Jahr zurück, und 2004 stürzten sie geradezu ins Bodenlose.

Unabhängig von den Verträgen, kann der Staat die Kontrolle über die Fischerei der First Nations wieder an sich ziehen, wenn sie droht, die Fischbestände zu schädigen, und so schien alles bereit für einen Konflikt, wie Nachrichtenredakteure ihn lieben: eine Razzia oder womöglich eine Blockade des Highway 17 durch die protestierende Nipissing First Nation. Aber nichts davon passierte. Stattdessen stimmte der Stamm dafür, neue Gesetze für einen nachhaltigen Fischfang in Selbstverwaltung zu fordern. Die Provinz legte geringere Fangbegrenzungen fest und führte ein »Entnahmefenster« für den See ein, demzufolge Fische wieder ins Wasser gesetzt werden mussten, wenn sie eine Größe zwischen 40 und 60 Zentimetern aufwiesen, was dem Alter entspricht, in dem sie zum ersten Mal laichen. Die Nipissing boten Richard Rowe seinen Traumjob an, der ihm unter anderem freie Hand gab, die Fischerei so zu verwalten, wie er es für richtig hielt. Und die Regierung stellte ihn dafür frei.

Niemand überraschte dieser plötzliche Anfall von gesundem Menschenverstand mehr als Richard Rowe selbst. »Es ist schon irgendwie surreal, dass ich jetzt hier sitze, denn als ich noch für die Regierung gearbeitet habe, wollte ich eigentlich bei der First Nation andere Saiten aufziehen. Die hatten einiges auf dem Kerbholz.« Tatsächlich hatte Richard an den indigenen Fischern deutliche Kritik geübt. In jedem Fischereiartikel, den der *North Bay Nugget* brachte, schien die Zeitung ihn zu zitieren. Dass der Stamm ihn eingebunden hatte, war eindeutig ein strategischer, politischer Schachzug gewesen. Die Nipissing standen vor der Wahl, entweder ein funktionierendes, nachvollziehbares Fischereikonzept einzuführen oder die ganze Sache der Regierung von Ontario zu überlassen.

Richards erste Priorität war es, exakte Fangzahlen für den gesamten See zu bekommen. Es gab zwar Anglerstatistiken für die vergangenen dreißig Jahre, aber die Fangmengen der indigenen Netzfischer waren erst ab 2005 erfasst. Laut Richards Stand bei unserem Treffen entnahmen Angler 20.000 Kilogramm Zander pro Jahr, und durch die Netzfischerei der Nipissing kamen weitere 40.000 Kilogramm dazu.

Ein Kernziel war es, eine ordentliche Fischverarbeitungsanlage aufzubauen und den ganzen von den Nipissing gefangenen Fisch auf den rechtmäßigen Markt zu bringen. Bis zum folgenden Jahr sollte das erreicht sein. Der Pickerel vom Lake Nipissing, der so viele Jahre ein Schwarzmarktprodukt gewesen war, konnte endlich auch auf den Fischmärkten am Seeufer gekauft werden.

Nicht alle waren mit dieser Entwicklung zufrieden. Die kommerzielle Ausbeutung verletzlicher Wildtierbestände ist noch immer eine bedenkliche Vorstellung für viele Kanadier, mich eingeschlossen. Der Lake Nipissing ist mit 875 Quadratkilometern zwar ein ziemlich großer See, aber ich fand die Fangmengen alarmierend hoch.

»Fischereimanagement ist immer auch ein Risikomanagement«, sagte Richard. »Man kann eine Fischpopulation so weit verringern, dass sie sich nie mehr erholen kann, dann geht sie einfach über die Klippe. Die Frage ist immer, wie nah an die Klippe kann ich sie heranbringen?« Das war eine verstörende Metapher, wenngleich Richard mir versicherte, dass ein Fischfanggebiet mit der richtigen Mischung aus Wissenschaft und Ortskenntnis auf Dauer erhalten werden kann. Ja, er würde es sogar arrangieren können, dass ich mit auf den See hinausfuhr und mir selbst anschauen konnte, wie man das machte. Tags drauf, am Nachmittag, sollte ich an der Marina von North Bay nach dem Truck der Nipissing First Nation Ausschau halten. Am Steuer säße ein Typ namens Hugh Grant – so hatte ich Richard jedenfalls verstanden –, der mit mir hinausfahren würde.

Ich stellte mir vor, wie ich mit einem gut aussehenden stammelnden Engländer mit sehr weißen Zähnen einen Tag im Boot verbringen würde.

Hugh Grant erwies sich als zwei Personen. Ich traf sie am Nachmittag am See an, während sie kanisterweise Benzin hinunter zum Kai wuchteten. Grant Stevens, kräftig und gesprächig, lächelte, stellte seine Last ab, um mir die Hand zu schütteln, und erklärte, dass der steuerfreie Sprit, den sie aus dem Reservat mitgeschleppt hatten, für einen Tag auf dem Wasser ausreichen würde, so bräuchte man kein teures Benzin von der Tankstelle an der Marina. Er stellte mir seinen Partner Hugh Martel vor.

»Von mir gibt's keine Hugh-Grant-Witze, versprochen«, sagte ich und verstieß damit gegen meinen eigenen Vorsatz, mich nie über den Namen einer Person lustig zu machen. Grant blinzelte verständnislos.

»Sie meinen den Eishockeyspieler?«

Hugh und Grant waren Cousins, entfernte Verwandte irgendwelchen Grades, und außer um drüben in Lindsay ihren Berufsfischerschein zu machen, hatten beide ihr ganzes Leben im Reservat verbracht. Wahrscheinlich schauten sie eher selten Liebeskomödien aus Großbritannien. Hugh war das Gegenteil von Grant: spindeldürr, ernst und wortkarg. Die beiden gingen über den Anleger voraus zu ihrem stabilen, etwa fünf Meter langen Aluboot, gebaut von Stanley Machine aus Parry Sound. Den größten Teil nahm eine freie Arbeitsfläche ein, und am Heck saß ein geschlossenes Ruderhaus. Ich hatte mich darauf eingestellt, den ganzen Tag in einem kleinen Motorboot in der prallen Sonne über die Whitecaps zu donnern. So aber versprach es eine ruhige Fahrt zu werden. Ich half mit, das Benzin in den Trichter zu leeren, und fragte mich, ob das ausreichen würde, um so ein großes Boot den ganzen Tag am Laufen zu halten. Wie sich herausstellen sollte, reichte es nicht.

Hugh übernahm das Ruder, Grant setzte sich auf die Backbordseite, und ich nahm meinen Platz auf dem Achterdeck ein. Wir tuckerten los, am Wellenbrecher vorbei und steuerten nach Westen, um einen Tag lang die »Fischkörbe« der Angler zu inspizieren. Durch einen solchen *creel survey* kann man viel über Fischwanderungen und Fischpopulationen herausfinden. Allerdings bekommt man die traditionell aus Weiden- oder Rohrgeflecht hergestellten Körbe, in denen die gefangenen Fische aufbewahrt wurden, heutzutage kaum noch zu sehen, allenfalls bei traditionellen Fliegenfischern – doch solche Erhebungen gehören zu den wichtigsten Methoden der Fischbiologen auf der ganzen Welt. Dabei werden Angler zu ihrem Fang befragt: wie viel Arbeit sie damit hatten, wie viele Fische sie gefangen haben und welche Arten, welche Ausrüstung und welche Köder zum Einsatz kamen, ob sie Jiggen, Auswerfen oder Schleppangeln als Methode eingesetzt haben, wie lange gefischt wurde, wie weit sie gefahren sind, um Fische zu finden, und so weiter.

Richard Rowe hatte den Lake Nipissing in zwanzig Sektoren eingeteilt, und unser Ziel war die entlegenste Ecke ganz im Südwesten, etwa 60 Kilometer entfernt. Das war mein Glück, denn ohne ein schnelles, seetaugliches Boot und ohne Kenntnis der unzähligen felsigen Untiefen des Sees bekamen Gelegenheitsbesucher des Seeufers bei North Bay dieses Gebiet nie zu sehen. Und so, wie diese beiden Kerle steuerten, war es der pure Nervenkitzel.

Ein langgestrecktes Gebiet am Nordufer, wo auch das Reservat liegt, besteht aus einem tückischen Felsenlabyrinth. Auf der Seekarte ist es als »unbefahrbar« gekennzeichnet, aber Hugh bretterte bei voller Fahrt mittendurch. Er fädelte sich durch ein Nadelöhr nach dem anderen, orientierte sich an Punkten, die ich nicht auseinanderhalten konnte, und mehrfach näherten wir uns auf ein, zwei Meter den scharfkantigen grauen Felsen.

»Keine Sorge«, sagte Hugh, die Fingerspitzen entspannt am Steuerrad, während wir genau auf eine kleine Felsinsel zuhielten. »Das hab ich schon als Kind gemacht. Das hier ist unser Terrain.« Sorgen machte ich mir tatsächlich nicht. Seine Körpersprache verriet, dass er ganz Herr der Lage war. Grant hing in seinem Co-Pi-

249

lotensitz, als schliefe er gleich vor dem Fernseher ein. An den Fenstern zogen die langgestreckten, nassen Felsen vorbei wie Orcas, und irgendwie gelang es den typischen schiefen Weymouth-Kiefern, auf Stein zu gedeihen. Aus der Insel vor uns wurden im letzten Moment zwei, und wir zogen unsere Kielspur mitten hindurch. Wir kamen an Garden Village vorbei, und Hugh winkte seinem Bruder zu, der uns in einem hübschen alten Holzboot entgegenkam.

Der erste Kandidat, dem wir in den Fischkorb schauten, fischte allein in seinem Angelsportboot. Hugh ließ uns langsam zu ihm hinübertreiben, zwischen Hunderten kleiner Felsen hindurch, die knapp unter der Oberfläche nur darauf warteten, uns den Propeller zu schrotten. Irgendwie schaffte er es, nicht einen einzigen zu streifen. Unser Angler warf weiter seine Leine aus, als er uns näher kommen sah, machte aber ein Gesicht, als würde er von einer Streife herausgewinkt. Immerhin trug unser Boot das Logo des Ministeriums für Naturressourcen. Als wir auf Rufweite herangekommen waren, ging Grant zum Bug, um sein Anliegen kundzutun, und unser Mann entspannte sich. Die Teilnahme an solchen Erhebungen ist völlig freiwillig, doch nur selten weigert sich jemand, die Sache der Wissenschaft zu unterstützen, wenn sie ihm erläutert wird.

Für den Angler, ein frankophoner Mann Ende zwanzig aus Sudbury, war Angeln eine todernste Angelegenheit. Er war schon seit zwölf Stunden auf dem Wasser. Gefangen hatte er fünfundzwanzig Forellenbarsche, seine Zielart, sowie drei Zander und so viele Flussbarsche, dass er sie gar nicht mehr gezählt hatte. Alle hatte er wieder freigelassen. Als wir zurücksetzten, tippte er sich an die Kappe mit dem Herstellerlogo seines teuren Außenborders und warf sogleich wieder seine Angel aus. Hugh vermutete, dass er für das große Angelderby zwei Wochen später trainierte und den See nach günstigen Ecken absuchte.

Das nächste Boot war mit Vater und Sohn bemannt, ein müder alter M-Rumpf, notdürftig mit einem Sperrholzdeck und Gartenstühlen als Armeleute-Angelboot zurechtgemacht. Die beiden ankerten in einem ganz ähnlichen Felsengarten, hatten aber in zwei Stunden noch nichts gefangen. Vielleicht lag es an dem plärrenden Radio. Der Vater fragte uns, ob wir wüssten, wo die Fische wären. Das, sagte Grant, sei die Frage, die man bei *creel surveys* ständig hörte.

Besonders fragten Hugh und Grant nach dem Blauen Pickerell, einer Unterart des Amerikanischen Zanders mit einem blassblaugrauen Farbton, der früher einmal die dominante Form in diesen Gewässern gewesen war. Nach einem Jahrhundert der genetischen Verunreinigung durch Einführung des Gelben Pickerell aus der Fischzucht, war die blaue Variante so gut wie verschwunden. Im ganzen Land wird staatliche Fischzucht betrieben und richtet unter den angestammten Arten schwere genetische Verwüstung an. Die Verunreinigung wild lebender Bestände durch Zuchtfische betrifft nahezu alle nahe den großen Zentren gelegenen Seen Kanadas.

Angepriesen als Rettung für die schwindenden Bestände in überfischten Gewässern, wurden die Fischzuchtbetriebe während der Weltwirtschaftskrise eingerichtet, um Arbeitsplätze zu schaffen. Sie sind damit seit jeher eine Form politischer Schönfärberei. Fische zu züchten ist für den Staat eine billige, öffentlichkeitswirksame Möglichkeit zu zeigen, dass er sich um das Problem der leer gefischten Seen kümmert – ein Problem, das die staatlichen Fischereimanager überhaupt erst hatten zustande kommen lassen.

Fischzuchten lösen das Problem aber nicht. Wie Richard Rowe mir versichert hatte, bringt ein gesunder See auch ohne Eingriffe des Menschen reichlich Fische hervor. Ein Zanderweibchen kann im Jahr eine Viertelmillion Eier legen. In einem ungesunden See, in dem die Bestände über die Klippe gegangen sind und die Nahrungskette sich dauerhaft verändert hat, haben Zuchtfische keine besseren Überlebenschancen als wild geborene Jungfische.

»Die Fischzuchten produzieren nichts als teures Fischfutter«, hatte Richard gesagt. »Wenn Fischereimanagement so einfach wäre, würde es doch inzwischen funktionieren, finden Sie nicht?« Die staatlich geförderte Schädigung der wild lebenden Populationen geht weiter, weil eine fischende Öffentlichkeit glaubt, Zuchtfische seien die Lösung aller Probleme. Bei jeder öffentlichen Versammlung, die Richard besuchte, standen Forderungen nach einem höheren Besatz durch Zuchtfische stets ganz oben auf der Tagesordnung.

Der lange Sommernachmittag verblasste zum Abend, wir fuhren umher und trafen in unseren entlegenen Sektoren nur wenige Angler an, die wir befragen konnten. Nach drei Stunden tauschten Hugh und Grant die Plätze, und wir überquerten den See in Richtung Südufer. Wir reihten uns hinter einem andern Boot ein, in dem, wie sich herausstellte, Grants Vater und sein Neffe eine gemeinsame Ausfahrt machten. Wir passierten das Blockhaus auf Hays Point, in dem sein Vater geboren worden war. Auch Hughs Vorfahren hatten hier zu unterschiedlichen Zeiten gewohnt, und gebaut hatte es sein Urgroßvater. Es hatte täuschende Ähnlichkeit mit dem Haus am Lake of the Woods, in dem Tim Thorburn geboren war. Der Lake Nipissing verwandelte sich in eine Landschaft aus Binsen und Untiefen, und wir erreichten die letzte Bucht unseres Sektors.

Da wir keine weiteren Boote antrafen, erklärte Hugh die Erhebung für beendet. Jetzt hatten wir die weite Überfahrt zurück nach North Bay vor uns. Unterwegs tauchte vor uns ein Schwarm dunkler, flacher Felsen auf, der offenbar vorher noch nicht da gewesen war. Er entpuppte sich als Kormoranschwarm. Die Ohrenscharbe aus der Familie der Kormorane wird manchmal mit dem Seetaucher verwechselt, liegt aber tiefer im Wasser und trägt zur Paarungszeit zwei Kämme auf dem Kopf. Anders als der Seetaucher ist sie gesellig, lebt und jagt im Schwarm und kann sich bequem

252

auf Ästen niederlassen. Oft sieht man sie nach dem Schwimmen mit ausgebreiteten Flügeln ihr Gefieder trocknen.

Wie am Lake of the Woods hassten auch am Lake Nipissing alle Angler den schwarzen Vogel, denn sie glaubten, die Kormorane fräßen ihnen alle Fische weg. Dieses Vorurteil ist in ganz Lakeland verbreitet. Richard Rowe erklärte mir, dass der Amerikanische Zander zwar nicht unmittelbar zur Beute der Kormorane gehört, dass beide aber – mal mehr, mal weniger – in Nahrungskonkurrenz zueinander stehen. Der Zander ist von Natur aus an die Gegenwart zahlreicher Kormorane angepasst. Und natürlich konkurrieren auch viele andere Vogelarten um die Nahrung aus dem See: Säger, Eisvögel, Möwen, Fischadler, Adler und der von allen geliebte Seetaucher.

Keiner ist hingegen bei den Steuerzahlern so verhasst wie der Kormoran. Bei Versammlungen fordern sie mit der Leidenschaft eines Lynchmobs die Zerstörung seiner Nistkolonien. Die Verwaltungen der Provinz Ontario und des Staates New York haben diesen Forderungen bereits manchmal nachgegeben und in jüngerer Zeit massenhaft Kormorane getötet. Manche nehmen sich auch selbst der Sache an, obwohl es eine ernste Straftat ist, ein Kormorannest zu zerstören.

Wehe der Kreatur, die der Mensch als Konkurrenz empfindet. Den Wolf hat das den größten Teil seines Lebensraums auf der Nordhalbkugel gekostet. Für den Bison bedeutete es das Ende. Wie viele Vogelarten erlag der Kormoran in den 1970er Jahren fast endgültig der Wirkung des DDT, das seine Gelege schädigte. Sein Comeback wird von Anglern nicht gerade gefeiert.

Der Wind hatte beträchtlich aufgefrischt, und das große Boot schlug zunehmend auf die gelblich gefärbten Schaumkronen. Grant musste die Geschwindigkeit drosseln, sodass wir nicht mehr richtig ins Gleiten kamen und ein breites Kielwasser hinter uns herzogen. Er klopfte auf die Tankanzeige, die immer weiter zurückging. Wir mussten in Garden Village anhalten und tanken.

Mir machte der Umweg nichts aus – so waren wir länger auf dem Wasser. Wir legten beim Haus von Hughs Vater an, das in einer kleinen Felsenbucht stand, mit einer Veranda und drei Mansardenfenstern, in denen sich das Wasser spiegelte. Als wir in die Bucht einfuhren, stand Hughs Bruder bis zur Brust im Wasser und spielte Ball mit seinem Sohn, die warmen Farben der Sonne glitzerten auf ihren Schultern, und die beiden grinsten zu uns hoch. In diesem Augenblick wirkten die Nipissing First Nation und der weite See völlig idyllisch.

Unser Umweg bescherte uns ein weiteres Rennen quer durch die Untiefen entlang des Nordufers. Grant steuerte ebenso meisterhaft wie Hugh. Den Rest der Fahrt unterhielten wir uns – über das Leben in der Stadt, über den großen wirtschaftlichen Sog von Alberta, über den Unterschied zwischen Lebensunterhalt und Leben. Wir waren uns einig, dass wir uns glücklich schätzen konnten, im Freien, in der Wildnis zu arbeiten. Der stets ernste Hugh sagte, er wolle nie irgendwo anders leben als im Kreis der Nipissing First Nation. Grant auch, wie er versicherte. Und der Schutz der Fischbestände im See sei daher die einzige Möglichkeit, ihre Zukunft zu sichern.

Es ist ein trostreicher Gedanke: Der Jäger sorgt für die Gesundheit seiner Beute, der Farmer würde niemals den fruchtbaren Boden schädigen, der Holzfäller hütet den Wald wie ein Schäfer seine Schafe. Und der Fischer fügt den Fischbeständen niemals Schaden zu – nur wenige Tage zuvor hatte Paula Thorburn am Lake of the Woods mit leidenschaftlichem Ernst genau diese Worte gebraucht. Leider haben sie sich im Lauf meines Lebens wieder und wieder als unzutreffend erwiesen.

Und doch zeugte dieser Tag auf dem See von Fortschritten hin zu einer nachhaltigen Nutzung der Natur. Grants und Hughs Gedanken zum Naturschutz waren keine hohlen Phrasen; vielmehr sammelten die beiden belastbare Daten, um den Erfolg ihrer Bemühungen zu messen. Nach Jahren der Feindseligkeit zwischen staatlicher Wissenschaftsbürokratie und einer misstrauischen First Nation hatten sich beide Seiten darauf eingelassen, sich in ein Boot zu setzen. Ein weiteres Beispiel für bürgernahe Wissenschaft: Menschen vor Ort verschreiben sich der Beobachtung der Biosphäre vor ihrer Haustür, und ein Wissenschaftler bringt ihre Arbeit in eine zielführende Struktur. Komme, was da wolle, Hugh Martel, Grant Stevens und Richard Rowe würden stets mit den Daten, die ihnen an diesem Julitag ins Netz gegangen waren, in Verbindung stehen. Dadurch standen sie gegenüber ihren Kindern in der Verantwortung, und das verband sie mit zukünftigen Generationen, so wie es auch geschieht, wenn ein Baum gepflanzt wird. Wenn dem Zander im Lake Nipissing etwas zustößt, wissen wir wenigstens, an wen wir uns wenden müssen.

Es herrschte bereits tiefe Dämmerung, als wir querab den Wellenbrecher passierten und unseren Liegeplatz in der Marina einnahmen, wo die Lichter der Stadt und die Stimmen der Uferspaziergänger vom Wasser zurückgeworfen wurden. Grant, Hugh und ich wünschten einander alles Gute, dann fuhren die beiden zurück nach Garden Village. Ich ging zu meinem Fahrrad, ließ den See hinter mir und fuhr durch die lauen Straßen von North Bay zurück zur Universität, plötzlich müde von dem langen Tag. Der Sommer war schon halb vorbei. Zeit, Ontario den Rücken zu kehren, Zeit für eine Pause. Morgen begann mein Urlaub.

Péribonka

Sainte-Monique

Saint-Méthode

Le Boom

Parc national
de la Pointe-Taillon

Saint-Félicien

Saint-Prime

Lac Saint-Jean

Roberval

Chambord

0 1 2 3 4 5 km

Sommer
LA GRANDE TRAVERSÉE
Lac Saint-Jean, Quebec

Wir müssen verweilen in dieser Provinz, in der schon unsere Väter lebten, leben, wie sie gelebt haben, und so das ungeschriebene Gebot befolgen, das einst in ihren Herzen Gestalt annahm, das in unsere überging und das wiederum wir an unsere unzählbaren Nachkommen weitergeben müssen: In diesem Land Quebec soll nichts dahingehen und nichts soll sich wandeln.
Louis Hémon, *Maria Chapdelaine*, nach der Übersetzung
von W. H. Blake.

VON ALLEN Gewässern, die ich auf meinen Reisen besucht habe, hat der Lac Saint-Jean mich am meisten überrascht. Die Straße vom Fjord du Saguenay her stieg durch einen Waldstreifen bergan, ehe sie hinaustrat in ein scheinbar unendliches flaches Wiesen- und Weideland, das eigenartig der Prärie ähnelte, bis hin zu den gelben Rapsfeldern. Plötzlich kippte die Straße fünfzig Höhenmeter über die Kante eines urzeitlichen Gletscherufers, und blau kam der weit dahingestreckte See in Sicht. Die Innu nennen ihn *Piekouagami* – »Flacher See« –, wegen der weiten Ebene, die das Wasser umfängt. Die feuchte Luft, die von dem schwülen Inversionswetter am Boden gehalten wurde, schien den Horizont ausradiert zu haben. Der matte Glanz silberner Kirchturmspitzen hob die kleinen Städtchen hervor, die sich entlang des Ufers in der Ferne verloren.

In wenigen Tagen sollte die 53. Traversée internationale du Lac Saint-Jean stattfinden, und in den Orten am See machte sich bereits Festtagslaune breit. Freiwasserschwimmen ist ein fester Bestandteil der Kultur von Quebec, ebenso wie große öffentliche Veranstaltungen, und das 32-Kilometer-Wettschwimmen über den Lac Saint-Jean war das Ereignis der Saison. Das Rennen wurde live im Fernsehen übertragen. Quebec hat viele Seen, aber in der ganzen Provinz gilt der Lac Saint-Jean als *der See*. Berühmt für die ihn umgebenden Heidelbeerfelder und seinen Cheddar-Käse, bildet er das blaue Herz des Nationalgefühls Quebecs, und ich freute mich schon darauf, Lakeland einmal von der anderen Seite der Linie zwischen dem englisch und dem französisch geprägten Kanada zu erleben. Vor allem wollte ich einen Arbeitsurlaub am See auf dem Höhepunkt des Sommers verbringen, Pause machen von blaugrünen Algen, Neubaugebieten und Seeverwaltung und mich entspannen, gut essen und Sonne und Wasser genießen.

Seinen Namen hat der Lac Saint-Jean von Jean de Quen, dem in Amiens geborenen Jesuiten, der den See als erster Europäer zu Gesicht bekam. Quebecs allgegenwärtiger Ex-Katholizismus hatte für mich immer schon etwas Heimeliges. In Prince Albert habe ich katholische Schulen besucht, geführt von Nonnen und Priestern, die St. Pierre oder Tremblay hießen, Boutin oder Regnier. Viele meiner Freunde aus West Flat sprachen zu Hause Französisch. Sie waren Messdiener, und ihre Mütter servierten Tourtière.

So war auch mein Ziel eine Kirche, ein Kloster in den Bergen am See. L'Ermitage Saint-Antoine wurde 1907 von einem gewissen Abbé Elzéar DeLamarre gegründet. Während eines Urlaubs hatte er sich in die Gegend verliebt. Er kaufte Land am nahegelegenen Lac Ouiatchouan, der über den gleichnamigen Fluss in den Lac Saint-Jean entwässert, und baute sich eine Hütte. Nahe seiner neuen Bleibe fiel dem Kirchenmann eine Vertiefung im Fels auf, die ihn ein wenig an die Grotte von Lourdes erinnerte. Er stellte eine Statue der Heiligen Jungfrau auf, und schon war ein Pilgerort geboren.

Da die Klause heute stark besucht ist, gab es ausreichend Platz für Reisebusse, und die überdachten Picknickplätze spendeten den Massen Schatten. Unter den Birken entlang des Seeufers hatten sich Statuen, Schreine und Kapellen ausgebreitet, verbunden durch gepflasterte Wege. Es gab auch ein Museum mit Museumsshop, wo man das ganze Drumherum katholischer Heiligenverehrung – Kreuze, Kerzen und Ikonen – erwerben konnte. Hier sollte ich mich nach meinem Herbergswirt erkundigen, aber er fand mich zuerst. Guy Dufour war groß und dunkelhaarig mit grauen Strähnen, und er schritt mit ausgestreckter Hand über den heißen Asphalt der Zufahrt seines Hotels auf mich zu. Er sprach Englisch:»Herzlich willkommen in Saint Anthony's Hermitage!« Guy erinnerte mich an die Lehrer meiner alten Schulen, an einen Priester, der sein Kollar abgelegt hat, damit die Schüler sich entspannen können, dieselbe Mischung aus bescheidener Dienstbarkeit und geistlicher Autorität. Er war gepflegt, aber schlicht gekleidet, in eine braune Hose etwa Jahrgang 1978, Businesshemd und Krawatte, aber ohne Sakko. Er widmete dem Besucher seine volle Aufmerksamkeit.»Entspannen Sie sich doch ein Stündchen in Ihrem Zimmer. Wir treffen uns um fünf, und dann essen Sie heute an meinem Tisch in Roberval zu Abend.«

Das Zimmer war zugleich hotelartig und klösterlich: ein Kruzifix zwischen den Betten, kein Fernseher, ein großer Schreibtisch zum Textstudium. Pilgerfahrten wurden zunehmend bei älteren Menschen beliebt, die sich nach der Zeit vor der Säkularisation Quebecs zurücksehnten.»Glaubenstourismus«, hatte Guy das genannt.»Wir fangen gerade erst an, das zu verwerten.« In einer Art Sporthalle am Ende meines Flurs probte eine örtliche Schülergruppe ein Moralitätenspiel. Es war als würde ich in St. Mary, meiner alten Highschool, übernachten; *Alma Mater – Semper Veritas*.

259

Am Abend wollten wir zum Straßenfest in Roberval gehen, das im Rahmen des einwöchigen Jahrmarkts rund um das Wettschwimmen stattfand. Den Spätnachmittag verbrachte ich auf dem Gelände der Einsiedelei, spazierte den Kreuzweg entlang und steckte meine Nase in Nischen und Kapellen. Eine Reihe Beichtstühle unter den Ahornbäumen am Seeufer erinnerte an Toilettenhäuschen. Hier stand auch eine Miniaturkirche, gerade groß genug, um darin stehen zu können, und auf ihrem Altar hatten Bittsteller stapelweise handgeschriebene Gebete hinterlassen: für kranke Kinder, wegen verlorener Gegenstände. Unter ihr lag die eigentliche Grotte. Seit DeLamarre sie entdeckt hatte, war sie mit Presslufthämmern vergrößert und mit fließendem Weihwasser versehen worden, das, als ich den Hahn aufdrehte, mit einem hohlen Donnern in ein Kupferbecken floss. Mein Vater war bei den Kolumbusrittern gewesen und hätte diesen Ort geliebt.

»Hervorragend!«, sagte Guy, als wir uns am Hoteleingang trafen. Er trug noch immer seine Hosen Baujahr 1978, hatte aber Schlips und Kragen gegen eine Art Piratenhemd getauscht, wie es sich nur Franzosen zu tragen trauen: mit einem brokatgesäumten Ausschnitt bis auf die Brust und weiten Ärmeln. »Sie fahren mit mir und erzählen mir alles über Ihr Projekt, Allan.« Er redet gern in priesterlich verkündendem Ton.

Guy war kein Priester, sondern Reiseveranstalter, Hotelbesitzer und Impresario. Wie so viele, die ich in Lakeland kennengelernt hatte, besaß er eine große Begeisterung für sein Zuhause, den Lac Saint-Jean. Er erzählte von dem fruchtbaren, für die Landwirtschaft idealen Boden der Region und von dem *ouananish*, dem im Süßwasser lebenden Binnenlachs, der Angler in die Gegend lockte. Besonders ermunterte er mich, den Zoo zu besuchen, auf den man hier besonders stolz war. Ich habe Zoos schon immer gehasst und nahm mir im Stillen vor, nicht hinzugehen. Aber Guy sagte: »Ich kenne die Leute. Morgen rufe ich sie an, dann bekommen Sie freien Eintritt.«

»Und jetzt sprechen wir vielleicht ein bisschen Französisch?«, sagte Guy aus heiterem Himmel. Seit jeher fühle ich mich mit der französischen Sprache verbunden, was ich auf meine Kindheit in meinen Pflegefamilien zurückführe, aber erst im Studium habe ich sie richtig gelernt, denn ich folgte Pierre Trudeaus Aufruf, eine neue Gesellschaft zu formen, und zog nach Montreal, um mir unsere zweite Amtssprache anzueignen. Jeden Morgen fuhr ich pflichtbewusst auf meinem Peugeot-Fahrrad zur Uni und bekam für meine gute Aussprache hin und wieder Komplimente von meiner ketterauchenden Sprachlehrerin. Die meiste Zeit aber verbrachte ich in den Clubs der Rue St. Denis, wo wegen der lauten Musik Reden ohnehin ausgeschlossen war, und ich wohnte in Notre-Dame-de-Grâce, wo man gut ohne Französisch zurechtkam. Außerdem war das lange her.

Ich atmete tief durch und feuerte eine pseudogallische Kanonade ab: über meine Vergangenheit an katholischen Schulen, meine frankophonen Freunde, und ich erzählte sogar einen Witz über Pierre Trudeau. All das lag weit über meiner Sprachkompetenz. Bei dieser Attacke auf die Sprache der Diplomatie musste Guy winseln und wechselte sofort wieder ins Englische. »Sie mögen Pierre Trudeau?« Das war tückisches Gelände. Der engagierte Föderalist Trudeau hatte unter den Separatisten am See nur wenige Freunde.

»Hmm, nicht wirklich; nicht mehr.«

Im Thema »Boote« fanden wir ein sichereres Terrain. Guy war früher Kapitän eines Ausflugsschiffs für fünfzig Passagiere gewesen, das von Saint-Félicien aus den Fluss hinunter und über den See fuhr. Er besaß noch ein kleines Runabout und verkündete, dass wir am nächsten Tag eine Tour machen würden.

Roberval war in Partylaune, die ganze Stadt war auf den Beinen und schick angezogen, und alle liefen in dieselbe Richtung. Bei den Frauen waren kurze Röcke, hochhackige Schuhe und hochgesteckte Frisuren die Regel. Der Abstand zwischen Ausschnitt und Rocksaum fiel atemberaubend kurz aus, bei Zwanzig- wie bei Sechzig-jährigen. Die Männer trugen trotz der Hitze lange Hosen, dazu Sandalen und weite Hemden. Eine Parklücke zu finden schien unmöglich, aber Guy manövrierte uns auf einen abgelegenen Platz und fand eine. Wir gingen zwei Ecken weiter, bogen in die nächste Straße ein, und dort bot sich uns ein eindrucksvoller Anblick.

Jedes Jahr versammeln sich die Uferbewohner ein paar Tage vor der Traversée in Roberval zum gemeinsamen Essen auf der Straße. Das *Souper dans les rues* wird an zwei sehr langen Tischen am Ufer eingenommen, einer auf jeder Straßenseite. Den ganzen Abend lang spaziert eine rastlose Menschenmenge in der Straßenmitte hin und her. Cafés öffnen Türen und Fenster, drehen ihre Anlagen auf, dass die Sicherungen rausfliegen, und überziehen die Straßen mit Musik.

An den Tischen saßen Familien oder Gruppen von Kollegen zusammen. Guy hatte uns zu seinen Kumpeln aus der Tourismusindustrie gesetzt. Er kannte jeden Passanten und stellte mich einem Dutzend Leute vor, gab aber schließlich auf. Diese Begegnungen waren sehr förmlich, und vor allem die Männer sagten »enchanté«, wenn sie mir die Hand schüttelten, und benutzten gediegene Willkommensformeln, gefolgt von dem dringenden Appell, den Zoo zu besuchen. Danach ignorierten sie mich völlig. Das machte mir nichts aus. Für sie war dieser Abend ein Familienfest, auf das sie sich das ganze Jahr gefreut hatten.

Außerdem hatte ich Nancy Donnelly als Gesprächspartnerin. Nancy arbeitete für die regionale Tourismusbehörde und hatte mir freundlicherweise mit Kontakten und Terminvereinbarungen den Weg geebnet. Sie sprach beide Amtssprachen wie eine Diplomatin, stammte aus Ottawa und hatte im Westen gelebt, ehe ihr Mann eine Stelle in der Aluminiumindustrie von Saguenay bekommen hatte. Selbst nach mehreren Jahren fühlte sie sich hier als Fremde. Die Menschen waren durchaus freundlich, wie sie eilig hinzufügte, aber neue Bekanntschaften schließt man in Quebec eher am Swimmingpool im Garten und innerhalb der weiteren Familie. Sie und ihr Mann hatten weder das eine noch das andere und verkehrten eher unter den Zugewanderten.

Wir stellten uns in die Essensschlange, und aus den offenen Fenstern des Cafés dröhnte eine französische Version von »La Bamba«. Es gibt ein Tourtière-Rezept nach der Art des Lac Saint-Jean, das in ganz Quebec bekannt ist, ein Topfgericht mit gemischter Fleischfüllung, das eher an eine übergroße Lasagne erinnert als an eine Pastete. Unter diesem Namen wurde etwas ziemlich anderes serviert, das vor allem aus Kartoffeln bestand und so versalzen war, dass man es kaum zu sich nehmen mochte. Soweit ich mich erinnere, war es das einzige schlechte Essen, das ich in Quebec je bekam.

Da es viel mehr Esser als Sitzplätze gab, stellten wir unsere zur Verfügung und mischten uns unter die umherziehenden Menschen. Ich sprach Nancy auf die einheitliche Tracht der Frauen mit Kleid und Stöckelschuhen an, die mir fast wie eine Uniform vorkam.

»Es ist mehr als das. Wenn man eine Weile hier lebt, bemerkt man, wie ähnlich sich die Leute sehen.« Und tatsächlich. Die Gesichter der Frauen hatten eine Ähnlichkeit, die tiefer reichte als gebräunte Haut und getönte Haare mit kupferfarbenen Strähnchen; auf andere Art betraf das auch die Männer. Viele dieser »waschechten« *Québecois, la pure laine,* konnten ihre Abstammung bis zu den lediglich zweitausendsechshundert Auswanderern zurückverfolgen, die 1608 La Nouvelle France gegründet hatten, eine geschlossene Bevölkerungsgruppe bis in die moderne Zeit. Und nirgends war diese Tendenz ausgeprägter als in der Seenregion. Für Wissenschaftler ist die genetische Homogenität in dieser Region – und die Häufigkeit einiger normalerweise seltener erblicher Erkrankungen, die die franko-amerikanische Diaspora plagen – ein spannender Forschungsgegenstand.

Auch der Sinn für das Feiern von Straßenfesten war bei diesen Menschen bestimmt auf irgendeinem Chromosom kodiert, denn dem gingen sie so freudig wie effizient nach. Bier und Wein, mitgebracht von zu Hause, wurden an jedem Tisch offen konsumiert. Im Westen, wo öffentlicher Alkoholkonsum selbst in geregeltem Rahmen, etwa im Biergarten am Nationalfeiertag, schon bald in Gesetzesverstöße ausartet, wäre das undenkbar. In Roberval fielen mir keine Betrunkenen auf und nur zwei gelangweilt wirkende Polizisten am Ende der Straße. Als das Festmahl vorbei war, erschien ein großer Lieferwagen und fuhr die Straße entlang, kleine Teams luden die Klapptische und stapelweise benutztes Geschirr in sein Maul – wie Dr. Seuss' *Kater mit Hut* beim Hausputz.

Im größten Teil des englischsprachigen Kanadas kennt man ein öffentliches Straßenleben in dieser Fülle nicht. Das *Souper* aber war nur eine von vielen kommunalen Feierlichkeiten im Kalender von Roberval. Von Januar bis März wird der zugefrorene See vor der Stadt zum *Village sur glace*. Die Leute bauen winzige, aber aufwendig gestaltete Hütten auf und stellen sie rings um eine ovale Eislauffläche auf. Sie laufen Schlittschuh und treffen sich an diesen *maisonnettes*, wärmen sich am Holzofen, essen Poutine und trinken heiße Schokolade.

Französische Popmusik allerdings hat etwas an sich, dass ich am liebsten sogleich ein Buch lesen gehen möchte. Drüben beim Jardin des Ursulines legte eine Band los, und für Nancy und mich wurde es Zeit, uns zurückzuziehen. Guy trug sein Piratenhemd, flatterte von einem Freund zum nächsten und amüsierte sich prächtig. Er beschrieb mir, wie ich am nächsten Tag zu seinem Reisebüro zwei Orte weiter käme, um ihn zu treffen.

Es war ein großartiger Abend gewesen. Dann aber versetzte Nancy mir einen Dämpfer. Anders als ich angenommen hatte, würde sie mich in den kommenden Tagen nicht begleiten.

»Sie haben doch die Reiseroute, die ich Ihnen geschickt habe ... die haben Sie gelesen, oder?«

»Ähm ...«

»Sie sagten doch, Sie wollten das echte Quebec erleben«, gurrte sie aufmunternd. »Wenn das alles über eine Dolmetscherin läuft, klappt das nicht.«

Die Aussicht, eine Woche lang bei der Arbeit nur Französisch zu sprechen, entmutigte mich mit einem Mal. In den Orten rund um den See sprach man standhaft Französisch. Zweisprachig wie Guy waren nur wenige. Und ich hatte noch nicht einmal ein französisch-englisches Wörterbuch.

WIE ICH in den nächsten Tagen feststellen sollte, konnte ich mich, wenn ich ausgeschlafen war, wieder auf bescheidenem Niveau verständlich machen. Aufgeputscht von etwas Koffein, erschienen mir meine Französischkenntnisse beinahe fließend. Morgens in der Cafeteria des Klosters bei einem Frühstück aus Eiern und Toast schlug ich mich mit meinen *ouis, nons* und *mercis* wacker durch. Ringsumher saßen betagte Pilger aus Quebec. Die Morgensonne über dem See bot eine hübsche Aussicht, und Licht füllte den Speisesaal. Ich machte mir Notizen, trank Kaffee, ließ die Zeit vergehen und erfreute mich an der meditativen Stimmung ringsumher.

Beim Durchblättern der religiösen Pamphlete in meinem Zimmer las ich etwas über die geistig erholsame Wirkung schöner Seen und dass auch Jesus bestimmt einen Sinn dafür gehabt hatte, da er ja selbst »ein Mann vom See« gewesen sei. In meinem Kopf entstanden seltsame Bilder: ein langhaariger Heiland im Karohemd beim Holzhacken und beim Bereitmachen der Wasserpumpe.

Bei meinen späteren Recherchen bestätigte sich, dass Jesus als Galiläer tatsächlich ein Mann vom See gewesen war. Wie hatte mir das nur entgehen können. Die mir vertraute biblische Bezeichnung

»Galiläisches Meer« war natürlich verwirrend, denn dieses Gewässer ist ganz sicher ein See und mit seinen 13 Kilometern von einem Ufer zum anderen nicht einmal ein sonderlich großer. Mit seiner Lage auf 200 Metern unter dem Meeresspiegel ist er der tiefst gelegene Süßwassersee der Erde. Nur das salzige Tote Meer liegt noch tiefer. In modernen englischen Übersetzungen nennen Matthäus und Markus den See bei seiner ersten Erwähnung »Galiläisches Meer«. Lukas nennt ihn »See Genezareth«. Johannes nennt ihn »Galiläisches Meer« oder »See von Tiberias«. Danach heißt er bei allen schlicht »der See«.

Ständig stieg der Menschensohn ins Boot und überquerte den See in allen Richtungen. Er wanderte seine Ufer entlang und fing als Menschenfischer Petrus, Andreas, Johannes und Jakobus ein. Bei einem Großteil seines Wirkens in Galiläa bediente sich Jesus kleiner Wasserfahrzeuge: Ruder- und Segelboote. Er predigte vom Wasser aus, wenn die Menschenmengen zu groß wurden, führte seine Jünger zu wundersam reichen Fischgründen. Die erfreulichsten Geschichten mit den bedeutendsten Wundern und Lehren spielen im Umland des Sees. Die Bergpredigt fand auf einem Hügel am See statt. Es waren die stürmischen Wasser des Sees, die er beruhigte. Die Speisung der Menge mit wenigen Fischen war ein Picknick am Ufer. Zudem war der See für ihn eine Möglichkeit, dieser Menge zu entfliehen – was uns heute bekannt vorkommt. Und natürlich war es das Wasser eines Sees, auf dem er wandelte. Amen.

Ich ging noch einmal hinunter zum Lac Saint-Jean, wie immer überrascht von seiner runden blauen Weite. Mit seiner Oberfläche von fast exakt 1.000 Quadratkilometern ist er zwar von Gemeinden und Farmen umgeben, doch bislang bleib er von einer Eutrophierung größeren Ausmaßes verschont. Reichlich genährt durch das reine Wasser vieler Bäche, beträgt seine Wassererneuerungszeit nur vier Monate, und so spült er alle Sünden menschlichen Ursprungs verlässlich den Saguenay-Fjord hinab.

Aufgrund der Wasserstandsschwankungen, verursacht durch den Damm des Kraftwerks von Isle-Maligne bei Alma, leidet er jedoch stark an Verlandung. Kanada ist so zugestellt mit solchen hydroelektrischen Kraftwerken, dass das Wort *hydro* im Englischen wie im Französischen gleichbedeutend mit »Elektrizität« ist. Gemessen an seiner Energieproduktion in Kilowattstunden pro Kopf liegt Quebec bei der Stromgewinnung aus Wasserkraft an der Weltspitze. Hydro-Quebec ist der größte Wasserkraft-Energieerzeuger der Welt und hat alle wichtigen Wasserwege Quebecs offensiv eingedämmt, wenngleich die anderen Provinzen nicht weit dahinter zurückfallen.

Der Kanufahrer und Naturschützer Bill Mason stellte sich lautstark gegen den Dammbau-Boom der sechziger Jahre, bei dem so viele seiner geliebten Gewässerregionen überflutet wurden. Der Amerikaner Edward Abbey war so empört über den Glen Canyon Dam am Colorado River, dass er mehrfach drohte, ihn in die Luft zu jagen. Er war schlau genug, stattdessen einen Roman zu schreiben, der in dieselbe Richtung ging, und nannte ihn *Die Monkey-Wrench-Gang.* Ich mag Staudämme auch nicht besonders: Sie halten Nährstoffe zurück, fördern die Konzentration von Schadstoffen, zerstören flussauf- und flussabwärts die Ufer, verhindern den Genfluss. Sie sind hässlich.

Müsste ich mich zwischen Staudämmen und Kernkraftwerken oder einer entsprechenden Anzahl Kohlekraftwerken entscheiden, dann nähme ich die Dämme. Hier, in einer unendlichen jungen Wasserlandschaft, in der die Natur mit ihren Abertausenden Wällen aus Gletschereis selbst Dämme errichtet hat, sind ein paar Betonmauern, die vielleicht ein paar hundert Jahre halten, womöglich gar nicht so schlimm.

Doch das ist nicht der springende Punkt. Wir müssen uns vielmehr fragen, wie wir Strom verbrauchen. Ungeheure Mengen wenden wir auf, um aus Bauxit Aluminium zu gewinnen, und diese

Industrie verleiht der Region ihre wirtschaftliche Identität. Aluminium ist ein wunderbares Material zum Flugzeugbau; dass es auch für Bierdosen, Liegestühle und Kaffeekannen verwendet wird, hat hingegen mehr mit Marketing zu tun, als dass es besonders sinnvoll wäre. Das ist ein künstlich generierter Bedarf. Die Beheizung von Wohnraum in Quebec und an der Ostküste stützt sich zu großen Teilen auf Elektrizität. Ähnlich verschwenderisch wäre es, Butter mit der Kettensäge zu schneiden.

Aber ich war ja im Urlaub …

Unten am Ufer erfreuten sich viele auf erfrischend einfache Art an dem See. Hier lagen keine ausgedehnten Hotelanlagen, keine protzig großen privaten Wochenendhäuser, keine Einkaufsstraßen. Ein Radwanderweg führte am Ufer entlang, die Véloroute des bleuets, auf der man um den ganzen See fahren konnte, ohne auch nur einmal mit dem Autoverkehr in Konflikt zu geraten, und an ihrem Rand lagen viele kleine interessante Museen, Restaurants und Herbergen. Besucher wohnten in winzigen Hotels an zurückhaltenden Geschäftsstraßen der Seeanrainerorte, in *gîtes* oder Fremdenzimmern. Wie in großen Teilen ganz Quebecs herrschte hier offenbar eine strenge Abneigung gegenüber den Filialen globalisierter Handels- und Restaurantketten, die auf dem restlichen amerikanischen Kontinent so prominent sind. Viele Besucher aus Europa halten der Gegend die Treue.

Ich fand Guy Dufours Reisebüro an der Hauptstraße von Saint-Félicien. Da er gerade telefonierte, als ich eintraf, plauderte ich mit der Empfangsdame über die Hitze. Mit der Zeit fühlte ich mich beim Sprechen wohler, oder vielleicht gewöhnte ich mich nur an die unverstellt verständnislosen Blicke, die mein eingerostetes Anglofranzösisch hervorrief. Offenbar kamen nicht viele Westkanadier hierher. Guy trat aus seinem Büro, erfreut, mich zu sehen. Schon waren wir auf der Straße und gingen mit langen Schritten zu einem *dépanneur*, um uns mit Tagesproviant zu versorgen. Wir kauften Getränke und Sandwiches, und Guy erwarb ein kleines Päckchen frischen Cheddar der Käserei Perron, der nur ein paar Kilometer weiter in Saint-Pierre hergestellt und hier an jeder Ladentheke verkauft wird. »Den gereiften schicken wir bereits seit hundert Jahren nach England«, sagte Guy und hielt mir die offene Packung hin. Beim ersten Bissen fand ich den kühlen, gummiartigen, salzig-frischen Käsebruch unspektakulär. Aber nach einer Woche kaufte ich mir selbst bei jeder Gelegenheit ein Tütchen.

Wir nahmen die Brücke über den Ashuapmushuan River und gingen zu Guys Haus, das oben an der Uferböschung stand. Seine Frau und seine Tochter waren gerade unterwegs, aber sein lärmender Pudel war zu Hause. Verglichen mit Häusern, wie ich sie aus dem Westen kannte, war es klein – später lernte ich eine Frau kennen, die fand, wenn man irgendwo ein übergroßes Haus sehe, wisse man gleich, dass es einem »Anglo« gehöre.

Guys Wohnsitz verfügt über die in Quebec übliche *piscine* (einen Pool) und eine geräumige Gartenlaube. Als einziges Haus an diesem See betrat ich Guys Zuhause durch die Eingangstür – normalerweise ging man durch den Seiteneingang oder hintenrum. Guy stopfte unseren Proviant in eine Kühltasche und packte aus dem Kühlschrank noch mehr hinein, unter anderem amerikanische Bierdosen verschiedener Marken. Für unseren Ausflug hatte er sich freigenommen, und mir wurde bewusst, wie viele andere das bereits getan hatten, um mir ihren Blick auf Lakeland zu zeigen.

Ein rotes Auto fuhr vor, und der Pudel begann zu bellen. Die Tür ging auf, und herein kam eine Frau mit dunkler Brille und im Badeanzug, über dem sie einen Rock trug. Sie hieß Francine Boulianne. Am Abend zuvor hatte sie an unserem Tisch gesessen, aber wir hatten einander noch nicht kennengelernt. Sie sollte uns begleiten. Als wir uns einander vorstellten, übersetzte Guy noch, dann überließ er es uns, uns miteinander bekanntzumachen. Sie sprach kein Englisch.

Francine war tief gebräunt und sah aus wie eine *Québecoise* aus dem Bilderbuch. Sie sei auch Schriftstellerin, sagte sie, und mit Mitte zwanzig habe sie eins ihrer Theaterstücke zur Aufführung gebracht. Francine hatte eine weiche, melodische Stimme und eine für mich leicht verständliche Aussprache. Geduldig wiederholte sie, was ich nicht gleich verstand. Sie hatte Schwierigkeiten mit der Aussprache meines Namens, der Frankophonen nicht leicht über die Lippen geht, versuchte es aber weiter und ging nicht auf meinen Vorschlag ein, mich »Alain« zu nennen.

»Non! Allahn, c'est beau.« Aber als ich erzählte, ich käme aus Saskatchewan, schaute sie nur verständnislos.

Guys Boot lag am Ufer, ein Fiberglas-Runabout mit Innenbordmotor. Ich half ihm, das Verdeck zu öffnen, und kümmerte mich um die Leinen. Über das kühle Wasser zu fahren war das ideale Mittel gegen die sengende Hitze und die hohe Luftfeuchtigkeit und belebte uns alle. Guy machte jedem ein Bier auf, noch ehe wir zehn Bootslängen vom Ufer entfernt waren. Vor der Fahrt hatte er mir den Text gezeigt, den er früher als Kapitän seines Ausflugsschiffs vorgetragen hatte. Ich war ihm dankbar, dass er nun die Aussicht für sich selbst sprechen ließ. Francine auf ihrem Sitz im Heck erfreute sich an der Freiheit und der Sonne. Guy wiederum schien jede Minute seines Lebens zu genießen. Er steuerte, reichte die Tüte mit dem Käsebruch herum und übersetzte, wann immer Francine und ich festhingen. Währenddessen blockte er einen Telefonanruf nach dem anderen ab, weshalb Francine und ich ihn ein bisschen aufzogen. Bei manchen der Anrufe ging es um mich: Er wollte mir noch immer kostenlosen Zugang zum Zoo verschaffen. Er war in der Tat ein liebenswerter Mensch.

»Il est bien smart«, sagte Francine und zeigte auf unseren Skipper.

»Smart?«

»Oui. Ce n'est pas un mot anglais?« Francine erklärte, dass *smart* im lokalen Dialekt »nett« bedeutete. Sie war überrascht zu erfahren, dass es im Englischen »schlau« heißt. Es war nicht das einzige englische Wort, das Eingang in das Patois des Lac Saint-Jean gefunden hatte. Auf dem See waren recht viele Boote unterwegs, und auf so manchem Vordeck lag eine junge Frau im Bikini. Vermutlich gibt es in vielen sommerlichen Orten hübsche Frauen in knapper Bademode, in Quebec aber lagen sie offenbar noch ein Stück unbefangener da; einen Grund dafür erkannte ich nicht, aber die Recherche war trotzdem eine angenehme Aufgabe. Wir umrundeten eine letzte Landspitze und erreichten den eigentlichen See, ein heißer Wind schlug uns ins Gesicht. Guy zeigte hinüber zum sandigen Nordufer, wo er früher ein schönes Ferienhaus besessen hatte. Vor langer Zeit verlor er es bei einem missglückten Geschäft, das ihn überdies viel Geld kostete.

»Den Verlust habe ich schon vergessen«, rief er gegen den Wind an, »aber an das Haus denke ich immer noch.«

Bei dem lauten Fahrtwind war Francine nur schwer zu verstehen, und wenn sie etwas sagte, musste ich mich ganz zu ihr hinüberbeugen. Wie ich später erfuhr, verbesserten meine Bemühungen, Französisch zu sprechen und sie zu verstehen, Francines Eindruck von Anglokanadiern enorm. Vielleicht erwähnte sie deshalb die Biographie von Pierre Trudeau, die sie gerade las. Sie nannte sich selbst eine »Ex-Separatistin« und nicht gerade einen Fan von Trudeau. Doch das Bedürfnis, mehr über ihre Vergangenheit zu erfahren, habe schwerer gewogen als ihre Abneigung. Guy, der wohl ein paar Worte von uns aufgeschnappt hatte, fragte mich ein zweites Mal: »Magst du Pierre Trudeau?« Gerade wollte ich die Büchse der Pandora öffnen und »Ja« rufen, da rettete mich das Klingeln seines Telefons.

Wir passierten die silbernen Kirchturmspitzen von Saint-Félicien und Saint-Prime, und vor uns lag Mashteuiatsh. Der auch unter dem Namen Pointe-Bleue bekannte Ort am Südufer, Einwohnerzahl 2.015, hatte einen bei Schwimmern beliebten Strand mit Campingplatz, und hier lebte als einzige First Nation der Region das Volk der Innu, die sich selbst Pekuakamiulnuatsh nennen, wenngleich ich diesen eindrucksvollen Zungenbrecher nie zu hören bekommen habe.

Guys Fürsorge für seine Gäste erreichte einen neuen Höhepunkt. Angesichts des Biers sorgte er sich um unsere Blase. Das war nett, denn es gibt nichts Schlimmeres, als auf einem kleinen Boot pinkeln zu müssen, wenn man die anderen Fahrgäste nicht sehr gut kennt. Wir landeten an dem dichtbevölkerten Strand. Ausflugskapitän Guy schickte Francine und mich von Bord und verkündete wie Moses dem Volk Israel: »Ihr habt genau zehn Minuten für einen Spaziergang. Toiletten findet ihr am Ende des Strands.«

Wir trollten uns, doch bei 30 Grad im Schatten war ich ziemlich ausgetrocknet, und ich spürte, dass auch Francine gerade kein Klo brauchte.

»Où est-ce qu'on va?«, fragte ich, um mich zu erkundigen, was unser Ziel sei.

»J'sais pas, moi«, sagte Francine und zuckte die Achseln, dann lachten wir beide laut los. Ich sagte, vermutlich wisse *le capitain* immer, was gut für uns sei. Wir gingen lieber schwimmen. Das seichte Wasser war unglaublich warm und der Grund mit Pflanzen bewachsen, die ich nicht kannte. Ich tauchte den sonnenbeschienenen, sandigen Boden mit seinem blättrigen Bewuchs entlang, umfangen von der Kühle. Auch Guy kam ins Wasser, und wir blieben am Strand, bis die Sonne sich langsam am dunstig metallischen Himmel herabsenkte.

Als wir zurück an Bord kletterten, war es noch immer so heiß, dass uns der Wind auf der kurzen rasanten Rückfahrt zum Fluss wieder trocknete. Wir machten an der Marina halt, denn wir mussten *tanker*, oder vielleicht *tanquer*, ein weiterer Anglizismus, der »Treibstoff erwerben« bedeutete. Der Junge an der Zapfsäule verschüttete Benzin aufs Deck und spülte es danach gründlich mit einem kleinen Wasserschlauch ab, der genau für diesen Zweck vorgesehen war.

In den Straßen von Saint-Félicien herrschte drückende Hitze. Guy wollte uns zu sich nach Hause lotsen, aber ich legte mein Veto ein. Zu viel Sonne, zu viel Hitze und vor allem zu viel Französisch. Mein Wörtertank war leer, und ich war völlig ausgelaugt. Ich hätte mich wortgewandt bei Guy bedanken müssen, brachte aber nichts mehr heraus und umarmte ihn stattdessen. Francine fuhr mich zurück ins Zentrum zu meinem Auto, was mir in meinem müden, plötzlich so stummen Zustand etwas unangenehm war.

»T'es fatigué«, sagte sie. Eine Feststellung, keine Frage. Als wir anhielten, schaffte ich es zumindest annäherungsweise zu sagen, was für ein schöner Tag es durch ihre Gesellschaft doch gewesen sei und dass ich hoffe, wir würden uns noch einmal wiedersehen. So sollte es tatsächlich kommen. In diesem Moment aber wollte ich der französischen Sprache nur entfliehen. Und schlafen.

In Roberval hatte ich gleich um die Ecke von der Hauptstraße, nahe dem Krematorium, die eine Erdgeschosshälfte eines kleinen Hauses gemietet. Die Wohnung war durch eine Mauer zweigeteilt. Auf der anderen Seite wohnte die Besitzerin, Madame Thérèse Gagnon, eine schlanke, würdevolle Großmutter, die ich an ihrem Küchentisch antraf, in Gesellschaft eines anderen Gasts, einer jungen Schweizerin, die hier drei Wochen Urlaub machte. *La Suissesse*, die wahrscheinlich vier Sprachen fließend beherrschte, war offenkundig schockiert von meinem schlechten Französisch. Und das bei einem Bürger Kanadas! Aber meine Wirtin hatte großes Verständnis. Sie erklärte mir alles rund um die Schlüssel und den Parkplatz und dass die Sicherung rausflog, wenn man die Klimaanlage zusammen mit der Mikrowelle oder der Kochplatte betrieb. Es war eine bescheidene, ehrliche Unterkunft. Ich sagte Madame Gagnon, ich hätte alles verstanden, aber die Anstrengung, den ganzen Tag Französisch zu sprechen, habe mich völlig geschafft.

»Ich verstehe vollkommen«, sagte sie langsam auf Französisch und schaute mir in die Augen. »Das ist anstrengend. Genauso fühle ich mich auch, wenn ich nach Florida fliege. Morgen wird es Ihnen wieder besser gehen.« Sie ging durch die Tür zwischen ihrer Wohnung und meiner und schloss hinter sich ab. Und obwohl es erst früher Abend war, fiel ich sofort ins Bett. Ich hörte noch wie sich Madame Gagnon leise an ihrem Tisch mit *la Suissesse* unterhielt.

Ich träumte vom Emma Lake. Ich war ein kleiner Junge, der in seinem kühlen Wasser schwamm, so klar, dass man den ganzen Grund des Sees überschauen konnte, auf dem es vor exotischen Korallen nur so wimmelte. Zwei alte Damen mit blauem Haar und baumwollenen Hängerkleidern saßen auf Liegestühlen am Strand. Sie sahen aus wie zwei Lieblingstanten aus der Verwandtschaft meines Vaters, doch da sie Französisch sprachen, wusste ich, dass sie Gestalten aus einer entfernteren Vergangenheit waren. Ich wusste nicht ob Freund oder Feind. Solange ich im Wasser blieb, konnten sie mich nicht erreichen. Ich hatte nicht vor, aus dem See herauszukommen.

ALS ICH die Augen wieder aufschlug, war die Hitze bereits erdrückend, und das Telefon klingelte. Es war Francine Boulianne. Ich brauchte ewig, bis ich verstanden hatte, dass sie mich einladen wollte, den Tag bei ihrer Familie oben am Lac Bouchette zu verbringen. Noch in derselben Stunde rasten wir in ihrem Auto die Hügel hinauf. Francine Boulianne schien hocherfreut, mich wiederzusehen. Mit einigen Schwierigkeiten und großem Ernst sprach sie die einzigen englischen Wörter aus, die ich je von ihr gehört habe: »Du bist mein erster Freund *anglais*.«

Am Lac Bouchette war es spürbar kühler. Wir fuhren durch einen Ort gleichen Namens und bogen in einen Feldweg ein. Francine hielt an und zeigte auf ein Straßenschild: »Chemin Boulianne«. Ihre Vorfahren waren als Pioniere an dieses Seeufer gekommen, und alle Hütten an der vor uns liegenden Landzunge, jede nur ein paar Schritte von der nächsten entfernt, gehörten ihren Verwandten. Ihre eigene war ein bescheidener Kasten mit tückisch geneigtem Pressspanboden, Blechdach und einer Hochbettebene über der Küche. Sie warf zwei Tüten mit Lebensmitteln unausgepackt in den Kühlschrank, nahm zwei kalte Biere heraus und nickte in Richtung der Haustür.

»On va balancer?« Noch ein neues Verb für mich.

Francine meinte damit, wir sollten uns auf ihre sofagroße Hollywoodschaukel auf der Veranda setzen. Der Sinn einer Ferienhütte sei das Nichtstun, sagte sie. Wie wir so unter dem Baldachin hin und her schaukelten, den Sonnenschein auf dem Wasser betrachteten und die Kumuluswolken bei dem Versuch, sich in der schwülen Atmosphäre neu zu formieren, erkannte ich den Wert dieser Lebenseinstellung. Sie zündete sich eine dieser sehr langen, dunklen Zigaretten an, was mich verwunderte, da sie am Vortag nicht geraucht hatte. Meine Verwunderung wuchs, als sie mir auch eine anbot und ich zugriff. Ich hatte Jahre nicht geraucht, aber schließlich war ich in Quebec.

Wir empfingen eine ganze Reihe Verwandte Francines, die meisten waren Schwestern oder Nichten. Ein Anglo auf der Halbinsel war etwas ganz Neues, ja vielleicht nie Dagewesenes. Eine nach der anderen kamen sie herbei, und jedes Mal stand ich auf, in der Hoffnung, meine ungehobelte Sprache durch gute Manieren wieder auszugleichen, und grinste dümmlich.

Die Frauen kamen und gingen, dann brachen wir selbst auf und besuchten die Männer. Francines Bruder, ihr erwachsener Sohn und ein zweiundachtzigjähriger Großvater mit wässrigen Augen saßen auf einer Veranda, während ihre Frauen, Freundinnen und Enkelkinder hin und her wuselten. Die Männer arbeiteten hauptsächlich in der Forstwirtschaft. Nancy hatte mich gewarnt, dass es vor allem die Arbeiterväter und -großväter waren, die die Fahne der Separatisten hochhielten – diejenigen, die sich daran erinnern konnten, wie es im alten Quebec gewesen war, im Dienst eingewanderter Oberherren aus England zu stehen. Doch sofern die Männer der Familie Boulianne irgendwelchen Groll hegten, ließen sie ihn sich nicht anmerken.

Vielmehr tauschten wir englische und französische Wörter für die gemeinsamen Erkennungszeichen Lakelands aus: Birke, Wespe, Whitecaps, Engstelle. Als ein Seetaucher vorbeischwamm, nannte Francine ihn *un canard*. Bei meinem Versuch, sie zu korrigieren, machte ich zur allgemeinen Erheiterung plötzlich Taucherrufe nach, bis schließlich ein Vogelbestimmungsbuch herbeigeholt wurde und der englische *loon* sich als *un huard* erwies. Mir gefiel, dass er in beiden Sprachen lautmalerische Namen trug. Mehrfach wurde ich gebeten, das englische Wort *tamarack* auszusprechen, was immer von großem Gelächter begleitet wurde, weil es dem für Quebec so typischen Fluch *tabernac* ähnelt.

Den Gesprächen im echten lokalen Dialekt war unmöglich zu folgen. Sobald die Unterhaltung mir davonlief, lieferte Francine mir geduldig eine Zusammenfassung. Sie war eine ebenso fürsorgliche Gastgeberin wie Guy und fühlte mir, stets um mein intellektuelles und weitergehendes Wohlergehen besorgt, immer wieder den Puls: »T'as compris Allahn?«, »T'as faim Allahn?«, »T'es fatigué, Allahn?«

Pierre Trudeau hätte es sicher interessant gefunden, dass ich in den wenigen Tagen am Lac Saint-Pierre mehr Französisch lernte als während meiner Monate in Montreal. Als Schlüsselelemente für den Fremdsprachenerwerb nennen Sprachwissenschaftler ein Umfeld, in dem die Lernenden sich wohlfühlen, sowie die Gesellschaft

276

von Muttersprachlern, die Neulinge dabei unterstützen, sich eine flüssige Sprache und gutes Hörverständnis anzueignen.

Francine und ich auf der Hollywoodschaukel waren eine schöne Metapher für das politische Verhältnis zwischen dem französisch und dem englisch geprägten Teil Kanadas, und beide machten wir unsere Entdeckungen. Einmal bezeichnete Francine die anglophonen Kanadier als *les autres* (»die anderen«). Das traf mich wie ein Blitzschlag. So also nannten sie *uns*. Und wie nannten sie sich selbst? Wahrscheinlich *nous*, »wir«. Nicht ganz. Francine sagte, *nous* seien nur ihre Leute, die Leute vom See. Andere Québecois nannte man *nous autres* (wörtlich: »unsere anderen«). *Les autres* bezeichnete alle übrigen in der kanadischen Föderation.

Francine wiederum lernte von mir einiges über Kanada. Ihre offenkundige Verwirrung über meine Heimat war echt gewesen: Sie wusste schlicht nicht, was Saskatchewan war und wo es lag. Sie hatte mich für einen Osteuropäer gehalten. Ich nannte ihr die westlichen Provinzen in ihrer richtigen Reihenfolge und erläuterte, dass sie alle einen nennenswerten französischsprachigen Bevölkerungsanteil haben. Francine war wenig beeindruckt.

Sie erinnerte sich noch, dass sie während des letzten Referendums in den Nachrichten Bilder aus Alberta gesehen hatte, wie dort die Lilienflagge verbrannt wurde. Solche Grausamkeiten könne sie nicht gutheißen. Ich setzte dagegen, dass meine Mutter, als sie 1996 gesehen habe, dass Menschen bei den großen Überflutungen in Saguenay ihre Häuser verloren hatten, hundert Dollar für die Katastrophenhilfe des *Croix Rouge* (des Rote Kreuzes) gespendet habe. In Saskatchewan.

Die Sonne senkte sich, und wie üblich entführte sie meine Sprachkompetenz hinter den Horizont. Es war Zeit zu gehen. Ehe wir aufbrachen, nahm mich meine Gastgeberin mit ans Ufer, um mir *les roches de Francine* zu zeigen, die flachen Granitfelsen am Ende der Landzunge, die ihr privater Rückzugsort als Heranwachsende gewesen waren. Von hier hatte man eine herrliche Aussicht Richtung Norden über den See hinweg. Wir mochten in unterschiedlichen politischen Herrschaftsbereichen leben, Francine und ich, aber wir waren beide Bürger des einen Lakeland.

Ich fuhr zurück in die Stadt mit Francine und ihrer Schwester, die weiter nach Roberval wollten, um sich – *quel horreur!* – eine Kiss-Coverband anzusehen. Sie luden mich ein mitzukommen, aber ich lehnte dankend ab. Wieder war ich nicht in der Lage, den geschuldeten Dank angemessen auszudrücken, und so musste es eine stumme Umarmung tun.

Als ich mich in fast katatonischem Zustand dem Hauseingang näherte, schaute Madame Gagnon aus ihrer Tür heraus. Sie hatte Toutière gemacht und sagte, ich müsse unbedingt die echte probieren, nach Art des Lac Saint-Jean. *O Gott.* Ich war absolut nicht mehr aufnahmefähig, weder für Nahrung noch Französisch. Aber Madame las mir alles von den müden Augen ab. »*Non, non! A ta chambre.* Ich bring sie dir.« Ich war umgeben von Freundlichkeit. Eine Minute später brachte sie einen vollbeladenen warmen Teller. Ich stellte ihn gleich in den winzigen Kühlschrank und ging zu Bett, bevor es dunkel wurde, schon den zweiten Tag völlig erschöpft.

Es WAR noch vor fünf Uhr morgens. Noch blieben Stunden bis zum Startschuss, doch schon jetzt hatte alle im Büro eine Manie gepackt, die Zeitnehmer, die Sanitäterinnen, die Security und die zahlreichen Freiwilligen, die nötig waren, um ein internationales Wettschwimmen zu veranstalten. Und keine hatte es mehr gepackt als die unter Schlafmangel leidende *coordinatrice* Marie-Claude Simard. Über ihre Schulter hinweg sprach sie angestrengt Englisch mit mir und Französisch in Maschinengewehrsalven mit den Leuten, die uns im Flur begegneten, als wir durch das Wettkampf-Hauptquartier hasteten. Sie trug ein Funk-Headset, das ihr auf dem Weg zum Presseraum alle 15 Sekunden ins Wort fiel.

»Hier können Sie was frühstücken.« Drinnen warteten die einzigen entspannten Menschen im ganzen Gebäude: Journalisten, die sich beim kostenlosen Frühstücksbuffet bedienten, aufgebaut an der Fensterfront mit Aussicht auf den grauen See, die Ziellinie und die noch leeren Zuschauertribünen. Abgesehen von mir kamen alle Medienvertreter aus Quebec. »Danach nehmen Sie den gelben Bus nach Péribonka«, sagte Marie-Claude. »Kommen Sie nicht zu spät.« Und weg war sie wieder.

Wenngleich im englischsprachigen Kanada wenig davon bekannt ist, ist die Traversée internationale du Lac Saint-Jean eine echte Institution in Quebec. Das erste Wettschwimmen fand 1955 mit einer lokalen Teilnehmerschaft statt, aber nur ein Schwimmer erreichte das andere Ufer. Seither nehmen jedes Jahr Schwimmerinnen und Schwimmer aus der ganzen Welt teil, und der Wettbewerb hat zunehmend an Prestige gewonnen. In der ganzen Provinz gibt es ähnliche, kleinere Wettkämpfe. Es bestand Hoffnung, Freiwasserschwimmen als olympische Sportart etablieren zu können. Dabei musste es bereits Fortschritte gegeben haben, denn der Dachverband der nationalen Wassersportverbände, FINA, hatte bereits ein amerikanisches Team hergeschickt, um das Rennen zu begleiten und Urinproben zu nehmen – deutliche Anzeichen für eine Sportart mit Zukunft.

In Péribonka, am anderen Ufer, versammelten sich bereits die Athleten am Start der 32 Kilometer langen, schnurgeraden Strecke. Um außen herum dorthin zu gelangen, stiegen Journalisten und FINA-Leute hinten in den Schulbus und ein lautes Kontingent Bootsfahrer vorn. Jeder Schwimmer wird von einem kleinen Boot über den See begleitet, und es war ein Foto dieser typischen roten Motorboote, das mein Interesse an dem Rennen überhaupt erst geweckt hatte. Aus alter Tradition werden sie meist von Männern der First Nation aus Mashteuiatsh gesteuert, sie waren in ausgelassener Stimmung und riefen sich gegenseitig freundliche Sticheleien zu, während der Bus durch die ausgedehnten Heidelbeerfelder fuhr, für die der See bekannt ist.

Einer der Fotojournalisten war der einundzwanzigjährige Frédéric. Der Kunst- und Fotografiestudent aus Montreal hatte die Aufgabe bekommen, ein beliebiges öffentliches Ereignis, das typisch für das Leben in Quebec ist, von Anfang bis Ende zu dokumentieren. Da wir beide für einen Tag Journalist spielten, freundeten wir uns an. Über das Lärmen der Bootsfahrer hinweg kamen wir irgendwie auf Politik zu sprechen, und ich erzählte ihm davon, was ich an der Pointe-Boulianne über den Gebrauch der Wörter *nous, nous autres* und *les autres* am Lac Saint-Jean erfahren hatte.

Diese Wörtchen brachten Frédéric in Rage.

»Ça me dérange!«, zischte er, was ungefähr so viel bedeutet wie: »Das geht mir total auf den Sack.«

Das seien überholte Kategorien, betonte er, wachgehalten von über Vierzigjährigen, alten dauerbeleidigten Separatisten, vor allem im ländlichen Quebec. Städter in seinem Alter hätten eine weitere, multikulturelle Weltsicht, versicherte er mir. Ich zweifelte nicht daran. Aber so hitzig, wie er seinen Standpunkt erklärte, schienen mir die alten Vorstellungen noch sehr präsent zu sein.

Wir fuhren über den teefarbenen Mistassini, einen der vielen raschen Flüsse, die den See speisen, und durchquerten unterwegs nach Péribonka fruchtbares Farmland. Es war die Gegend, die dem langlebigen literarischen Porträt des Lac Saint-Jean als Kulisse diente, dem Roman *Maria Chapdelaine* von 1914. Verfasst von dem in Brest geborenen Louis Hémon, begleitet die Geschichte ein Jahr lang eine junge Debütantin, die Titelheldin, während sie unter ihren Verehrern ihre Wahl trifft. Hémon stützte sich bei seinem Buch auf seine Erfahrungen als Knecht auf einer Farm, und es wurde zu einem Klassiker der quebecer Literatur. So, wie die Figur der Dark Rosaleen das unterdrückte Irland verkörpert, ist Maria die Personifikation einer Außenseiterprovinz.

Als wir den Pier von Péribonka erreichten, wimmelte es dort vor Zuschauern, die ungeachtet des grauen Nieselregens gekommen waren, um den Start mitzuerleben. Die Schwimmer traten der Reihe nach an den Kai und wurden von dem Moderator vorgestellt, zuerst die Frauen, dann die Männer, und nacheinander stiegen alle eine kleine bogenförmige Brücke hinauf, drehten sich hier- und dahin und winkten. Für die Teilnehmer aus Quebec brandete großer Jubel auf. Der große Favorit bei den Männern war der Bulgare Petar Stoychev, der bereits in den vergangenen sechs Jahren gewonnen hatte. Bei den Frauen war alles offen.

Frédéric und ich warfen einen genaueren Blick auf die insgesamt rund zwanzig Schwimmer, die sich bereitmachten, in das wenig einladende schwarze Wasser an der Marina zu steigen. Um sich gegen die Kälte während der bevorstehenden rund sieben Stunden im Wasser zu schützen, hatten sie sich unterschiedlich dick mit Fett eingerieben – ob Tier- oder Pflanzenfett war schwer zu sagen. Sie trugen dunkle Schwimmbrillen, und die Startnummern waren in schwarzem Fettstift auf ihre Haut geschrieben. Sie kletterten hinunter auf einen Schwimmsteg, sprangen zu dritt, zu viert ins Wasser und schwammen langsam zur Startlinie. Ohne weitere Verzögerung oder großes Zeremoniell fiel der Startschuss. Als die Schwimmer starteten, ließ sich einer von ihnen kurz zurückfallen und grinste in die Kameras.

Obwohl das Freiwasserschwimmen als Sport so wenig populär ist, ist das Schwimmen einer weiten Strecke durch offenes Wasser überall in Lakeland ein Übergangsritus. Zweimal bin ich selbst über den Emma Lake geschwommen und habe andere oft im Boot dabei begleitet. Wie alle, die sich an einer langen Schwimmstrecke versuchen, schnell feststellen werden, ist nicht die Distanz das Anstrengende, sondern die Kälte. An das Wasser gibt der Körper seine Wärme grob dreißigmal schneller ab als an die Luft. Bei 21 °C und Windstille würden wir auch splitternackt auf unbestimmte

Zeit überleben. Im Wasser würden die meisten bei gleicher Temperatur langsam im Lauf eines Tages sterben. In den Extremitäten abgekühltes Blut versetzt dem Herz einen Schock und bringt seinen Rhythmus durcheinander. Mit sinkender Wassertemperatur steigt das Risiko. Man beachte die 50er-Regel: Ein Fünfzigjähriger überlebt 50 Minuten Schwimmen in 50 °F (10 °C) kaltem Wasser nur mit 50-prozentiger Wahrscheinlichkeit.

Die Wassertemperatur des Lac Saint-Jean Mitte Juli beträgt 18,5 °C, was für einen durchschnittlichen Menschen etwa neun Stunden Überlebenswahrscheinlichkeit bedeutet – das reicht gerade für eine Überquerung des Sees. Allerdings wirken sich Alter, Fitness, Training, Körperfettanteil, Stoffwechsel und Nahrungsaufnahme zugunsten der Athleten aus. Gleichwohl war die entscheidende Herausforderung die Kälte.

In einem großen Schlauchboot erschien die Royal Canadian Navy, um uns hinaus auf den See zu bringen, wo wir den Wettkampf aus der Nähe betrachten konnten. Bis wir an Bord gegangen waren und uns durch die Flotte der Freizeitboote, die das Rennen verfolgten, einen Weg gebahnt hatten, waren die Schwimmer bereits ein beeindruckendes Stück vorangekommen. Sie hatten eine Geschwindigkeit von gut fünf Kilometern pro Stunde, für die meisten Menschen ein strammes Fußgängertempo.

In jedem roten Begleit-*bateau* saß ein Trainer, der Anweisungen auf einem Whiteboard hochhielt oder den Wettkämpfern Ratschläge zurief. Bereits jetzt nahmen sie Treibstoff zu sich. Der Trainer goss eine süßaussehende Flüssigkeit in einen Plastikbecher, setzte ihn in einen Metallring am Ende einer Stange und hielt ihn darin über das Wasser. In den wenigen Sekunden, die für einen einzigen großen Schluck nötig waren, war der jeweilige Schwimmer bereits viele Meter zurückgefallen.

Die Schwimmer kraulten quer über den grauen See, und wir kehrten um in Richtung Ufer. Ich war froh, nicht mit dabei zu sein. Es war ein geradezu grauenhafter Sport: das mentale Durchhaltevermögen, stundenlang in diese gurgelnde Suppe zu schauen, der Reizentzug, dazu die Außenborderabgase, die man einatmete, und das Wasser, das man bei großen Wellen schluckte. Insgesamt betrugen die Preisgelder nur 40.000 Dollar.

Ohne die Mannschaften der Begleitboote war es still auf der Rückfahrt nach Roberval. Die Medien-*coordinatrice* Marie-Claude saß mit im Bus und gesellte sich zu Frédéric und mir. Ihr Headset hatte sie schon weggepackt. Jetzt, da die Schwimmer im Wasser waren, hatte sie *ihren* Marathon so gut wie geschafft. Sie ließ sich in einen Sitz fallen und erzählte uns die Geschichte der vergangenen Tage und warum das Wettschwimmen beinahe abgesagt worden wäre.

Ohne dass ich hinter meinem Fremdsprachenschleier etwas davon mitbekommen hätte, hatte sich die ganze Woche über bereits ein Medienspektakel abgespielt, nachdem ein offizieller Umweltschutzbericht gezeigt hatte, dass an mehreren Probenentnahmeorten auf dem See die Vorkommen der Blaugrünbakterien erhöht waren. Es gab weder große Algenblüten noch Schwimmverbote, keine unmittelbare Gefahr. Aber die Medien in Quebec druckten Monsterschlagzeilen über »toxische Cyanobakterien«. Viele internationale Teams hätten fast abgesagt.

»Die Reporter stellten jeden Tag dieselben Fragen. Jeden Tag bringen sie dieselbe Geschichte.« Zuerst war Marie-Claude selbst alarmiert. Waren die Blaugrünbakterien so verbreitet, dass sie den Wettschwimmern schaden würden? Als sie aber die Wahrheit erfuhr – dass es ein verbreitetes Symptom eines wachsenden Umweltproblems war, aber keine Bedrohung für Leben und Gesundheit –, erwartete sie, dass die Medien dazu beitragen würden, die Wellen wieder zu glätten. Stattdessen fachten sie den Sturm weiter an.

Marie-Claude tat mir leid, und ich fand es schade, dass diese Storys eine solch zersetzende Wirkung haben und Angst und

Feindseligkeit an den Seeufern schüren können. Sobald der Sturm aber wieder abgeflaut war, schlugen die Medien in Quebec einen bedachteren Ton an und veröffentlichten nüchternere Berichte über Blaugrünbakterien und andere Themen zur Wasserqualität des Sees. Seither gehört der Gewässerschutz zu den täglichen Nachrichtenthemen in Quebec.

ZURÜCK IN Roberval aß ich als Mittagessen Madame Gagnons hervorragende Toutière, spülte ihr Geschirr und gab es ihr mit höchstem Lob für die Köchin zurück, machte ein Nickerchen, rackerte mich mit französischen Zeitungsartikeln über Blaugrünbakterien ab, ging in einem Straßencafé einen Kaffee trinken. Während all dieser Zeit waren die Schwimmer im Wasser.

Am Nachmittag sah es an der Ziellinie an der Place de la Traversée ganz anders aus. Die Tribünen waren vollgestopft mit Menschen. Jedes schwimmfähige Boot lag entlang der v-förmig ausgelegten Bojen der Wettkampfstrecke. Obwohl die Schwimmer noch knapp außer Sichtweite waren, wurden ihre per GPS übermittelten Positionen auf großen Monitoren im Hauptquartier sowie im Quebec-weiten Fernsehen angezeigt. Simon Tobin aus Quebec lag auf dem zweiten Platz, knapp hinter dem Bulgaren Petar Stoychev. VIPs wurden zu ihren Plätzen in der ersten Reihe geleitet, die Beobachter der FINA standen mit gerunzelter Stirn und verschränkten Armen an der Ziellinie. Da war auch Frédéric und fotografierte.

Als die Führenden in Sichtweite der Zuschauer auf den Tribünen kamen, brachen Anfeuerungsrufe aus. Sie hielten über die letzten zwei Kilometer des Rennens an, wofür die Schwimmer nicht lange brauchten. Ihr Tempo hatte seit dem Morgen nicht nachgelassen. Tobin schien auf den Champion aufzuschließen. Er legte den knappsten Zieleinlauf seit Jahren hin, und die Menge war auf den Beinen. Jetzt aber steigerte Stoychev mühelos das Tempo, legte die letzten Meter sogar im Schmetterlingsstil zurück und gewann zum siebten Mal nacheinander, in 6 Stunden, 36 Minuten und 29 Sekunden.

Als er aus dem Wasser stieg, wirkte der Bulgare so erfrisch und entspannt, wie er zuvor ins Wasser gestiegen war, er wurde in einen Frotteebademantel gehüllt und von Mikrophonen umstellt wie ein Preisboxer von anno dazumal. Er umarmte Tobin, dann schritt er mit weiten Bewegungen die Gangway hoch und drehte sich vor dem Publikum in alle Richtungen.

Nach 7 Stunden, 3 Minuten und 9 Sekunden war die Spanierin Esther Núñez angekommen, stieg anscheinend so frisch und glücklich wie der Bulgare aus dem Wasser und ließ sich ebenso einhüllen, bedrängen und bejubeln.

Aber das waren keine typischen Zieleinläufe. Die meisten hatten Schwierigkeiten, überhaupt die Leiter hinaufzukommen, und bewegten sich wie alte Leute oder Menschen unter Schock. Sie wurden sofort zu einem Sitzplatz geführt, dann erkundigten sich Sanitäter auf Englisch, wie es ihnen ginge. Ihre Antworten waren nur ein Gemurmel in keiner bekannten Sprache. Ihre Haut hatte einen rauen bläulichen Farbton, und das schützende Fett war dünn und grau geworden. Die so lange brutal festsitzenden Brillen hatten um die Augen violette Ringe hinterlassen, und die Schwimmer sahen fürchterlich aus. Man mochte kaum glauben, dass diese Besiegten jedes Jahr an Dutzenden solcher Wettschwimmen teilnahmen.

Frédéric und ich blieben noch eine Weile am Kai – nicht in erster Linie, um die Schwimmer ankommen zu sehen, sondern um die Menge zu beobachten, die Leute vom See, *la pure laine*, wie sie sich gegenseitig beobachteten.

Diese Québecois besaßen einen reichen Gemeinsinn, der in Nordamerika einzigartig ist. Ich beneidete sie um ihre in sich geschlossene, vierhundert Jahre alte Kultur, ihre reife Film- und

Fernsehindustrie, ihr literarisches Leben, ihre obskuren Wassersportarten – all das ausgerichtet auf die besonderen Vorlieben der Menschen. Sie waren ein vollständiges Ganzes. Sie lebten in einer umfassenden Welt.

Und doch kam diese Welt mir gerade hier sehr klein vor. Durch meinen kurzen Blick auf die Québecois aus meiner Froschperspektive am Ufer dieses Sees, der ihre Unabhängigkeit verkörperte, hatte ich Verständnis für ihren fortdauernden Hunger nach nationaler Eigenständigkeit. Irgendwann bedeutet Abschottung Exil, die Begrenzung, in der man sich wohlfühlt, wird zum Gefängnis, eine eigenständige Gesellschaft fühlt sich belagert. Wenn nationale Eigenständigkeit sie selbstsicherer machen würde, könnten sie sie bekommen – wenngleich ich doch bezweifelte, dass die Flamme der Unabhängigkeit in Frédérics Generation dafür noch ausreichend loderte.

Innerhalb der engen Grenzen dieser mit sich selbst beschäftigten Provinz wirkte Lakeland auf mich greifbarer und wirklicher als je zu vor. Lakeland würde Quebec überdauern, und es würde Kanada überdauern. Seine Uferlinien, die Rufe seiner Wasservögel würden diesen Ort, ganz gleich wie er dann hieße, noch in tausend Jahren bestimmen, noch nachdem alle Flaggen verblasst, alle Sieger vergessen, ja alle Dämme gebrochen waren. Es würde überdauern, bis das Eis, das es einst in Form geschliffen hatte, sich erneut nach Süden ausdehnte.

Einen Monat nach meiner Rückkehr nach Hause bekam ich einen Brief von einer alten Freundin aus Montreal. Sie fragte mich, wie ich meine Sommerferien verbracht hätte, und erzählte, wie ihre gewesen waren: »Je suis restée particulièrement au Québec. J'aime de plus en plus ma province. Elle donne tant de possibilité …«*

---

* »Ich bin diesmal bewusst in Quebec geblieben. Mir gefällt meine eigene Provinz immer besser. Sie bietet so viele Möglichkeiten …«

Waterton Lakes

Waterton Lakes

0   1   2   3   /km

Herbst

ZU DEN SEEN IM SCHOSS DER BERGE

Waterton-Lakes-Nationalpark, Alberta

Wasser ist die ursprüngliche Welt
Susan Andrews Grace, *Water Is the First World*

IN ALBERTA gibt es keine Seen. Diese Mär hört man manchmal im Westen, meist von Leuten, die in diese mit Wundern gesegnete Provinz gezogen sind und sie ein bisschen herunterspielen möchten. Es stimmt, dass Alberta von dem seenreichen Kanadischen Schild kaum gestreift wird. Es stimmt, dass in Alberta die trockensten Landschaften von Lakeland liegen.

Übersehen werden dabei die Bergseen von Alberta, die zu den schönsten, reinsten und am besten geschützten Gewässern der Welt gehören. Lake Louise ist wahrscheinlich Kanadas berühmtester See, durch Steinmehl türkis gefärbt, erkennt man ihn auf Fotos sofort wieder. Moraine Lake, nur eine kurze Wanderung vom Lake Louise entfernt, war früher auf der Rückseite des Zwanzig-Dollar-Scheins abgebildet. Solche Bilder gehören zur Quintessenz

Kanadas. Als besonderer Bonus sind die hochgelegenen Seen des Öllands Alberta auf befahrbarem Asphalt nicht erreichbar, aber dafür auf Wanderwegen, die zu den schönsten und gepflegtesten weltweit gehören.

Mitte September fuhr ich gen Westen, zum Waterton-Lakes-Nationalpark. Verglichen mit dem Lake Louise gehört er zu einer weit weniger besuchten Region der Rocky Mountains, denn er liegt weitab der vielbefahrenen Strecken auf der Ost-West-Route durch das Gebirge, eingeklemmt in einer Ecke zwischen der Grenze zu den USA und der Kontinentalen Wasserscheide. Es war nicht nur mein erster Besuch dort, der Nationalpark ist auch der landesweit einzige, der seinen Namen zu Ehren seiner Seen trägt. Wie bei den meisten Seen der südlichen Rocky Mountains gelangt auch der Ausfluss der drei Waterton Lakes irgendwann in den Saskatchewan River, der sich nur drei Straßenecken von meinem Haus entfernt seinen schlammigen Weg zum Lake Winnipeg bahnt. Stromaufwärts betrachtet, ist der Lower Waterton Lake der erste natürliche See, den das Wasser auf seinem Weg zum Hahn in meiner Küche passiert. Ganz Lakeland ist durch sein Wasser verbunden.

Von diesen Verlockungen einmal abgesehen, wird den Rockys um die Waterton Lakes nachgesagt, sie würden sich direkt aus der Prärie erheben, ganz ohne ein einleitendes Vorgebirge. Die Cheyenne nannten sie »Fels am Horizont«. Um diese These zu überprüfen, lag auf meinem Beifahrersitz ein Höhenmesser. Hin und wieder warf ich einen Blick darauf, als ich die Prärie durchquerte, die goldenen Felder kurz geschoren nach der Ernte. Bis Medicine Hat zeigte er, nach einer Strecke von 500 Kilometern westwärts, einen Anstieg von nur 150 Metern an. Der South Saskatchewan River aber hatte sein Gesicht verändert. In der Nähe seiner hochgelegenen Quellen war sein Wasser noch nicht schlammig, sondern klar und blau. Der Highway, der nach Südwesten in Richtung Lethbridge abzweigte, streifte die pittoresken Coulees, die der Fluss tief in das Gletschersediment geschnitten hatte. Die Waterton Lakes lagen noch immer weit hinter dem Horizont, aber ihr Wasser hatte das trockene Land, das vor mir lag, in eine der landwirtschaftlich ergiebigsten Regionen Kanadas verwandelt. 1857 wurde sie von Captain John Palliser auf ihr landwirtschaftliches Potenzial hin begutachtet, worauf er dem britischen Parlament bekanntermaßen berichtete, für eine Besiedlung sei die Gegend zu trocken. Zwar wurde sein Rat ignoriert, doch diese trockenste Region der Prärie ist bis heute als Palliser-Dreieck bekannt, und für die Generationen, die hier versuchten, sich ein Leben aufzubauen, war sie gleichbedeutend mit Durst. Um 1900 empfing das südliche Alberta mehrere Wellen mormonischer Emigranten aus Utah, die hier die ersten Genossenschaften zur Felderbewässerung gründeten. Aber das Kapital zum Unterhalt der Anlagen war stets knapp, und das Palliser-Dreieck sollte in den 1930er Jahren, den »Dirty Thirtys«, von den berüchtigten Staubstürmen heimgesucht werden.

Das Öl brachte die große Veränderung. Dank des Wohlstands aus den Lizenzeinnahmen konnte sich Alberta das ausgedehnteste und am besten ausgeklügelte Bewässerungssystem Kanadas leisten. Nahezu der gesamte Abfluss von der Ostflanke der Rocky Mountains wird zur Energiegewinnung, zur Versorgung von Vieh und zum Anbau aller nur vorstellbaren hochwertigen Feldfrüchte genutzt. Die Bewässerungslandwirtschaft in Kanada findet zu rund 65 Prozent in Alberta statt, größtenteils in besagtem Korridor zwischen Medicine Hat und Lethbridge. Bewässert werden die Felder, auf denen Zuckerrüben, Kartoffeln oder Mais wachsen, durch kreisende Vernebler, die, aus der Luft betrachtet, riesige runde Felder wie grüne Punkte in die Landschaft zeichnen. Der Highway führt vorbei an Lebensmittelfabriken, Gewächshäusern, Gartencentern, Betrieben für intensive Tierhaltung, Torflieferanten. Wieder und wieder kreuzt er die Kanäle des St. Mary River

291

Irrigation Districts, das mit über 2.000 Kilometern ausgedehnteste Bewässerungssystem des Landes.

All das beunruhigt die stromabwärts ansässigen Nachbarn von Alberta. 40 Prozent der weltweit erzeugten Nahrungsmittel werden mittels künstlicher Bewässerung produziert, da fällt die Vorstellung schwer, ganz ohne sie auszukommen. Doch Bewässerung kann die Böden durch Versalzung ernsthaft schädigen, und mangelnder Durchfluss bedroht die natürlichen Lebensräume eines Wassereinzugsgebiets. Durch Abkommen unter den Provinzen steht Alberta die Hälfte des Wassers aus dem South Saskatchewan River zu, die Provinz Saskatchewan bekommt die Hälfe dessen, was übrig bleibt, und Manitoba kriegt den Rest. Als Müllplatz für geklärte Abwässer und den Ausfluss der städtischen Gullys benötigt der Fluss einen ständigen natürlichen Zufluss, um die Schadstoffe zu verdünnen. Bereits jetzt gibt es für all diese Bedürfnisse des Menschen nicht genügend Wasser. Und die anderen weiter flussabwärts lebenden Spezies wurden gar nicht erst gefragt.

Der Höhenmesser zeigte an, dass ich derart weltliche Sorgen im Flachland hinter mir ließ und den sicheren Kokon des Nationalparks erreichte. Als ich Lethbridge auf 900 Metern Höhe passiert hatte, erschien plötzlich eine Reihe von Berggipfeln am bis dahin scheinbar spiegelglatten Horizont, genau, wie es mir versprochen worden war. Bis ich die Mormonenstadt Cardston erreicht hatte, war die Prärie noch weitere 500 Meter angestiegen, aber die Gipfel waren noch einmal 1.500 Meter höher. Es war tatsächlich, als näherte man sich einer Felswand am Ende des Graslands, und das wirkte ein bisschen bedrohlich. Als der Sonnenuntergang die Berge in blauschwarze Silhouetten verwandelte, glichen sie Meereswellen von entsetzlicher Größe, die sich über der Prärie erhoben und heranrollten.

Sobald die Gipfel die blendende Sonne verfinstert hatten, kehrten in ihrem Schatten die Farben zurück, und ich sah Hirsche beim Äsen unter den Weiden in den Bachauen, die in den Nationalpark hineinführten. Der Aufseher an der Einfahrt zum Park verkündete, alle Hotels vor Ort seien ausgebucht. Aber es war ein warmer Samstagabend, und ich hatte ein Zelt dabei. Entlang des Lower Waterton Lake, der nur ein silbriger Teich war, stieg die Straße weiter an, quer über den letzten Flecken Prärie, und in Sicht kam das berühmte Prince of Wales Hotel, wie vor die Bergkulisse platziert, wo es Ausschau hielt über die grüne Halbinsel zwischen dem mittleren und dem oberen der Waterton-Seen. Das erste Viertel des Erntemonds stand am Himmel.

Der Upper Waterton Lake ist ein schnurgerader, 10 Kilometer langer und weniger als einen Kilometer breiter, von Bergen gesäumter Trog auf der Grenze zwischen Alberta und Montana. Gerade wurde er von einer warmen Brise aus dem Süden umspielt, und das Mondlicht lud zu einem abendlichen Bad ein. Aber das wäre ein derber Schock gewesen, denn der See ist stets kalt. Das Dorf Waterton ist heute hauptsächlich ein Sommerferienort, hatte aber einmal eine beträchtliche ganzjährige Population. Gegründet wurde es 1904 als Arbeitercamp, nachdem im nahegelegenen Cameron Valley die erste Ölquelle Westkanadas entdeckt worden war, die heute unter Denkmalschutz steht. Ansässig ist in Waterton außerdem eine Herde Maultierhirsche. Sie halten die Wiesen kurz geschoren, stehen Touristen Modell für Fotos und ruhen unter Trampolinen und Schaukeln. Auf dem Campingplatz bekam ich die allerletzte Parzelle, eine Schlafsacklänge von der Zufahrtsstraße entfernt und unter einer grellen Laterne. Ich fand den milden, stillen Abend einladend und ging zum Abendessen in die »Stadt«, wo ich mir mit Ferienhausbesitzern aus Calgary, die eines der letzten Wochenenden der Saison genossen, und Touristen aus Frankfurt und Sydney einen Tisch auf dem Bürgersteig teilte.

Diese Region wurde 1895 zum staatlichen Naturschutzgebiet erklärt. Auf der anderen Seite der Grenze zu Montana, die zugleich die südliche Begrenzung des Nationalparks ist, liegt der

Glacier-Nationalpark, und gemeinsam bilden die beiden benachbarten Parks den Waterton-Glacier International Peace Park, der zugleich UNESCO-Biosphärenreservat und Weltnaturerbe-Stätte ist.

Obwohl er gegenüber den anderen Nationalparks der Rocky Mountains beiderseits der Grenze winzig erscheint, gehört der Waterton-Nationalpark zu den Parks mit der größten Artenvielfalt. Er umfasst nicht nur die Lebensräume des Gebirges und des Graslands, hier prallen auch feuchtwarme pazifische Luftströme auf trockene, kalte kontinentale und arktische Luft. Das Wetter ist äußerst unbeständig. Häufig wehen Chinooks, die warmen, tosenden Winde, die über die östlichen Rocky Mountains strömen. Die abrupten Wetterwechsel, die mit den Chinooks einhergehen, sind faszinierende Erlebnisse. Der geltende Rekord wurde an einem Tag im Januar 1962 aufgestellt, als die Temperatur im benachbarten Ort Pincher Creek innerhalb einer Stunde von 19 °C unter null auf 22 °C plus stieg.

Um nach dem Essen ein bisschen Bewegung zu bekommen, fuhr ich mit dem Fahrrad hinauf zum Prince of Wales Hotel. Die Zufahrtsstraße war ein pechschwarzer Hohlweg zwischen den Bäumen hindurch und führte auf ein kleines grasbewachsenes Plateau, auf dem das Hotel steht und den Blick über den See bestimmt. Das 1927 eröffnete Haus war ein kanadisches Eisenbahnhotel, das aber von keiner der hiesigen Eisenbahngesellschaften gebaut worden war, sondern von der amerikanischen Gesellschaft Great Northern. Wohlhabende Reisende erreichten das Hotel von der in Montana gelegenen Seeseite her an Bord der *MV International* – ein wunderbares Schiff, das bis heute auf dieser Route verkehrt. Das während der Prohibitionszeit eröffnete Hotel war eine schicke Kneipe für durstige Amerikaner. Wie in allen großen Eisenbahnhotels soll es auch im Prince of Wales spuken. Mit seinen bernsteinfarben erleuchteten Fenstern und den überall umherwandernden Gästen erschien es mir warm und freundlich, aber ich blieb draußen unter dem Schein der Milchstraße.

In den wenigen Minuten, die ich hinunter zum Zeltplatz brauchte, kam der berühmte Wind von Waterton auf. Aus einem unerfindlichen Grund hatte ich ein Zelt gekauft, das für eine sizilianische Großfamilie gereicht hätte. Die große Nylonstoffbahn flatterte wie ein schlecht getrimmtes Segel. Die Laterne strahlte hell wie die Sonne, die riesige Schwarz-Pappel, die sich über das Zelt neigte, knarrte laut bei jeder Böe, und ständig fuhren Autos vorbei. Nach langem Vorlauf kam der Schlaf. Scheinbar im nächsten Augenblick wurde ich wach, denn auf der rutschigen Unterlage war ich ein ganzes Klafter Richtung Zelteingang gewandert. Ich öffnete den Reißverschluss und betrachtete die Sterne. Das Sommerdreieck war längst untergegangen, Fuhrmann und Orion jagten in ihren Wintergründen. Der Große Wagen stand auf seiner Deichsel. Es war derselbe Himmel, den ich vor fast einem Jahr zur selben Zeit gesehen hatte, als ich in Neufundland von Bord gegangen war. Es musste früher Morgen sein. Als ich hinauf in den Sternenkalender schaute, empfand ich ein seltsames, schläfriges Hochgefühl. Ein weiteres Jahr eines schönen Lebens war mir geschenkt worden, inmitten dieses großartigen, geheimnisvollen Uhrwerks der Natur.

ZWAR IST das bevorzugte Verkehrsmittel von Millionen Besuchern das Auto, aber die Nationalparks der Rocky Mountains sind dafür gedacht, sich zu Fuß fortzubewegen. Nach dem Vorbild des Alpentourismus in Europa haben die Eisenbahnhotels von Beginn an das Wandern gefördert. Laut meinem Exemplar des klassischen Wanderführers *Canadian Rockys Trail Guide* führen 3.000 Kilometer Wanderwege durch die 20.000 Quadratkilometer umfassenden geschützten Gebiete der fünf Nationalparks von Banff, Jasper, Kootenay, Yoho und Waterton.

Nachdem ich bisher vor allem das Untergeschoss der Wassereinzugsgebiete von Lakeland durchstöbert hatte, wollte ich auf einem dieser Wege nun die andere Seite des Spektrums ersteigen und – das klingt jetzt wie ein Werbeslogan – den reinen Quell der Berge erleben. Die höchstgelegenen Bergseen können tatsächlich der Reinheit von destilliertem Wasser sehr nahekommen. In diesen Höhen ist Wasser pures Versprechen und Potenzial, eine Reserve, ein eingelagerter chemischer Stoff, ein abstraktes Quantum. Irgendwo an der Bergflanke vollzieht es dann seine Vereinigung mit der Erde, und daraus entspringt Leben. Es entsteht ein Gewässerökosystem. Genau diesen Übergang von der Reinheit zur Fruchtbarkeit wollte ich beobachten und – falls ich mir damit nicht zu viel zutraute – die Stufe der Leiter finden, auf der das Leben beginnt.

Als ich auf der Highschool war, wanderte ich mit einem Freund zu einer Seenkette im Hochgebirge, und wir campierten am Ufer eines Sees, genau an der Baumgrenze. Im Schatten war es zu kalt, in der Sonne zu heiß. Das Wasser war so klar wie an einem tropischen Korallenriff, sodass man vom Ufer aus ohne weiteres bis zum sandigen Grund der Seenmitte blicken konnte. Anders als in den Tropen schien der See völlig frei von Leben: keine Trübung durch Plankton, kein Pflanzengürtel entlang des Ufers. Die reinsten Seen sind – natürlich – tot.

Als wir dort saßen, schwamm der Beweis des Gegenteils auf uns zu. Gelassen zog ein ausgewachsener Fisch vorbei. Irgendeine Forellenart. Ein weiterer brachte die Oberfläche in Bewegung und noch einer. Es schien unmöglich, dass in diesem klaren Wasser ausreichend Nahrung zu finden sein sollte, dass genug Insekten darauf landeten, um Fleisch auf Gräten zu packen. Aber wir hatten die Erscheinung mit eigenen Augen gesehen.

Ich wollte dieses Nahrungsnetz in großer Höhe unbedingt noch einmal besuchen. Ehe ich losgefahren war, hatte ich mit einem äußerst hilfsbereiten Parkaufseher gesprochen, der mich ermahnte, mit meiner Anreise nach Waterton nicht mehr lange zu zögern, da der Wetterumschwung vom Herbst zum Winter schnell komme. Und tatsächlich schien die Wettervorhersage in den nächsten Tagen auf den Höhen Schneefall zu versprechen. Irgendwie hatte ich vergessen, mir den Namen des hilfsbereiten Menschen zu notieren. Aber als ich im Verwaltungszentrum des Parks vorbeischaute, stand er vor mir an der Rezeption und erkannte meine Stimme wieder. So was von gut investierte Steuergelder ...

Mit seiner perfekt gebügelten Uniform und der gesunden Gesichtsfarbe von jemandem, der viel an der frischen Luft ist, erinnerte Derek Tilson an einen Parkranger aus einem alten Disneyfilm. Er hatte den schlanken, zierlichen Körperbau eines jungen Mannes. Tatsächlich war er fünfunddreißig Jahre in dem Park tätig gewesen und offiziell im Ruhestand, aber wegen des Andrangs zur Hochsaison zu Hilfe gerufen worden.

Rund 400.000 Besucher kamen jedes Jahr nach Waterton, ein starker Rückgang im Vergleich zu früheren Jahrzehnten. Das sei typisch für Naturparks, sagte Derek. Die Kosten für eine Reise überstiegen das, was sich eine durchschnittliche Familie leisten könne, viele neue Einwanderer kannten das Erlebnis eines Nationalparkbesuchs nicht von früher, und die stets alternden Babyboomer wurden nur noch älter.

In Waterton aber ist es aus einem einfacheren Grund relativ ruhig geblieben. »Wäre das Wasser wärmer, dann wäre der Ansturm auf Waterton enorm«, sagte Derek. An heißen Sommertagen springen die Camper an den seichten Stellen der Emerald Bay kurz ins Wasser, aber sie bleiben nicht lange drin. Die Waterton Lakes werden nie richtig warm, und die unberechenbaren Winde machen das Bootfahren tückisch. Einmal waren Derek und seine Frau mit ihrem Segelkajak gekentert, und das war eine grauenvolle Tortur gewesen. Ein Leben im Schneckentempo wie in diesem Resort war für Leute aus Calgary vermutlich grauenvoll.

Und dann der Winter. Seit einiger Zeit versuchen die Hotels, in der Nachsaison ein Geschäft mit Kongressen zu machen, aber der mächtige Wind verhindert einigermaßen zivile Umstände. Tagelang könne er mit hundert Stundenkilometern wehen, sagte Derek. »Wenn das irgendwo anders passieren würde, käme das gleich in den Nachrichten.« Und so geht es in Waterton weiter untypisch für Alberta zu.

Derek empfahl mir den Carthew-Alderson Trail, der am Cameron Lake an der Grenze zu Montana beginnt, zuerst einen Gipfel erklimmt und dann entlang einer Reihe kleiner Seen auf Höhe der Baumgrenze ins Tal führt. Das klang ideal für das, was ich beobachten wollte. Zwar hatte es, noch während wir miteinander redeten, stark zu regnen begonnen, doch Derek meinte, es würde wohl am kommenden Morgen aufklaren. Er ermahnte mich, nicht zu riskieren, auf dem Gipfel von Schnee überrascht zu werden. Wenn ich beim Abstieg das falsche Tal erwischte, erwarte mich ein Gewaltmarsch über einen 20 Kilometer langen Umweg durch bevorzugtes Grizzly-Gebiet.

Derek kannte sich hervorragend aus und hatte sogar eine mögliche Erklärung für die geheimnisvollen Fische, die ich vor so vielen Jahren in dem anscheinend toten See gesehen hatte. Nur die tiefergelegenen Seen der Rocky Mountains können von Natur aus Fische ernähren, aber in vielen höhergelegenen waren früher welche ausgesetzt worden, und diese Praxis habe man erst vor kurzem eingestellt. Ehe ich ging, lieh er mir einen dicken grünen Ordner, ein Kompendium über die jahrzehntelange staatliche Forschung zu den natürlichen Ressourcen und Kulturgütern des Parks, einschließlich seiner Fischvorkommen.

Den restlichen Tag verbrachte ich damit, die grasbewachsenen Wege und die roten Felsen des Blakiston Valley zu erkunden. Das Tal ist benannt nach Leutnant Thomas Blakiston, dem Leiter einer Sektion der Palliser-Expedition. Seine Gruppe war auf dem Rückweg in die Prärie, als sie über den South-Kootenay-Pass zog und am 6. September 1858 durch dieses Tal die Waterton Lakes erreichte. Blakiston benannte die Seen nach dem Naturforscher Charles Waterton aus dem 18. Jahrhundert. Waterton war ein exzentrischer englischer Adliger, wie er im Buche steht, ein sturer Katholik, der die Haare kurz geschoren trug, als lange in Mode waren, mit Vorliebe barfuß lief und in den Bäumen seines Anwesens sitzend lateinische Dichtung las. 1824 baute er eine hohe Steinmauer um seinen Besitz, um Wilderer fernzuhalten – gewährte aber den Leuten aus der Stadt Zutritt für Picknicks oder zur Vogelbeobachtung –, und so schuf er, wie die englische Stadt Wakefield heute offiziell verlauten lässt, das erste Naturschutzgebiet der Welt. Sie ehrt ihn darüber hinaus als Erfinder der Nistkästen, die er zahlreich auf seinem Anwesen aufhängte. Außerdem brachte Waterton einen Seifenfabrikanten vor Gericht, da dessen Werk seinen See verschmutzt hatte, ein früher Fall rund um ökologische Gerechtigkeit.

Thomas Blakiston, selbst Naturforscher und ein Zeitgenosse Charles Darwins, muss das Tal so gesehen haben, wie ich es sah, ein Durcheinander von Herbstfarben: das schimmernde Gold der wilden Gräser, die blassen, verschlungenen Espenzweige, die noch tiefgrünes Laub trugen, der Rubinton der niedrigeren Berge unterhalb der grauen Gipfel, das flammende Orange der mit Flechten bedeckten Reibesteine, die ungestört auf die Rückkehr der Bisons warteten. Darüber entsprangen in schöner Regelmäßigkeit Regenbögen, die Berggipfel schnitten lange Risse in die Wolkendecke und ließen die Sonne auf den sinkenden Nebel herabscheinen. All das wirkte unglaublich pittoresk – wie Autowerbung im Fernsehen.

In Blakistons Zeit gab es natürlich keine Straße, weder als Annehmlichkeit noch als Affront gegen die Ordnung der Natur. Es wäre herrlich, dieses Tal auf dem Rücken eines Pferds zu erreichen wie er, aber dann hätte ich den ganzen Sommer gebraucht, um hierherzugelangen, und wäre womöglich erst gar nicht gekom-

299

men. Wir pflegen heute eine postmoderne Beziehung zur Natur, und unser bestmögliches Handeln wird zukünftig so komplex sein, dass sogar ein Erneuerer wie Blakiston es nicht hätte erdenken können.

Ich jedenfalls hoffte, dass in jeder erdenklichen Zukunft noch gewandert wurde. Den Rest des Tages spazierte ich durch das Grasland am Fuß des Berges, erkundete die Hänge unterhalb der Klippen, machte Fotos von Regenbögen und dem blutroten Tonstein, den man hier *argillite* nennt. Wenn ich ohne bestimmtes Ziel umherziehe, verfalle ich leicht in Tagträumerei, und die Stunden vergehen. Aber ein vertrauter Schmerz hielt mich im Hier und Jetzt. Zum ersten Mal seit dem Ausflug zu Grey Owls Blockhütte trug ich wieder meine alten Wanderschuhe, und sie waren unbequemer als je zuvor. Das Problem musste ich bereinigen, ehe ich am nächsten Tag 25 Kilometer wandern ging.

Zurück im Dorf suchte ich Tamarack Outfitters auf (gegr. 1922), eines der ältesten Geschäfte in Waterton, das in den letzten fünfunddreißig Jahren vor allem Wanderer mit Ausrüstung versorgt hatte. Als ich mich auf protestierenden Beinen dem Laden näherte, um dort Rat einzuholen, hatte sich eine Gruppe junger Leute auf den Bänken vor dem Eingang versammelt. Sie waren auffällig gebräunt, und die wolligen Dreadlocks waren von der Sonne ausgebleicht. Ihre Kleidung und die Rucksäcke waren verdreckt und eindrucksvoll abgenutzt. Ihre Wadenmuskulatur war so ausgeprägt, dass sie mich an Comic-Superhelden erinnerten.

Wie sich herausstellte, waren die jungen Frauen und Männer vor kurzem mit der Highschool fertig geworden, waren von der mexikanischen Grenze bis zu den Waterton Lakes durchgewandert und hatten damit den 5.000 Kilometer langen Continental Divide Trail bewältigt. Nun wollten sie zurück in die Vereinigten Staaten, um das nächste Kapitel ihres jungen Lebens aufzuschlagen. Ich kann mir keinen besseren Eröffnungszug für das ernste Spiel des

Erwachsenendaseins vorstellen, als die Wildnis des eigenen Landes zu durchqueren. Eine sicherere Impfung gegen Engstirnigkeit, gegen einen schleichenden Konservativismus gibt es nicht, doch diese jungen Leute konnte man sich kaum als zukünftige Sklaven der Konventionen vorstellen.

Die Verkäuferin, die mir davon erzählte, hatte etwas von einer Lehrerin. Sie brauchte nicht lange, um den Grund für die Beschwerden meines Gehapparats zu diagnostizieren. Mutig langte sie in einen meiner noch dampfenden Stiefel, zog eine abgewetzte Einlegesohle heraus und schwenkte sie vor mir herum. »Wie dick mag die noch sein, höchstens einen Millimeter?« Sie zeigte eindrucksvollen, aber freundlichen Sachverstand. Sie ging voraus, vorbei an den Ersatzsohlen für 50 Dollar bis zu den Packungen für 10, die genauso gut seien. Im Nu hatten meine ehrenwerten alten Wanderstiefel sich wieder in gewohnt bequemes Schuhwerk verwandelt.

Nachdem ich mein Zelt auf dem lauten Campingplatz abgebrochen hatte, fand ich Zuflucht in einem hübschen Motel gleich neben den Tamarack Outfitters. Von all den Dächern, unter denen ich auf meinen Reisen durch Lakeland geruht hatte, verdient das Bear Mountain Motel für seine simple, nachhaltige Eleganz besondere Erwähnung. Erbaut in den 1960er Jahren, hatte es nach heutigen Maßstäben erfreulich kleine Zimmer – bei manchen nordamerikanischen Hotels ist allein das Bad so groß. Es gab kein Telefon auf den Zimmern, was in einer Zeit, in der jeder Gast sein eigenes dabeihat, durchaus sinnvoll ist. Es gab keine Klimaanlage, was auf 49 Grad nördlicher Breite ebenso sinnvoll ist. Aber es gab einen kleinen Fernseher, der über Antenne etwas verrauscht zwei Sender empfing – gerade genug, um die Wettervorhersage für Wanderer sehen zu können. Im ganzen Land gibt es Hotels wie dieses, aber sie werden vernachlässigt, abgerissen, ersetzt durch doppelt so große Häuser mit nur halb so viel Charme. Das Bear Mountain

301

Motel war frisch dekoriert im Pueblo-Stil der Rockys, und ich hatte ein sehr gutes Bett. Als zusätzliche Annehmlichkeit bestand das Zimmerpersonal aus rotwangigen jungen Hutterer-Frauen mit gepunkteten Kopftüchern, die bei der Arbeit mit großer unschuldiger Inbrunst ihre mennonitischen Lieder sangen, während sie von Zimmer zu Zimmer wanderten und aufschüttelten, glatt zogen, staubsaugten.

Ich vertiefte mich in den großen grünen Ordner, den Derek Tilson mir geliehen hatte, und suchte nach Informationen über die höhergelegenen Seen des Nationalparks. Mit Blick auf Sportangler hatte man sie einem recht plumpen Gewässermanagement unterworfen. Einheimische Fischarten wie die Dolly-Varden-Forelle, die Amerikanische Seeforelle und die Cutthroat-Forelle hatte man über Wasserfälle und ähnliche natürliche Schranken hinweg weiter bergauf verpflanzt. Genetisch ähnliche Unterarten aus der Fischzucht wie die Yellowstone-Cutthroat-Forelle waren zu den wilden Exemplaren gesetzt worden, und außerdem kamen starke exotische Konkurrenten wie die Arktische Äsche, die Regenbogenforelle und der Bachsaibling hinzu.

Derartige Manipulationen haben die Gewässerlebensräume im Waterton-Nationalpark wie in vielen anderen Gegenden der Welt dauerhaft verändert. Einheimische Arten, die ohne ausreichende Nahrung in den hochgelegenen Seen ausgesetzt wurden, rotteten im Endeffekt alle Beutearten aus, ehe sie selbst langsam verhungerten. Durch die Kreuzung mit Zuchtfischen wurde der Nationalfisch von Montana, die Westslope-Cutthroat-Forelle, zur gefährdeten Art.

Es war 7.08 Uhr, als ich den Wagen abschloss und über den Parkplatz zum Anfang des Wanderwegs ging. Der Carthew-Alderson Trail beginnt auf 1.660 Metern Höhe am Ufer des Cameron Lake. Die Felswand an dessen Südende gehört zu Montana, der Kamm hoch über seinem Westufer ist Teil der Kontinentalen Wasserscheide. Genau wie Derek Tilson es vorhergesagt hatte, war der Himmel nahezu wolkenlos. Ich hoffte, dass ich, ehe das Wetter sich verschlechterte, über den Gipfel das nächste Tal erreicht haben würde, um dann wie geplant einen Blick auf die Treppe der Höhenseen werfen zu können. Auf dem Steg stand eine Frau, ihre Kamera auf einem Stativ montiert, und blickte hinaus auf die noch dämmrige Landschaft. Halb geflüstert wünschte ich ihr einen guten Morgen. Sie drehte sich um, eine blasse Schönheit mit kräftigem braunem Haar, Dark Rosaleen aus dem irischen Gedicht. »Ich warte auf das Licht«, sagte sie. *Tun wir das nicht alle?*

Bill Mason hat einmal angemerkt, für Künstler sei es riskant, die Natur so zu porträtieren, wie sie wirklich ist, sei es in Büchern, Filmen oder Gemälden. Denn wenn man es wagt, sie lebensecht zu zeigen, schläft das Publikum sofort ein. Betrachter verlangen Action, Dramatik, Gefahr oder zumindest den Reiz eines vergänglichen Augenblicks. So warten Bergfotografinnen auf das flüchtige Streiflicht des Sonnenaufgangs, um damit ferne Felsen zu zeichnen – sonst entgeht dem Betrachter am Ende die Erkenntnis. Mason musste zugeben, dass seine eigenen Filme den Eindruck erweckten, die Wälder würden geradezu vor Bären, Hirschen und Wölfen wimmeln. In Wahrheit brauchte er wochenlange Geduld, um diese Augenblicke einzufangen. Als Edward Abbey über seine geliebte Wüste schrieb, befand er, die Sprache sei ein lockeres Netz, mit dem man die Feinheiten der Natur einfangen könne, aber die Wüste könne er ebenso wenig in ein Buch hineinbekommen wie ein Fischer mit seinem Netz das Meer in ein Boot. Letztlich müssen wir selbst hinausgehen und die Natur unmittelbar auf unsere Sinne wirken lassen. Wenn also Sie, geduldige Leser, meinen, Sie müssten nun dieses Buch schließen und lieber in das große Wohnzimmer der freien Natur hinausgehen, will ich mich dem gerne beugen.

Der Weg führte in einem halben Dutzend Serpentinen weiter bergauf, zwischen ausgewachsenen Küsten-Kiefern hindurch, und schon bald war der Cameron Lake nur noch ein kleiner Teich. In den runderneuerten Schuhen fanden meine Füße anhaltenden Frieden. Trunken vom Pinienduft, wanderten meine Gedanken auf eigenen Pfaden. Tautropfen ließen den Boden wie Diamanten glitzern. Das waren Kohlenstoffatome arrangiert in zahllosen schimmernden Variationen. Wir nehmen dem De-Beers-Konzern die Behauptung ab, dass zwei Monatsgehälter ein Leben lang halten, wenn man sie für einen Verlobungsring ausgibt. Vielleicht brauchen wir einen Großkonzern, der aus unserer diamantenen Wildnis ein Monopol macht, sie in Tresorräumen hortet und damit ihren Wert hochtreibt. Und sie uns dann zurückverkauft. Vielleicht würden wir durch diesen Trick ihren wahren Wert erkennen.

Der Weg führte hinaus auf ein Plateau mit einem leichten Gefälle in Richtung des Summit Lake. Tau lastete auf dem Bärengras, der Morgenhimmel pink-blau. Ich trat auf eine zugefrorene Pfütze, die erste in diesem Winter, dann kam ich zum Wasser mit seinem kristallklaren Spiegelbild der Felsen. Keine Einschlüsse zu sehen, keine Verfärbungen. Ich saß auf einem Baumstamm, Dampf stieg vom Wasser auf und aus meinem Hemd, und ich versuchte, die Wahrscheinlichkeit für die Entstehung dieses Steins, dieses Himmels zu berechnen, für die Trillionen Zellverbindungen, die aus ihnen dieses lebendige Bild webten. Das alpine Licht war da. Irgendwo da unten, gefangen in einem Stimmungsrausch, drückte Dark Rosaleen auf den Auslöser.

Der Summit Lake (»Gipfelsee«) trug seinen Namen zu Unrecht, denn der Weg stieg weiter steil an. Er wand sich zwischen den letzten Küsten-Kiefern hindurch und weiter zwischen Felsen-Tannen. Die kleinen, sturen Bäume mit ihrer grauen Borke hakten sich beieinander ein wie rauflustige Rugbyspieler beim Gedränge. Dann weitete sich der Blick. Auf der anderen Seite des Tals, in Montana, hing der Herbst-Glacier an der Nordwand des Mount Custer. Der Gletscher bestand aus einigen dünnen schmutzigen Eisflecken, und ähnliche, namenlose Gletscherreste klammerten sich an die Nordwände anderer Berge der amerikanischen Seite. Da es im Waterton-Nationalpark selbst keine Gletscher gab, würde ich dem uralten Eis nirgends näher kommen als hier. Man könnte Gletscher auch als eine besondere Art See betrachten, als Diamanten am Himmel. Abgesehen davon, dass sie bis zum Grund durchgefroren sind und die sportliche Eigenschaft besitzen, sich an steilen Hängen festzuklammern, sind Gletscher in Wahrheit nichts als hochgelegene ultraoligotrophe Seen. So gesehen ist die wasserstrotzende Erdatmosphäre der größte See von allen.

Im Westen Amerikas bewegt sich die Bereitschaft des Himmels, Wasser zu spenden, zwischen dem einen Extrem und dem anderen, und die Rocky Mountains haben in den vergangenen Jahrzehnten offenbar weniger gespeichert als sonst. Innerhalb meiner Lebenszeit sind die Eisfelder in den Bergen sichtbar geschrumpft, und manche Gletscher haben während des vergangenen Jahrhunderts die Hälfte ihrer Eismasse eingebüßt. Es ist wahrscheinlich, dass die Rocky Mountains in weiteren hundert Jahren eisfrei sein werden. Gletscher sind die wichtigsten Wasserreservoire für das Einzugsgebiet des Saskatchewan River und andere wichtige Wassereinzugsgebiete, und dass sie sich in Nichts auflösen, wäre eine erschreckende Aussicht. Der natürliche Durchfluss der von Gletschern gespeisten Flüsse im Hochsommer ist seit Anfang des 20. Jahrhunderts um volle 84 Prozent zurückgegangen. Was wir heute Klimawandel nennen, ist offenbar der schlagende Beweis für unser Vergehen: der Colt raucht noch – und wir müssen fürchten, dass wir es waren, die mit unseren Kohlendioxidemissionen den Abzug gedrückt haben.

Nur mit Mühe haben wir die Wahrheit über die Verschmutzungen durch unser Kohlendioxid aus den vielschichtigen, komplexen Klimainformationen herausgearbeitet, denn das weltweite Wetter war *immer schon* im Fluss. Kanada kennt keinen Normalzustand der Bedeckung mit Eis, denn während der letzten fünf Millionen Jahre hat das Land mehr als fünfzig Wechsel zwischen Kalt- und Warmzeiten erlebt. Die Gletscher der Rocky Mountains entstanden vor nur dreitausend Jahren, während einer kurzen Kälteperiode innerhalb der ansonsten warmen Zwischeneiszeit des Holozäns, in dem wir gerade leben. Bei ihrem Verschwinden geben manche Gletscher der Rockys mächtige Baumstämme frei, die sie vor Tausenden von Jahren eingeschlossen haben.

Ich bin versucht, dankbar für die derzeitige Klimakrise zu sein, aber das wäre zu leichtfertig gedacht. Es ist ein dringendes Anliegen, unsere Kohlendioxidemissionen, die eine solch tiefgreifende Wirkung auf die globalen Temperaturen haben, zu senken. Aber ich kann nicht anders, als den Silberstreif am Horizont zu erkennen. Der Klimawandel hat ein neues Zeitalter der internationalen Kooperation und ein Erblühen des ganzheitlichen Denkens in unserem Umgang mit der Biosphäre eingeleitet. Er betrifft verschiedenste wissenschaftliche Disziplinen und überschreitet nationale Grenzen. Er hat uns in eine neue Zeit gebracht, in der alle Lebewesen zum ersten Mal in der Geschichte auf derselben Seite eines praktischen Problems stehen. Die Erde ist die Arche Noah. Endlich haben wir damit begonnen, natürlichen Systemen, die wir zuvor als selbstverständlich hingenommen haben, einen Wert zu geben, der sich in Geld bemessen lässt. Die Suche nach sauberen Energiequellen hat einen Verjüngungsschub erfahren. All das wirkt auf mich eher wie eine Renaissance als wie das Ende aller Tage. Nachdem ich in der Gewissheit aufgewachsen bin, dass irgendwann ein neuer Weltkrieg ausbrechen würde, finde ich, dass wir angesichts des Klimawandels eine Art Außenseiterchance haben, über uns hinauszuwachsen.

Ein Klappern weckte mich aus meinem hoffnungsfrohen Tagtraum. Der Weg hatte aus dem Wald heraus in eine weite Niederung mit scharfkantigem Geröll geführt. Das Geräusch war von zwei Hirschen gekommen, die hoch oben über die Felsen stiegen. Am ganzen Berghang glitzerten schwach die taubedeckten Felsen, doch die einzelnen Brocken hatten eine mattrote Farbe. Das Licht des Gebirges begann, mir Streiche zu spielen. Ab einer bestimmten Höhe ist die Luft so klar, dass jede Einzelheit sichtbar wird. Wenn aufgrund der geringeren Luftdichte die Lichtstrahlen weniger stark gestreut werden, hat das Auge weniger Anhaltspunkte beim Abschätzen von Entfernungen. Die beiden Gipfel des Mount Carthew schienen zum Greifen nahe, doch in Wahrheit waren noch viele Serpentinen zu bewältigen.

Auch oberhalb der Baumlinie gab es noch Bewuchs, tief wuchernde Polsternelken, *Silene acaulis*. Die wie kleine Kissen geformten, schwammweichen Kuppeln speichern wertvolles Wasser und fangen die Wärme der Sonne ein, wenn sie darauf scheint. Für mich war diese Pflanze zwar eine neue Bekanntschaft, doch in den Gebirgen und der Tundra der nördlichen Hemisphäre ist sie weitverbreitet, und wie Derek Tilson mir erzählt hatte, war sie mit ihren violetten Blüten eine seiner Lieblingspflanzen. Ich suchte die Berghänge nach Grizzlybären ab, die, wie er gesagt hatte, manchmal diesen Pass überqueren. Hier auf dem blanken Fels konnte man bei starkem Schneefall leicht vom Weg abkommen. Aber es herrschte schönes Wetter, die Luft war ganz still, und eine Stunde später hatte ich den Sattel des Passes erreicht.

Ich war auf 2.300 Metern Höhe, und die andere Seite des Horizonts wurde sichtbar: ein Rundumblick auf blaue Bergspitzen zusammengeworfen mit ausgebleichten Wolkenflächen. Die Gipfel zu beiden Seiten des Grats lockten in noch größere Höhen, aber sie waren weiter entfernt, als sie aussahen, und das gute Wetter würde nicht lange halten. Eine hohe Wolkenschicht zog von Südwesten heran. Noch aber herrschte kaum genug Wind, um eine Kerze zum Flackern zu bringen – eine seltene Erfahrung oben auf einem Berg. Ich setzte mich hin und aß Käse, einen Apfel, kalte Schokolade.

In diesem Moment kam der Ruf eines großen Raubvogels, der auf den Grat zusegelte. *Ki-ih, ki-ih.* Ich glaube, es war ein Rotschwanzbussard. Flügelschläge waren nicht nötig, denn den Antrieb für seine morgendliche Runde lieferte ihm die sonnengewärmte Luft, die von der Bergflanke aufstieg. Wäre ihm nach einem Sturzflug ins Tal gewesen, er hätte in zwei Minuten über Waterton schweben können. Es war elf Uhr, und ich würde für den Weg dorthin noch den Rest des Tages brauchen.

Und jetzt galt es aufzupassen. Das Tal, durch das mein Weg führte, war die Treppe eines Riesen, bestehend aus drei Paternoster-Seen (ein Begriff, der auf den Rosenkranz zurückgeht), der eine die Wasserquelle für den nächsten. Dabei wurde das Wasser zunehmend reicher an Leben. Hier auf dem Pass herrschte eine fast elementare Schlichtheit aus Luft, Wasser und Fels. Nicht viel weiter unten wuchs ein vielfältiger Wald. Ich wollte den Übergang genau studieren. Ehe ich den Sattel verließ, spritzte ich als Opfergabe etwas Wasser aus meiner Flasche über den Pass.

Bei meinem Abstieg entlang der strengen roten Pyramide, die die Westflanke des Mount Alderson bildet, war nur der Upper Carthew Lake deutlich zu sehen. Weiter unten hing das Tal voller Wolken. Innerhalb weniger Minuten traf der Weg auf das Ufer des Sees. Und tatsächlich wirkte er wie der erste See unter dem Dach des Himmels. Entlang der kargen Uferkante lag in schattigen Mulden noch der schmutzige Schnee des letzten Winters. Sein Wasser war entweder direkt vom Himmel gefallen oder über Fels geflossen, der nur von Moosspuren besiedelt war. Nichts schien zu gedeihen in dem dunklen Aqua. Dann, als ich das Westufer entlangwanderte, erschien ein kleines V an der Oberfläche, wie das Kielwasser eines Spielzeugschiffs, hielt genau aufs Ufer zu und löste sich auf. Was war das für eine Teufelei? Dort *konnte* es keine Fische geben. Laut

Dereks grünem Ordner waren zuletzt 1929 welche in diesen See gesetzt worden, und er musste mausetot sein. Vielleicht war es das winzige geplagte Gespenst der letzten verhungerten Forelle oder irgendein minderer Berggeist. Ich beschloss, dass es keine lebende Kreatur gewesen sein konnte.

Der untere Carthew Lake lag nur 200 Meter tiefer als der obere, aber er war eine ganz andere Welt. Auf dieser kurzen Strecke führte der Weg hinein in die Wolken. Wetterzerzauste, verdrehte Felsen-Tannen tuschelten in nebligen Felsspalten. Das Wasser, das durch die Risse sickerte, nährte nun die dichte Moosgesellschaft, die bis ans Wasser reichte. Da klingelte mein Telefon. Es war Marlene, und sie wollte nur mal plaudern. Sie hatte die Kinder zu Schule gebracht und war beim Homöopathen gewesen. Gestern Nacht hatte sie geträumt … In meiner Wolke hörte ich ihr zu. Ich versuchte, ihr von den verschlungenen Tannenästen zu erzählen, den Felsen wie Schichtkuchen, dem wirbelnden Nebel, dem Fischgeist. Ich versuchte, ihr zu erklären, dass eine Wolke ja nur ein See am Himmel sei und ultraoligotroph. Darüber musste sie lachen. Amüsiert über die Höhenmeter, die uns trennten, und unsere unterschiedlichen Perspektiven, verabschiedeten wir uns. Wo war ich stehengeblieben? Der Weg führte weiter ins Tal, kreuz und quer über den Bach, quer durch die Wolken. Eine kalte Brise kam den Hang herauf, anabatischer Wind, und duftete nach Wald.

Die Tannen in den Felsrinnen schlossen ihre Reihen, und Gräser betraten die Bühne. Wenige Birken waren aufgetaucht, Tamarack-Lärchen und Küsten-Kiefern. Nun breiteten sich auch Büsche zwischen ihnen aus. Oft huschten Streifenhörnchen und Wühlmäuse über den Weg. Nur wenige Meter unterhalb des Lower Carthew Lake hatte sich ein weites Nahrungsnetz aufgetan, und ich hielt es für das Beste, mögliche in Windrichtung befindliche Bären vorzuwarnen:»Ich komme, ich komme«, rief ich in die dichter stehenden Bäume hinein.

Wolken sind an der Unterseite meistens flach – feuchte Luft erreicht ihren Taupunkt auf einer präzisen Höhe –, und ich stieg aus ihnen heraus wie aus einer Speicherluke. Darunter war es viel wärmer, und die Sonne schien als blasse Scheibe durch den Schleier. Jetzt fühlte ich mich ausgelaugt und brauchte wieder etwas zu essen. Noch zehn Kilometer.

Der letzte der Seen, Alderson Lake, lag unterhalb des Weges, ein runder Karsee, an einer Seite begrenzt von reifem Wald und von einer senkrechten Felswand auf der anderen. Wenn man sich auf einen Felsen am Wegrand setzte, konnte man geradewegs hineinschauen. Bei der niedrigen weißen Wolkendecke und dem aquamarinfarbenen Schein des Wassers erinnerte er an ein Schwimmbad. Am Westufer ragte unter Wasser ein Schelf hervor und verlor sich in der Tiefe. So winzig der See auch war, er musste enorm tief sein.

Über den Wolken klapperten erneut Steine. Vielleicht wieder Hirsche. Das Abrutschen des Gerölls hielt lange an, dann Stille und ein weiterer Abgang. Vielleicht würde ich ja mit Glück sogar einen Stein durch die Wolken und in den See fallen sehen. Ich aß etwas Käse, die Abgänge wurden lauter. Da ich so ein Geschoss auch auf den Kopf bekommen konnte, überlegte ich, ob ich mich nicht besser abseits der Schutthalde in Sicherheit bringen sollte. Ich blieb für ein kurzes Mittagessen sitzen, aber nichts durchbrach die Wasseroberfläche – oder meinen Schädel.

Nach dem Alderson Lake wurde die Vielfalt der Lebewesen so groß, dass man sich unmöglich alle merken konnte. Das dichte Unterholz bestand abwechselnd aus Heidelbeersträuchern mit ihren kleinen orangerot verfärbten Blättern und Nutka-Himbeerbüschen mit Laub so groß wie eine offene Hand. Vom Bärengras, dessen Blüten im Frühling lawinenhangweiß werden, waren die auffallenden Stängel übrig. Die feuchte Borke des Seidigen Hartriegels hatte einen dunklen Burgunderton.

Schließlich begann es zu regnen. Bestimmt fiel auf dem Gipfel dichter Schnee. Meine Füße schmerzten sehr. Der Weg schien ganz eben zu verlaufen, aber diese Berge können das Auge des Flachländers täuschen, und meine gequetschten Zehen verrieten, wie es wirklich war. Unten in der Tiefe des Tales strömte der Alderson Creek wütender als zuvor. Wann war er zu einem solchen Sturzbach angeschwollen? Wie war der Boden so tief und saftig grün geworden? Den ganzen Tag hatte ich versucht, sie zu finden, diese – wie soll man sie nennen? Schöpfungsorte? Ich begriff, amüsiert von so viel Pech, dass ich keine einzige dieser Stellen einigermaßen präzise ausgemacht hatte. Ich hatte nur bemerkt, dass etwas, das zuvor gefehlt hatte, jetzt vorhanden war. Ich wollte umkehren, wieder den Berg hinauf, um wenigstens einen dieser fein vernähten Säume im Gewand des Berges unter die Lupe zu nehmen. Aber meine geschundenen Beine hätten für solche Launen nichts übriggehabt.

Große Balsamtannen hatten ihre Felsencousinen von weiter oben verdrängt. Ihre ledrige Borke ist mit harzgefüllten Blasen bedeckt, deren Inhalt bei zahllosen Gelegenheiten als Hausmittel zur Ersten Hilfe dient. Ich ging ein paar Schritte in den Wald zu einem Baum, der vom Weg aus nicht zu sehen war, schaute mich schuldbewusst um, zog mein Messer und ritzte damit in eine dieser Blasen. Ich war zwar etwas erschöpft, hatte aber keine Wunden zu versorgen, doch der Duft des klaren Harzes war so belebend, dass sich meine Laune schlagartig hob. Es roch wie ein ganzer Sommer an der frischen Luft. Dieser Baum hatte mit seinem Wasseranteil aus den Höhen des Berges gut hausgehalten.

Nachdem ich sieben Stunden lang keiner Menschenseele begegnet war, erkannte ich auf einmal auf der anderen Seite des Tales den Akamina Parkway, denn ein Auto brauste die Straße entlang. Ich war in einem schwebenden Traumzustand und ärgerte mich über die Störung. Andererseits kam mir die Nationalparkstraße sehr gelegen, um meinen Truck am Parkplatz einsammeln zu gehen. Und was war dieser Wanderweg unter meinen wunden Füßen auch anderes als ein schmalerer, durch den Wald geschnittener Highway, der eine angelegt wie der andere, nur in einer anderen Größenordnung? War ein Reitweg besser als eine Mautstraße? War die Fortbewegung mittels tierischer Kraft besser als ein Motor? Ohne Straßen oder Wege irgendeiner Form sind viele Naturräume für uns unzugänglich. Und so soll es auch bleiben. Auf diese Fragen um den Zugang zur Wildnis einfache Antworten zu finden ist ebenso schwer, wie die Knotenpunkte im Lebensnetz eines Berghangs ausfindig zu machen. Es ist nicht leicht, das Leben spendende Wasser, das diese wunderbaren Berge hinabfließt, unter uns aufzuteilen, geschweige denn zwischen uns und der übrigen Biosphäre. Ich weiß nur, dass wir nicht aufhören dürfen zu versuchen, für diese komplizierte Teilungsaufgabe eine elegante und bescheidene Lösung zu finden. Und dass wir die wahre Essenz unserer Beziehung zur Natur mit höherer Wahrscheinlichkeit am Rande schmaler Pfade denn an breiten finden werden.

Nach wenigen Minuten traf ich auf einen Maschendrahtzaun, ging um ihn herum und betrat den betonierten Bürgersteig. Die ruhenden Maultierhirsche auf dem Rasen beobachteten mich, als ich durch den Ort ging, hinunter zum Bear Mountain Motel und ins Bett.

AM MORGEN waren die Rasenflächen von Waterton von einer hohen, pappigen Schneeschicht bedeckt. Es schneite noch immer heftig. Nur die untere Felsmasse des Bear Mountain war zu sehen. In dieser Saison gab es für mich keine Aussicht auf die Rocky Mountains mehr. Es war Zeit, hinunter in die Prärie und nach Hause zurückzukehren, Blätter zusammenzurechen, Unterschlupf zu suchen für den Winter.

Nachdem ich einem wilden Berghang meine ganze Aufmerksamkeit geschenkt hatte, fühlte ich mich bereit, durch die heiligen

Tore des Nationalparks ins Chaos der Wirklichkeit hinabzusteigen, um wieder unter den Vertretern meiner stets hungrigen Spezies zu leben. Mit der Gelassenheit, die ein klösterlicher Rückzug mit sich bringt, betrachtete ich wohlwollend die fruchtbaren Farmen, die wohlgehüteten Wasserwege zwischen den Feldern, welche mir für den Augenblick gar nicht so anders als die Tannen und Hartriegel vorkamen, die in größerer Höhe gediehen. Hier wurde das Hochzeitsbankett von Wasser und Erde gefeiert. Saget Dank für die reichen Erträge.

Als ich Cardston erreicht hatte, war der Schnee noch pappiger geworden, und es war schon sehr viel wärmer. Ich hielt an, um ein paar Ponys bei einem verlassenen Haus zu fotografieren. Ihnen schien die kalte Breitseite, die gegen ihre gescheckten Flanken prasselte, nichts auszumachen, sie schienen zu wissen, dass die Sonne all das bald schmelzen würde. Auf dem Highway spielten Ammern waghalsige Spielchen mit meiner rasenden Metallkutsche: Sie landeten auf der gelben Mittellinie, um auf der nassen Fahrbahn einen Schluck zu trinken, dann schossen sie im letzten Moment über meine Motorhaube hinweg. Nach dem Unwetter würden sie nach Süden weiterziehen, über die Berge und weiter in ihr Winterquartier. Wenige Minuten später wurde aus dem Schnee peitschender Regen. Obwohl es schüttete wie aus Eimern, begossen die Vernebler der Bewässerungsarme unablässig die stets durstigen Felder von Südalberta.

Dorine
Lake

Fairy Island   Cattle Island

Emma Lake

Murray
Point

Okema Beach

Camp
Kadesh

Guises Beach

Carwin Park

Sunnyside
Emma Lake   Beach

Clearsand
Beach

0   500 1000 1500
/........./........./......../m

EPILOG
Wieder zu Hause

EINE REISE kann einen für immer ins Exil führen, oder man wird wieder vor der eigenen Haustür abgesetzt. In beiden Fällen ändert sich die eigene Vorstellung von »zu Hause« durch die dazwischenliegenden Meilen, und vieles passiert während man fort ist. Bei der Rückkehr von meinen Reisen durch ganz Lakeland kam mir meine vertraute kleine Ecke am Emma Lake wie ausgewechselt vor.

Zunächst einmal hatte die Frau, die mich vor so vielen Jahren zum ersten Mal mit an den See genommen hatte, das Ende ihres Lebens erreicht. Mit ihren zweiundneunzig Jahren hätte meine Adoptivmutter Olive auch meine Urgroßmutter sein können. Schon zehn Jahre zuvor hätte sie eigentlich zwei neue Hüftgelenke bekommen müssen. Aber sie hatte Krankenhäuser stets gehasst und die Sache aufgeschoben. Durch den Mangel an Aktivität aber wurde sie immer schwächer, und eines Tages im Oktober konnte sie nicht mehr aufstehen. Sie rief mich an, um mir ruhig und entschieden mitzuteilen, dass sie auf die Ambulanz warte, die sie ins Krankenhaus bringen solle. Marlene und ich saßen zwei Wochen an ihrem Bett. Die unablässigen Besuche – sie war bis zum Schluss ein äußerst geselliger Mensch – belebten Olive so sehr, dass die Besucher nicht glauben konnten, wie krank die Patientin war. Aber sie baute jeden Tag ein bisschen mehr ab, und als es im November zum zweiten Mal Mitternacht wurde, war sie nicht mehr da.

Zu den Hunderten Einzelheiten, die es zu bedenken galt, als die Matriarchin der Familie gegangen war, zählte auch die Frage, was aus ihrer Ferienhütte werden sollte. Das Grundstück am Emma

Lake gehörte mir im Prinzip bereits, seit Dad fünf Jahre zuvor gestorben war, und Olives Tod hätte den Transfer eigentlich rechtskräftig machen sollen. Aber die kleine rote Hütte, die uns so viele einfache Freuden beschert hatte, hing allmählich über mir wie ein schweres Gewicht.

Verglichen mit dem Land der Seen, wie ich es erlebt hatte, herrschten am Emma Lake und in der Gemeinde Lakeland bittere Zustände. Diese 25 Quadratkilometer Wasser, der Ausgangspunkt meiner Reisen – das Gewässer, das ich wie kein anderes kannte und für das ich unmittelbar Verantwortung trug –, waren umgeben von einigen der am schlechtesten geplanten Baugebiete, die ich in ganz Kanada gesehen hatte. Die Probleme waren nur größer geworden. Immer neue Anwesen traten an die Stelle von Hütten, am Ufer wie auf dem Wasser nahm der Verkehr weiter zu. Der Gemeindeverwaltung wuchsen die Klagen von Landeigentümern über den Kopf, die auf ihr Recht pochten, neue Siedlungen zu bauen. Einer der Bauunternehmer, der Nachkomme einer Pionierfamilie, drohte, den Baumbestand seines gesamten Landes abholzen zu lassen, wenn er keine Baugenehmigung bekäme.

Natürlich gab es auch Möglichkeiten, sich zu wehren. Wie an so vielen Seen im Land war auch hier der Verein der Ferienhausbesitzer gegen einen weiteren Ausbau. Ich erkannte Möglichkeiten, wie man das Werkzeug der staatsbürgerlichen Wissenschaft am Emma Lake einsetzen konnte. Wenn die Zukunft der Gemeinde Lakeland tatsächlich durch Klagen entschieden werden sollte, war es vielleicht an der Zeit, dass die Bürger selbst eine Klage anstrengten, gestützt durch von Bürgern gesammelte Daten, die kein Gericht ignorieren konnte.

Die Frage war nicht, was zu tun war, sondern ob ich bereit war, die Ärmel hochzukrempeln und damit anzufangen. Was früher ein Ort für simple Erholung gewesen war, war nun mit politischer Bedeutung aufgeladen. Der Emma Lake war zu einer Verpflichtung geworden, mit zahlreichen Problemen. Im vorherigen Sommer war ich nicht mehr aufs Wasser hinausgefahren, weil man von dort nur eine bessere Sicht auf die Baugebiete hatte, die ich gar nicht sehen wollte. An Wochenenden hatte ich mich ganz ferngehalten, weil es einfach zu voll war. Meine Kinder führten allmählich ihr eigenes Leben, und ich kam immer häufiger alleine her. Da Marlene nicht hier aufgewachsen war, hatte sie nie dieselbe enge Verbindung zu diesem See verspürt und sich immer über den materiellen Überfluss aufgeregt. Vielleicht war der Emma Lake ja ein verlorenes Paradies und gehörte der Vergangenheit an. Vielleicht konnte er gar nicht gerettet werden. Solche Dinge muss man loslassen, oder nicht?

Zum ersten Mal in meinem Leben, dachte ich darüber nach, dem Emma Lake für immer den Rücken zu kehren. Das war ein äußerst treuloser Gedanke. Und doch lag in dieser Vorstellung eine köstliche Freiheit, eine Leichtigkeit des Seins. Ich musste an die Worte meiner Freundin Gerry Wilson vom Lake of the Woods denken, ob man die Probleme von Lakeland nicht hinter sich lassen, sich weiter in die Wildnis zurückziehen und einen reinen, stillen Forellensee etwas weiter im Norden suchen sollte. In einem so großen Land kann man die Grenze mit einer einzigen Tankfüllung immer noch ein bisschen weiter hinausschieben.

Ich stellte mir vor, die Straße von Carwin Park zum letzten Mal hinter mir zu lassen. Ja, das würde sich anfühlen, als würde ich einen Arm oder ein Bein verlieren. Doch die Erträge aus dem Verkauf der Hütte würden helfen, die Wunde zu veröden, und vielleicht konnte ich mir ja eine kleine Bude an irgendeinem Kanu-See oder ein altes Bauernhaus am Rand eines Nationalparks zulegen. Ohne mich um eine Hütte in Carwin Park kümmern zu müssen, konnte ich mehr Zeit an Seen in der *echten* Wildnis verbringen, von denen ich nicht genug bekommen kann.

Der Emma Lake lag mir selbst dann noch auf der Seele, als Marlene und ich die Sachen aus der Wohnung meiner Mutter in Kisten packten, die Äußerlichkeiten eines Lebens, um sie zum Auktionshaus zu schicken. Aus Olives Eigentumswohnung schaute man nach Norden über den Rand des borealen Nadelwalds hinaus, und ich spürte den Emma Lake hinter dem Horizont wie ein Fragezeichen. Ich dachte an das Eis, das sich bildete, jeden Tag ein bisschen mehr, und stellte mir vor, er würde für immer zufrieren, als wäre er eins von Olives altmodischen Kristallgläsern, eingelagert in einer Kiste.

ALS ICH den Emma Lake das nächste Mal sah, herrschte tiefster Winter. Eine rekordverdächtige Schneeschicht lastete auf den Dächern überall in Carwin Park. Als ich hinter der Hütte parkte, wunderte ich mich, dass sie bei all dem Schnee, der auf ihr lastete, noch nicht eingestürzt war. Die Verwehungen reichten bis über die Fensterbänke und hüllten die Hütte ein wie ein Leichentuch. Auf dem Vordersitz zog ich die Schichten meines Winterfells über und ging hinaus in die Kälte. Ich nahm meine Skier aus dem Kofferraum, stieg in die Bindungen und glitt den Hang hinunter zum See.

Das unablässige majestätische Kommen und Gehen der Jahreszeiten bringt in uns allen etwas zum Schwingen, wie in jeder Pflanze und jedem Tier. Der Sommer beschert den kanadischen Breiten so paradiesische Zustände, dass man nicht glauben kann, ein einziges Blatt könne je zu Boden fallen, eine einzige Blüte je verwelken. Im triumphierenden Junilicht erscheint die kalte, blasse Starre des Januars als rein theoretische Möglichkeit, wie eine Eiswelt aus einem vor vielen Jahren gelesenen Science-Fiction-Roman. Aber dann fallen die Blätter doch, man fegt sie zusammen, bestattet sie im Boden oder auf einem Scheiterhaufen, und man wappnet sich wieder gegen ein neues Regime. Dann dauert es nicht mehr lange, und man kratzt das Eis von der Windschutzscheibe eines launischen Autos. Jetzt ist es diese andere Welt – die der Sonnenblumen, der Büsche voller balzender Singvögel, der Stechmücken –, die unvorstellbar wird.

In der Mythologie sind Winter und Tod eins. Die Griechen erklärten sich den Winter als eine Art Geiselnahme. Wie man sich erzählt ... pflückt eines Tages die junge Persephone Blumen unter den Bäumen am Ufer eines wunderschönen Sees, an dem ewiger Frühling herrscht. Hades steigt aus der Unterwelt herauf, schnappt sich die schöne Jungfer und nimmt sie mit, hinab in die Tiefe. Persephones Mutter Demeter ist so verzweifelt wegen ihres Verschwindens, dass ihre Arbeit darunter leidet. Sie ist zuständig für das Wachstum – vor allem bei Feldfrüchten –, und ohne ihre Fürsorge verdorrt die Welt. Und so beginnt der erste Winter. Dank eines Tipps von Helios, dem Sonnengott, der alles sieht, erfährt Demeter den Aufenthaltsort ihrer Tochter und bittet Zeus einzugreifen. Dazu ist er bereit, vorausgesetzt, dass Persephone bei ihrem Aufenthalt in der Unterwelt nicht von der Speise der Toten isst. Sei es nun mit Absicht oder durch Hades' Täuschung, isst Persephone dennoch unten in der Finsternis mehrere Granatapfelkerne. Von dieser Formsache hängen die Jahreszeiten ab: Zeus und Hades einigen sich darauf, dass Persephone fortan in beiden Reichen lebt und für jeden gegessenen Granatapfelkern einen Monat in der Unterwelt verbringt. Solange sie weg ist, herrscht durch Demeters Traurigkeit Winter. Persephones Rückkehr bringt den Frühling.

Der Winter ist die Jahreszeit der Einkehr und Bestandsaufnahme, was nie angenehm ist. Der See, der Spiegel unserer Seele, ist gefroren, er ächzt und knackt im Dunkeln unter der Last des Windes. Wenn das Licht nicht zum Pflügen und Pflanzen reicht, haben wir zu viel Zeit, und die Untätigkeit stellt uns auf die härteste Probe. Während der langen Nacht der Seele trösteten unsere Vorfahren sich mit Gesprächen, Geschichten, Bogenbau, und sie nähten beim Schein einer Talglampe eine weitere Reihe Perlen in unser kulturelles Gewebe.

In *Walden* widmet sich Thoreau über mehrere Kapitel dem Winter. Ich glaube, seinem eisigen Temperament lagen die Stille und die Einsamkeit der Jahreszeit. Und er fürchtete sich nicht davor, sich durch den gefrorenen Spiegel zu graben. »Es war mein Wunsch, den so lange verlorenen Grund des Waldensees aufzuspüren«, schreibt Thoreau im Kapitel »Der See im Winter«, »ich begann daher, den See im Frühjahr 1846, ehe das Eis schmolz, mit Kompass, Meßkette und Senkblei gründlich zu vermessen.« Rund einhundert Löcher schlug Thoreau zum Sondieren in das Eis und zeichnete sich dann eine Karte des Seebodens.

Ich selbst habe den Boden des Emma Lake jahrelang wie obsessiv vermessen. Manche Leute legen Tarot-Karten. Mir gefällt es, mit dieser altmodischen Methode die Tiefe auszuloten, die Gestalt des Verborgenen zu ermessen. Ich trat in die Schatten unseres Schuppens am See und holte die Axt. Um das Eis eines Sees zu durchbrechen, eignet sich ein Erdbohrer viel besser. Aber weder Thoreau noch ich besaßen einen. Ich nahm die Leine einer zerbrochenen Zebco-Angelrolle und fand einen schweren alten Len-Thompson-Forellenblinker ohne Haken, der als Lot taugte.

Draußen auf dem See hatte sich der Schnee mit Unterstützung des Windes unter seinem eigenen Gewicht überraschend verfestigt. In wenigen Minuten glitt ich mühelos bis zur Mitte, stieg aus den Skiern und fing an zu hacken. Unter dem Neuschnee lag eine Schicht aus dünnem weißen Eis mit Lufteinschlüssen, zusammengepresst aus älteren Schneeschichten. Dann kam das klare, kräftige Eis – der eigentliche zugefrorene See. Obwohl die Axt stumpf war, bahnte sie sich leicht ihren Weg, und ich schaute auf die Uhr. So leicht wie hier die Splitter flogen, schätzte ich, dass fünfzehn Minuten reichen mussten.

Die großen und kleinen Hütten standen still am Ufer ringsumher. Falls jemand am Fenster stand, war davon nichts zu sehen. Aus keinem Kamin stieg Rauch auf. Es war noch immer möglich, den Emma Lake ganz für sich zu haben. In den Wochen nach Olives Tod hatte ich bei meinen Kindern vorgefühlt, was sie davon hielten, die Hütte ihrer Großmutter zu verkaufen. Beide waren schon junge Erwachsene, die gerade ein Leben begannen, dass sie womöglich in weite Ferne führte. Doch beide baten eindringlich, wir sollten die Hütte doch behalten, wir sollten sie nicht aus ihrer Zukunft ausschließen, noch nicht. Ich erinnerte mich, wie dankbar ich gewesen war, dass meine Eltern sie so lange behalten hatten, dass ich sie nach meiner jugendlichen Wanderphase für mich hatte wiederentdecken können, als es an der Zeit war, sich niederzulassen und festzulegen, was *Zuhause* tatsächlich bedeutete.

Als das Loch tiefer wurde, kam ich mit der Axt nicht mehr bis zum Boden, ohne dass der Schaft gegen den Eisrand schlug. Daher musste ich eine immer weiter werdende Schalenform heraushauen. Die Eissplitter fielen gleich hinunter ins Loch, sodass ich es oft freiräumen musste. Das ging nur per Hand und auf den Knien. Dreißig Minuten waren vorbei. Als ich mich durch einen halben Meter klares Eis gehackt und geräumt hatte, ohne dass ein Ende absehbar gewesen wäre, war mir heiß und ich hatte Durst. Ich streifte den Anorak ab, trank die Wasserflasche halb leer, wog die Axt in der Hand und ging wieder ans Werk. Unter meinen Kleiderschichten troff der Schweiß. Inzwischen zielte ich immer auf eine Stelle weit unterhalb meiner Füße. Das tiefe Bücken zerrte gnadenlos an den hinteren Oberschenkelmuskeln. Die Eisschale hatte inzwischen den Umfang einer großen Badewanne und erinnerte an einen aus der Luft betrachteten Tagebau. Quälend häufig musste ich hineinsteigen und die Eissplitter herausräumen. Der gefrorene See lag nun auf Augenhöhe, so wie Schwimmer ihn sehen.

Aus diesem seltsamen Winkel erblickte ich unsere rote Blockhütte, die mit den Jahren geschrumpft zu sein schien, und plötzlich wusste ich, dass ich die Fürsorge für diesen See niemand anderem überlassen konnte, um mich weiter in den Busch zurückzuziehen. Wie bei den meisten Aufgaben war das Aufschieben schmerzlicher als das Erledigen. Überhaupt, wo wollte ich denn hin? Gab es irgendeine echte Möglichkeit zur Flucht? Ich dachte an Doreen Olson, die ich im Okanagan Valley getroffen hatte und die von Toronto nach Vancouver nach Penticton geflohen war, ehe sie beschloss, es sei an der Zeit, aufzustehen und zu kämpfen. Wenn nicht der Emma Lake mein Penticton war, mein Los Alamos, was dann? Ich wusste, dass ich die Aufgabe erledigen musste, dass mein Zögern vor allem mit den typischen Versagensängsten zu tun hatte. Aktivismus konnte in dieser zersiedelten Gegend leicht zum aussichtslosen Kampf werden. Das Okanagan Valley war womöglich verloren. Der Lake Winnipeg war wohl zu weit weg. Aber wenn man dieser Logik folgt, könnten wir gleich den ganzen Planeten aufgeben. Nein, Versagen hieße, es gar nicht erst zu versuchen.

Eigentlich war ich im Allgemeinen optimistisch, dass unsere intelligente Spezies aufhören würde, ihr eigenes Nest mit Schadstoffen zu verschmutzen, den Klimawandel eindämmen, sich ein System zur sauberen Energiegewinnung erkämpfen würde. Die diversen Probleme an den Seen der anderen schienen lösbar. Hier am Emma Lake war es an mir, über mein persönliches Verlustgefühl hinauszuwachsen und die Möglichkeiten in Angriff zu nehmen.

Olive und ich hatten einmal kurz überlegt, uns mit einer Naturschutzorganisation zusammenzutun und aus unserem Blockhaus eine Art Musterhütte zu machen. So könnte man mitten in Carwin Park verantwortungsbewusstes, nachhaltiges Leben am Ferienort vorleben – mit Beschilderung, einem Informationspfad, einer Komposttoilette. Wir überlegten, zum Zweck des Naturschutzes so etwas wie hoheitliche Schutzrechte über unser Privatland zu gewähren oder zu verfügen, dass es nicht weiter als Bauland erschlossen werden durfte, wie Doreen Olson es mit ihrem Grund im Okanagan Valley getan hatte. Landschenkungen und die Gewährung von Schutzrechten fanden in entlegeneren Naturräumen immer weitere Verbreitung, vor allem an den Rändern von Naturparks. Vielleicht konnten diese Konzepte auch hier in der nahegelegenen

Wildnis vorteilhaft eingesetzt werden. Über die Einzelheiten war ich mir noch nicht im Klaren, aber ich wusste, dass das Potenzial der kleinen roten Hütte noch nicht ausgeschöpft war. Dazu sollte sie nicht größer werden, sondern klein bleiben. Nicht in ihrer Größe lag ihre Stärke, sondern darin, wie viele Menschen sie noch ansprechen, wie viel Inspiration sie noch verbreiten konnte. Es fühlte sich an wie ein Neubeginn.

Mehr als eine Stunde war vergangen, und ich wollte meine Sondierungsversuche à la Thoreau schon aufgeben, als ich einen warmen bernsteinfarbenen Schein am Grund der Grube ausmachte. Der nächste Axtschlag klang dumpfer. Ich kletterte hinein, räumte wieder die Splitter weg und sah mir die Sache genauer an. Das Eis sah so schön aus wie ein geschliffener Stein und schien von innen zu leuchten. Ich richtete mich auf und schon mit dem nächsten Schlag hatte ich es geschafft – der See gluckerte hinein. In weniger als zehn Sekunden war meine Eiswanne vollgelaufen.

Das Wasser hatte einen ganz blassen grünlichen Bernsteinton, gefärbt von dem Zellmaterial, das vom Leben des vergangenen Jahres übrig war. Man hätte die Farbe nur schwer wahrnehmen können, wäre da nicht zum Vergleich das reine Weiß des umgebenden Schnees gewesen. Es schien, als betrachtete man den Sommer durch die Eislinse des Winters, denn das sind die lebenden Farben, Ocker und zarte Jade, aus denen alles wächst – die Brühe des Lebens. Es war, als wäre mit der kleinen Eiswanne voller Wasser ein winziger Vorbote der warmen Jahreszeit auf der Bühne erschienen. Es bebte lebendig und spiegelte mir ein Bild des Himmels zurück, und ich konnte mir seine Wärme im Vergleich zu dem Eis ringsum vorstellen, wenngleich ich sie nicht spürte. Diese kleine Wunde, wie eine Pfütze Blut auf der Haut, würde bald gerinnen und eine winzige helle Narbe hinterlassen. Aber sie war ein Beweis für das Leben, das noch immer darunter pulsierte. Es war ein perfekter Tag. In zwei Stunden hatte kein einziges Auto die Stille gestört. Der Emma Lake war noch immer eine Schönheit, die sich warm und sinnlich unter ihrem weißen Gewand rührte.

Jetzt, da die Arbeit erledigt war, durchdrang die Kälte meine vom Schweiß schwer gewordenen Kleider, und ich war ganz ausgehungert. Blieb nur noch das Ritual, den Boden zu sondieren. Ich ließ den rot-weißen Blinker hinab in die Eiswanne und durch den schwarzen Ablauf im Boden hindurch. Tiefer und tiefer. Als die Nylonschnur durchhing, nahm ich sie an der Oberfläche zwischen zwei Finger, dann zog ich sie heraus, quer über den Schnee, bis der Blinker wie ein winziger Fisch zum Vorschein kam, und schnitt die Länge ab: elf große Schritte. Das Loch, das ich gehackt hatte, war ein umgekehrter Kegel und fast anderthalb Meter tief. Was würde so viel Eis wohl wiegen? Das Gewicht der ganzen Eisfläche allein dieses kleinen Sees war unvorstellbar.

Wie bei den meisten Stoffen nimmt auch die Dichte des Wassers zu, je mehr es abkühlt. Doch dann, wenn es die Temperatur von 4 °C erreicht, wird das Verhältnis auf den Kopf gestellt, und bis zum Gefrierpunkt nimmt die Dichte wieder ab. Dadurch hat Wasser die seltsame Eigenschaft, dass seine feste Form auf der flüssigen schwimmt. Verhielte sich Wasser wie andere chemische Verbindungen, würden die Seen des Nordens und die Polarmeere vom Grund her aufwärts gefrieren und das ganze Jahr gefroren bleiben. Stattdessen dient die gefrorene Wasseroberfläche als wärmende Decke, die weiteres Durchfrieren verhindert.

Die Gegenwart von flüssigem Wasser auf diesem Planeten ist an sich schon eine statistische Anomalität im uns bekannten Universum. Vielleicht ist ja das Wassermolekül selbst – zwei Wasserstoffatome verbunden mit einem Atom Sauerstoff – der Granatapfelkern Persephones, der die Jahreszeiten, ja das Leben selbst auf einer Nadelspitze in der Waage hält. Thoreau hatte an einem Tag einhundert Löcher ins Eis des Walden Pond gehackt. Sein Eis war wohl dünner als bei mir, aber ich fühlte mich angenehm erschöpft. Es war Zeit, gen Süden zu fahren und den Winter noch einen Moment sich selbst zu überlassen, bis er ganz verschwand. Die Tage wurden länger, bis zur Tagundnachtgleiche war es nur noch ein Monat, und die Sonne, Helios, zeigte allmählich wieder, was in ihr steckte. Es war eine vielversprechende Zeit des Jahres. Der Schnee würde noch wochenlang weiß liegen bleiben, aber mit jedem Tag wurde es wärmer. Frühling und Sommer lagen vor uns. Wie ein gut gefülltes Konto.

Ich verließ die Hütte und Carwin Park – aber nicht für immer – und nahm die Straße zurück nach Christopher Lake, zurück in die Welt. Das Yellow Fender Café hatte noch geöffnet. Innen stauten sich die Wärme, der Duft von Gebackenem, freundliches Geplauder. Ich aß wie ein heimgekehrter Jäger und hörte, was es Neues gab. Der Himmel war noch hell, genug Licht, um die Stadt noch zu erreichen, ehe es dunkel war. Bis zum Frühling dann. Ja. *Bis zum Frühling.*

Dank

Wie bei vielen Sachbüchern weckt auch bei diesem der Einband die Illusion, es sei das Werk eines Einzelnen. Diese Seiten wären jedoch ohne die vielen Mitwirkenden aus dem ganzen Land nie zur Vollendung gekommen.

Dankbar bin ich Rick Boychuck, der bereits in der Konzeptphase voller Begeisterung war und mich freundlicherweise beauftragt hat, Storys für das Magazin *Canadian Geographic* zu schreiben, die zum Rohmaterial für die Kapitel über den Lake Okanagan und den Lake Winnipeg werden sollten. Ich möchte dem gesamten Team von *CG* danken und besonders Elizabeth Shilts für ihr kühnes Lektorat. Jim Sunderland von der Zeitschrift *Western Living* war es, der mich über das Eis des Lake Athabasca geschickt hat – es ist nur ein Beispiel von vielen gewagten Ausflügen außerhalb herausgeberischer Konventionen in einer Laufbahn, der wir schon so viele informative wie unterhaltsame Magazinseiten verdanken. Danke auch an Sheila Hansen von der Zeitschrift *Westworld*, die im Lauf der Jahre viele meiner Texte über Seen herausgebracht hat. Die Recherchen dazu haben auch dieses Buch geprägt. Eine Fassung des Kapitels zum Ajawaan Lake ist zuvor im *Readers Digest* erschienen, wofür ich Liz Crompton danken möchte.

Bedeutende finanzielle und logistische Unterstützung für die hier beschriebenen Reisen habe ich dank einiger Mitarbeiter mehrerer staatlicher Behörden zur Tourismusförderung erhalten. Viele haben bei der Unterstützung für ein Buch, das den Tourismus in womöglich nur geringem Maß fördern wird, aber Umweltschutzthemen anspricht, die für diese Industrie zunehmend bedeutend sein werden, ein Auge zugedrückt. Mein Dank gilt – von West nach Ost sortiert: Catherine Frechette, Miles Prodan und Kelly Reid aus

327

dem Okanagan Valley, Daryl Demoskoff aus der rechteckigen Provinz Saskatchewan, Cathy Senecal und Colette Fontaine aus Manitoba, Helen Lovekin und Claude Aumount aus Ontario, Isabel Gil, Sophie Bouchard und Nancy Donnelly aus Quebec, Randy Brooks aus Nova Scotia und Gillian Marx aus Neufundland.

Weitere Unterstützung für meine Recherchen boten ein Reisestipendium der Royal Canadian Geographical Society sowie ein Preis für Wissenschaftsjournalismus von Genome British Columbia und der University of British Columbia School of Journalism. Bedeutende Unterstützung bei der Beschaffung von Reiseausrüstung bekam ich von Evan Froom, Chad Pysden und Aeneas Precht.

Was meine Quellen angeht, bin ich Dutzenden Menschen zu Dank verpflichtet, die ich nicht alle namentlich aufführen kann. Oft lieferten kürzeste Begegnungen wertvolle Informationen. Mein tiefempfundener Dank geht an alle, die ihr Wissen und ihre Leidenschaft für *ihren* See mit mir geteilt haben. Sie haben sich trotz ihres bewegten Lebens für mich Zeit genommen, mich auf ihre Boote eingeladen und unter ihrem Dach beherbergt. Zu ihnen zählen alle, die in diesem Buch genannt sind. Aber auch andere, die nicht vorkommen, sind ebenso freigiebig gewesen. Besonders danken möchte ich Chris Purton vom Dominion Radio Astrophysical Observatory, Penticton, Wayne Roberts von Silver Star, Scott Alexander, dem Dolmetscher von B.C. Parks, Eileen und Mark Sadlowski aus Kelowna, Barney Reeves und Rob Watt aus Waterton, Alberta, Lorelei Ford von der Saskatchewan Watershed Authority, James Sanderson aus Prince Albert, Morris McLachlan aus Waskesiu, Ellen MacDonald und Brett Purdy von der University of Alberta, Garth van der Kamp von Environment Canada, Heather Hinam vom Hecla Oasis Resort, Al Kristofferson, Alex Salki und Len Henzdel vom Lake Winnipeg Research Consortium, Gary Forma von Ontario Parks, Doug Harvey von Parks Canada,

DANK

Lori Nelson vom Lake of the Woods Museum und Anna McCrory von der Bras d'Or Lakes Preservation Foundation sowie ganz besonders den Freunden und der Familie von Don und Pat Clysdale, die sich an der Callander Bay am Lake Nipissing zum Brunch am Ufer einfanden. Rob Sanders und seinem Team von Greystone Books möchte ich für ihr partnerschaftliches Mitwirken bei diesem Abenteuer danken. Besonderer Dank gilt Susan Folkins aus Toronto, für ihre Hilfe dabei, meinem Manuskript, das vor langer, langer Zeit anderthalbmal so lang war, dieses Buch abzuringen, und Michael Mundhenk aus Vancouver, dafür, dass nun auf diesen Seiten grammatisch gesehen Recht und Ordnung herrscht. Danke auch an Laurie Anderson und Marc Pelletier, die unschätzbar wertvolle Beiträge zum Lac-Saint-Jean-Kapitel geliefert haben.

Ohne Rat und Unterstützung von Freunden und Familienmitgliedern hätte ich diese Aufgabe nicht zu Ende bringen können. Mein Dank geht an Mark Nicholson, Karin und Gabe Tate-Penn sowie an Dean Hoscheit für ihre Gesellschaft auf Reisen, fortgesetzte Rechercheperspektiven und wohlwollenden Ohren. Danke auch meinen Nachbarn am Emma Lake, vor allem Ivy Robertson und Judee Ens. Danke, Max Yuzak und Lee Forand, für eure Ermutigungen und ein stets herzliches Willkommen an der Westküste.

Vor allem aber danke dir, sonnige Marlene, für Muffins und rohe Kürbiskerne, für die Rekrutierung von Kali und St. Paul im Dienste der Sache, für endlose Geduld und für deine unfehlbar großzügige Weisheit.

Quellen

Dieser Nachweis umfasst nur die im Fließtext verwendeten wörtlichen Zitate sowie die aus anderen Übersetzungen übernommenen Textstellen.

S. 5   Anne Frank: *Tagebuch.* Edition von Mirjam Pressler. Aus dem Niederländischen von Mirjam Pressler. 28., mit einem erweiterten Anhang versehene Auflage, Frankfurt am Main: ©Fischer Taschenbuch, Juni 2019, S.193.

S. 19   Henry David Thoreau: *Walden. Ein Leben mit der Natur.* Dtv 1999, Deutsch von Erika Ziha, ergänzt und überarbeitet von Sophie Zeitz. S. 204.

S. 50   J. Stan Rowe: *Home Place: Essays on Ecology.* Edmonton: NeWest Press, 2002.

S. 51   Sharon Butala: *The Perfection of the Morning: An Apprenticeship in Nature.* Toronto: HarperCollins, 1994.

S. 52   Bill Mason: *Song of the Paddle: An Illustrated Guide to Wilderness Camping.* Toronto: Key Porter, 1988.

S. 53   P. G. Downes: *Sleeping Island: The Story of One Man's Travels in the Great Barren Lands of the Canadian North.* Saskatoon: Western Producer Prairie Books, 1988, S. xvi.

S. 59   Grey Owl: *Tales of an Empty Cabin.* London: Lovat Dickson, 1936, S. 274.

S. 67   Ibid.

S. 71   Grey Owl: *Pilgrims of the Wild.* Toronto: Macmillan Company of Canada, 1968, S. 278.

S. 75 Lovat Dickson: *The Green Leaf: A Tribute to Grey Owl.* London: Lovat Dickson, 1938, S. 7 und 13.

S. 76 Grey Owl, *Pilgrims of the Wild*, S. 48.

S. 77 Grey Owl: *Sajo and the Beaver People.* Toronto: General Paperbacks, 1991, S. 16.

S. 179 Edward Abbey: *Die Einsamkeit der Wüste. Eine Zeit in der Wildnis.* Übersetzt von Dirk Höfer, Berlin: Matthes & Seitz, 2016, S. 164.

S. 320 Henry David Thoreau: *Walden. Ein Leben mit der Natur,* S. 308.

Titel der Originalausgabe:
Lakeland. Journeys into the Soul of Canada
Erschienen bei Greystone Books, 343 Railway Street,
Suite 302, Vancouver, B.C. V6A 1A4, Canada
Copyright © Allan Casey, 2009

Deutsche Erstausgabe
Copyright © 2020 von dem Knesebeck GmbH & Co. Verlag KG,
München
Ein Unternehmen der Média-Participations

Projektleitung: Hans Peter Buohler, Knesebeck Verlag
Übersetzung: Tobias Rothenbücher, Bonn
Lektorat: Theresa Klingemann, Hamburg
Karten: Peter Palm, Berlin
Umschlaggestaltung und Layout: Favoritbüro, München
Satz und Herstellung: Arnold & Domnick, Leipzig
Druck: Livonia Print, Riga
Printed in Latvia

ISBN 978-3-95728-435-8

www.knesebeck-verlag.de

Lake Athabasca

Ajawaan Lake

Emma Lake

Lake Winnipeg

Okanagan Lake

Waterton Lakes

Lake of the Woods

0   100   200   300
/km